NomosPraxis

Petra Haubner
Rechtsanwältin, Passau

Maria Kalin
Rechtsanwältin, Passau

Einführung in das Asylrecht

Asylverfahren | Asylgerichtsverfahren | Materielles Recht

Die Deutsche Nationalbibliothek verzeichnet diese Publikation in
der Deutschen Nationalbibliografie; detaillierte bibliografische
Daten sind im Internet über http://dnb.d-nb.de abrufbar.

ISBN 978-3-8487-3053-7

1. Auflage 2017
© Nomos Verlagsgesellschaft, Baden-Baden 2017. Gedruckt in Deutschland. Alle Rechte, auch die des Nachdrucks von Auszügen, der fotomechanischen Wiedergabe und der Übersetzung, vorbehalten.

Für Heidi Haubner
Für Paul und Felix Haubner

Für Christian Kalin und meine Familie

Wer kämpft, kann verlieren. Wer nicht kämpft, hat schon verloren.
(Bertolt Brecht)

Vorwort

Der Anstieg der Flüchtlingszahlen in den letzten Jahren hat viele überrascht und kam dennoch nicht unvorhersehbar. Die sich zuspitzenden Krisen im Nahen Osten und die vergessenen Kriege auf dem afrikanischen Kontinent führen seit Jahren zu hunderttausenden Schutzsuchenden. Viele flohen zunächst innerhalb ihres eigenen Landes oder in die angrenzenden Nachbarstaaten. Die lange Reise, die Gefahren des Weges und die ungewisse Zukunft in einer fremden Kultur haben Schutzsuchende lange davon abgehalten, sich auf den Weg nach Europa zu machen. Wer alles hinter sich lässt, was ihm vertraut ist, tut dies nie ohne Zwang, sondern aus der Not heraus.

Dieses Buch basiert vor allem auf unseren praktischen Erfahrungen aus der Fortbildungsarbeit für Rechtsanwältinnen und Rechtsanwälte, für Studierende der Refugee Law Clinic, für Haupt- und Ehrenamtliche der Wohlfahrtsverbände und Helferkreise. Es eignet sich daher nicht nur für Juristinnen und Juristen für einen ersten Einstieg in das Asylrecht, sondern soll vor allem auch die vielen Fragen aus der Praxis beantworten, die uns immer wieder gestellt werden. Es handelt sich um eine Einführung: Wir haben versucht, die wesentlichen Abläufe darzustellen und auf die breite Schilderung komplizierter Rechtsfragen weitgehend zu verzichten.

Mit diesem Buch wollen wir Mut machen zum engagierten Streiten für Flüchtlinge. Der Einsatz auf der Seite von Schwächeren erfordert Courage, Hartnäckigkeit, Geduld und Ausdauer. Gerade in der Asylarbeit, welche mitunter Zweifel an einem funktionierenden und gerechten Rechtsstaat aufkommen lässt, bleibt die Pflicht zur Zuversicht.

Die vielen Gesetzesänderungen in den Jahren 2015 und 2016 haben den Erscheinungszeitpunkt leider hinausgezögert. Dafür sind nun auch die Änderungen aufgrund der folgenden Gesetze berücksichtigt:

- *Asylverfahrensbeschleunigungsgesetz* (Asylpaket I) vom 20.10.2015, mit dem u.a. der Aufenthalt in den Aufnahmeeinrichtungen verlängert wurde;
- *Gesetz zur Verbesserung der Unterbringung, Versorgung und Betreuung ausländischer Kinder und Jugendlicher* vom 28.10.2015, mit dem das bundesweite Verteilungsverfahren auch für unbegleitete Minderjährige eingeführt wurde;
- *Datenaustauschverbesserungsgesetz* vom 2.2.2016, mit dem der Ankunftsnachweis eingeführt wurde;
- *Gesetz zur Einführung beschleunigter Asylverfahren* (Asylpaket II) vom 11.3.2016, mit dem insbesondere beschleunigte Verfahren eingeführt wurden;
- *Integrationsgesetz* vom 31.7.2016, mit dem unter anderem die Wohnsitzauflage eingeführt wurde.

Wir danken dem Nomos Verlag für die uns gewährte Chance und die Geduld. Wir danken unserer Kanzlei – insbesondere Klaus Schank, Jörga Becker und Mainée Köhler – für die vielfältige Unterstützung.

Wir danken unseren Familien, die an uns glauben. Paul und Felix Haubner danken wir für die Rücksicht und ihre Selbstständigkeit, die es uns erst ermöglicht haben, unserer Arbeit nachzugehen. Besonderer Dank gilt Dr. Christian Kalin. Ohne seine Anmerkungen gäbe es in diesem Buch weit weniger System, dafür umso mehr Fehler.

Passau, im März 2017 *Petra Haubner* und *Maria Kalin*

Inhaltsübersicht

Vorwort		7
Inhaltsverzeichnis		11
Abkürzungsverzeichnis		19
Literaturverzeichnis		21
Kapitel 1	Rechtsquellen des Asylrechts	23
Kapitel 2	Verfahren an der Grenze	27
Kapitel 3	Verfahren nach der Dublin III-Verordnung	31
Kapitel 4	Asylverfahren	50
Kapitel 5	Rechtsstellung während des Asylverfahrens	82
Kapitel 6	Materielles Flüchtlingsrecht, Positive Entscheidungen des BAMF	110
Kapitel 7	Negative Entscheidungen des BAMF und das verwaltungsgerichtliche Verfahren	132
Kapitel 8	Nach der Ablehnung des Asylantrages und Aufenthaltssicherung	141
Kapitel 9	Durchsetzung der Ausreiseverpflichtung	155
Kapitel 10	Unbegleitete Minderjährige im Asylverfahren	160
Kapitel 11	Kosten und Gebühren	171
Kapitel 12	Muster	176
Stichwortverzeichnis		185

Inhaltsverzeichnis

Vorwort 7

Inhaltsübersicht 9

Abkürzungsverzeichnis 19

Literaturverzeichnis 21

Kapitel 1 Rechtsquellen des Asylrechts 23
A. Geschichte des Asylrechts 23
B. Geltendes internationales Recht 24
C. Deutsches Asylrecht 25

Kapitel 2 Verfahren an der Grenze 27
A. Einreise auf dem Landweg 27
    I. Einreise und Asylgesuch 27
    II. Zurückweisung 27
    III. Zurückschiebung 28
    IV. Strafbarkeit der illegalen Einreise 28
B. Einreise auf dem Luftweg (Flughafenverfahren) 29
    I. Verfahrensablauf 29
    II. Ablehnung des Asylantrages als offensichtlich unbegründet 30
    III. Begründeter Asylantrag oder Ablehnung des Asylantrages als unbegründet 30

Kapitel 3 Verfahren nach der Dublin III-Verordnung 31
A. Zuständigkeitsregelungen für das Asylverfahren 31
    I. Allgemeines 31
    II. Zuständigkeitskriterien 31
        1. Unbegleitete Minderjährige 31
        2. Familienangehörige mit internationalem Schutz 32
        3. Familienangehörige im laufenden Verfahren 33
        4. Verfahren bei Familien und mehreren zuständigen Mitgliedstaaten 33
        5. Einreise mit Aufenthaltstitel oder Visum 33
        6. Illegale Einreise oder Aufenthalt 34
        7. Visafreie Einreise 34
        8. Flughafentransit 34
        9. Systemische Mängel 34
        10. Auffangzuständigkeit 35
    III. Abhängige Personen 35

	IV. Selbsteintritt	35
B.	Ablauf des Dublin-Verfahrens	37
	I. Information der Schutzsuchenden	37
	II. Persönliches Gespräch zur Bestimmung des zuständigen Mitgliedstaates	37
	III. Eurodac-Abfrage	39
	IV. Pflichten des zuständigen Mitgliedstaates	39
	V. Aufnahmeverfahren	40
	VI. Wiederaufnahmeverfahren	40
C.	Überstellung und Rechtsmittel	41
	I. Dublin-Bescheid	41
	II. Überstellungsfrist	41
	III. Rechtsmittel gegen den Dublin-Bescheid	42
	IV. Dublin-Haft	43
	V. Übersicht über die Fristen im Dublin-Verfahren	43
D.	Kirchenasyl	44
E.	Ausblick auf Dublin IV	45
F.	Exkurs: Weiterwanderung von anerkannten Schutzberechtigten	47

Kapitel 4 Asylverfahren 50

A. Arbeitssituation beim Bundesamt für Migration und Flüchtlinge 50
  - I. Zuständigkeit, Struktur, Antragszahlen 50
  - II. Besondere Probleme 50
    1. Informationen für Schutzsuchende 50
    2. Überlange Bearbeitungszeiten 51
    3. Transparenz und Erreichbarkeit 51
    4. Postlaufzeiten 51
    5. Zustellung von Ladungen 51
    6. Trennung von Anhörung und Entscheidung 52
    7. Verlust von Dokumenten 52
    8. Qualifikation der Sprachmittler*innen 52
    9. Qualifikation der Anhörer*innen und Entscheider*innen 53
    10. Qualitätssicherung 53

B. Antragstellung 53
  - I. Asylgesuch 53
  - II. Ankunftsnachweis 54
  - III. Erkennungsdienstliche Behandlung 54
  - IV. Gesundheitsuntersuchung 54
  - V. Verzögerungen bei der Asylantragstellung 55
  - VI. Ankunftszentren 55

VII.	Stellung des Asylantrages	56
	1. Persönliche Antragstellung	56
	2. Antragstellung bei Familien	57
	3. Schriftliche Antragstellung	58
VIII.	Aufenthaltsgestattung	58

C. Mitwirkungspflichten der Schutzsuchenden 58

D. Beschleunigte Asylverfahren 59

E. Pflichten des Bundesamtes 60
    I. Sachaufklärungspflicht 60
    II. Informationspflicht 61
    III. Anhörungspflicht 61

F. Sprachmittler*innen 62
    I. Auswahl und Anforderungen 62
    II. Sprachmittler*innen gleichen Geschlechts 63
    III. Ablehnung von Sprachmittler*innen 64

G. Anhörung 64
    I. Allgemeines 64
    II. Vorbereitung der Anhörung 65
        1. Sammeln von Fakten, Daten und Beweisen 65
        2. Anträge auf Sprachmittler*innen und Anhörungspersonen des gleichen Geschlechts und besonders geschulte Anhörungspersonen 66
        3. Erkrankungen und Traumatisierungen 66
        4. Anmeldung und Wartezeiten 67
    III. Begleitung zur Anhörung 68
    IV. Ablauf der Anhörung 69
    V. Schilderung der persönlichen Fluchtgründe 71
    VI. Protokoll 72
    VII. Nach der Anhörung 73

H. Nichtbetreiben des Verfahrens 73
    I. Vermutung des Nichtbetreibens 73
    II. Widerlegung der Vermutung 73
    III. Belehrung über die Rechtsfolgen 74
    IV. Entscheidung über die Einstellung 74
    V. Wiederaufnahme des Verfahrens 75

I. Überlange Verfahrensdauer, Untätigkeitsklage 75

J. Asylfolgeverfahren 77
    I. Wiederaufgreifensgründe 77
    II. Verfahren 77

K. Zweitantrag	78
L. Verlust der Statusgewährung	79
I. Erlöschen der Asylberechtigung und Flüchtlingseigenschaft	79
II. Widerruf von Asylberechtigung und Flüchtlingseigenschaft	80
III. Rücknahme von Asylberechtigung und der Flüchtlingseigenschaft	80
IV. Widerruf und Rücknahme bei subsidiärem Schutz	80
V. Widerruf und Rücknahme bei Abschiebungsverboten	81
Kapitel 5 Rechtsstellung während des Asylverfahrens	82
A. Die Wohnsituation im laufenden Asylverfahren	82
I. Verteilung auf die Bundesländer und Aufnahmeeinrichtungen	82
II. Räumliche Beschränkung und Residenzpflicht	84
III. Die Unterbringung nach Verlassen der Aufnahmeeinrichtung	86
1. Zuweisung aus der Aufnahmeeinrichtung heraus	86
2. Wohnsitzauflage	86
3. Umverteilung und Streichung der Wohnsitzauflage	87
a) Landesinterne Umverteilung	87
b) Länderübergreifende Umverteilung	87
c) Streichung der Wohnsitzauflage	87
B. Arbeit, Ausbildung, Schule und Studium im laufenden Asylverfahren	89
I. Arbeit und Ausbildung	89
1. Arbeitserlaubnis	90
2. Beschäftigung und selbstständige Tätigkeit	90
3. Beschäftigungserlaubnis	91
a) Zustimmungserfordernis durch die Bundesagentur für Arbeit	91
b) Ausnahmen von der Vorrangprüfung	92
c) Ausnahmen vom Zustimmungserfordernis	93
aa) § 32 Abs. 2 Nr. 1 BeschV:	93
bb) § 32 Abs. 2 Nr. 2 BeschV:	94
cc) § 32 Abs. 2 Nr. 3 BeschV:	96
dd) § 32 Abs. 2 Nr. 4 BeschV:	96
ee) § 32 Abs. 2 Nr. 5 BeschV:	97
d) Verfahren zur Erlangung einer Beschäftigungserlaubnis	97
4. Arbeitsgelegenheiten § 5 AsylbLG	98
II. Studium	98
III. Kindergarten und Schule	100
1. Kindergarten	100
2. Schule	100
C. Sprach- und Integrationskurse im laufenden Asylverfahren	101
I. Durch Sprache zur Integration	101
II. Integrationskurs	101
III. Sprachförderung zur Integration auf dem Arbeitsmarkt	103

IV. Asylantrag und Integration	104
D. Leistungen nach dem Asylbewerberleistungsgesetz	104
I. Leistungsberechtigung im Asylverfahren	105
II. Leistungsumfang	105
III. Einschränkungen	107
IV. Leistungen nach dem AsylbLG bei Arbeit und eigenem Vermögen	108

Kapitel 6 Materielles Flüchtlingsrecht, Positive Entscheidungen des BAMF .. 110

A. Die Entscheidung im Asylverfahren und die allgemeinen Folgen	110
I. Entscheidungsgrundlagen des BAMF in Asylverfahren	110
II. Maßnahmen der Ausländerbehörde im Anschluss an das Asylverfahren	111
B. Asyl	112
C. Flüchtlingsschutz	113
D. Subsidiärer Schutz	116
E. Feststellung nationaler Abschiebungsverbote	118
I. § 60 Abs. 5 AufenthG wegen einer drohenden unmenschlichen Behandlung	118
II. § 60 Abs. 7 AufenthG wegen der Bedrohung von Leib, Leben oder Freiheit	119
F. Familienasyl und internationaler Schutz für Familienangehörige	121
G. Rechtsfolgen einer positiven Entscheidung	122
I. Aufenthaltserlaubnis, Pass und Reiseausweis	122
II. Wohnen und Wohnsitzauflage	125
III. Arbeiten und Sozialleistungen	128
IV. Familiennachzug	129

Kapitel 7 Negative Entscheidungen des BAMF und das verwaltungsgerichtliche Verfahren 132

A. Allgemeines	132
B. Ablehnung des Asylantrags als (einfach) unbegründet	133
I. Entscheidungsformel	133
II. Rechtsmittel und Fristen	134
III. Klageantrag	134
C. Ablehnung des Asylantrags als offensichtlich unbegründet	135
I. Entscheidungsformel	135
II. Rechtsmittel und Fristen	136
III. Klageantrag	136

Inhaltsverzeichnis

D.	Ablehnung des Asylantrags als unzulässig	137
	I. Entscheidungsformel	137
	II. Rechtsmittel und Fristen	137
	III. Klageantrag	138
E.	Verwaltungsgerichtliche Asylverfahren	138
	I. Örtliche Zuständigkeit	138
	II. Anwaltliche Vertretung	138
	III. Berufung	139
	IV. Kosten	139
	V. Besonderheiten	139

Kapitel 8   Nach der Ablehnung des Asylantrages und Aufenthaltssicherung .. 141

- A. Abschiebung 141
- B. Aufenthaltssicherung außerhalb des Asylverfahrens 142
    - I. Duldung nach § 60 a AufenthG 142
        1. Duldung im Anschluss an ein negativ abgeschlossenes Asylverfahren 143
        2. Tatsächliche und rechtliche Abschiebungshindernisse 143
        3. Ermessensduldung 148
        4. Abschiebungsstopp 149
    - II. Asylfolgeantrag 149
    - III. Familiäre, humanitäre und Aufenthaltserlaubnisse aufgrund besonderer Integrationsleistungen 150
        1. Familiäre Aufenthaltserlaubnis nach § 28 AufenthG 150
        2. Aufenthaltserlaubnis aus humanitären Gründen, § 25 Abs. 5 AufenthG 152
        3. Aufenthaltserlaubnis für qualifizierte Geduldete, § 18 a AufenthG 152
        4. Aufenthaltserlaubnis für gut integrierte Jugendliche und Heranwachsende, § 25 a AufenthG 153
        5. Aufenthaltserlaubnis bei nachhaltiger Integration, § 25 b AufenthG 153
        6. Aufenthaltserlaubnis für Härtefälle, § 23 a AufenthG 154

Kapitel 9   Durchsetzung der Ausreiseverpflichtung 155

- A. Passbeschaffung 155
    - I. Verfahren 155
    - II. Sanktionen der Ausländerbehörde 156
- B. Abschiebung 156
    - I. Voraussetzungen 156
    - II. Durchführung 158
    - III. Abschiebungshaft 158

Kapitel 10 Unbegleitete Minderjährige im Asylverfahren	160
A. Allgemeines	160
I. Begriffsbestimmungen	160
II. Fluchtgründe	160
III. Fluchtumstände	160
IV. Traumatisierung und Mehrfachbelastung	161
V. Rechtliche Vorgaben	161
B. Altersfeststellung	161
I. Hintergrund und Verfahren	161
II. Rechtsmittel	162
C. Vorläufige Inobhutnahme	163
I. Zuständigkeit des Jugendamtes	163
II. Rechtliche Vertretung	163
III. Voraussetzungen für die bundesweite Verteilung	163
IV. Ende der vorläufigen Inobhutnahme	164
D. Inobhutnahme	164
I. Zuständigkeit und Aufgaben des Jugendamtes	164
II. Anordnung der Vormundschaft	164
III. Aufgaben und Qualifikation des Vormunds	165
IV. Clearingverfahren	165
E. Asylverfahren	166
I. Entscheidung über die Stellung eines Asylantrags	166
II. Antragstellung	167
III. Anhörung	168
IV. Dublin-Verfahren	168
V. Abschiebungen	169
F. Familiennachzug	169
I. Familienzusammenführung im Dublin-Verfahren	169
II. Gewährung von Asyl und Zuerkennung der Flüchtlingseigenschaft	169
III. Zuerkennung von subsidiärem Schutz	170
IV. Nationale Abschiebungsverbote	170
Kapitel 11 Kosten und Gebühren	171
A. Anwaltliche Vertretung im Asylverfahren	171
B. Beratungshilfe	172
C. Prozesskostenhilfe	173
D. Anwaltliche Gebühren	173
I. Gegenstandswert	174
II. Vertretung im Asylverfahren	174
III. Vertretung im Asylgerichtsverfahren	174

E. Rechtshilfefonds 175

Kapitel 12   Muster 176

Stichwortverzeichnis 185

Abkürzungsverzeichnis

a.E.	am Ende
AsylbLG	Asylbewerberleistungsgesetz
AsylG	Asylgesetz
AufenthG	Aufenthaltsgesetz
BAMF	Bundesamt für Migration und Flüchtlinge
BAMF-DA Asyl	Dienstanweisungen des BAMF im Asylverfahren
BAnz.	Bundesanzeiger
BayVGH	Bayerischer Verwaltungsgerichtshof
BGBl.	Bundesgesetzblatt
BT-Drs.	Bundestagsdrucksachen
BVerfG	Bundesverfassungsgericht
BVerwG	Bundesverwaltungsgericht
EGMR	Europäischer Menschengerichtshof
EMRK	Europäische Menschenrechtskonvention
FamFG	Gesetz über das Verfahren in Familiensachen und in den Angelegenheiten der freiwilligen Gerichtsbarkeit
f./ff.	folgende/fortfolgende
Fn.	Fußnote
gem.	gemäß
GFK	Genfer Flüchtlingskonvention
GG	Grundgesetz
ggf.	gegebenenfalls
IOM	Internationale Organisation für Migration
o.u.	offensichtlich unbegründet
PTBS	Posttraumatische Belastungsstörung
UM	unbegleitete Minderjährige
VG	Verwaltungsgericht
VGH	Verwaltungsgerichtshof
VwZG	Verwaltungszustellungsgesetz
z. B.	zum Beispiel

Literaturverzeichnis

Amnesty International u.a. (Hrsg.), Memorandum für faire und sorgfältige Asylverfahren in Deutschland. Standards zur Gewährleistung der asylrechtlichen Verfahrensgarantien, 2016

Bergmann/Dienelt, Ausländerrecht Kommentar, 11. Aufl. 2016

Deutscher Anwaltverein u.a. (Hrsg.), Memorandum: Flüchtlingsaufnahme in der Europäischen Union. Für ein gerechtes und solidarisches System der Verantwortlichkeit, 2017

Filzwieser/Sprung, Dublin III-Verordnung, Das Europäische Asylzuständigkeitssystem, 2014

Göbel-Zimmermann, Die Zukunft des Dublin-Systems nach dem EGMR-Urteil Tarakhel gegen die Schweiz und die „Dublin-Lotterie" vor Gericht, in Barwig/Beichel-Benedetti/Brinkmann (Hrsg.), Gerechtigkeit der Migrationsgesellschaft, Hohenheimer Tage zum Ausländerrecht 2015, 1. Aufl. 2016

Grube/Wahrendorf, SGB XII mit Asylbewerberleistungsgesetz Kommentar, 5. Aufl. 2014

Heinhold, Rechtswidrige Anforderungen des BAMF an die Darlegung von PTBS, ANA-ZAR, 2013, S. 13 f.

Hocks, Die Vertretung unbegleiteter minderjähriger Flüchtlinge, Asylmagazin 11/2015, S. 367 ff.

Hofmann (Hrsg.), Ausländerrecht, 2. Aufl. 2016 (zitiert: NK-AuslR/*Bearbeiter*)

Kluth/Heusch, Ausländerrecht, 1. Aufl. 2016

Marx, AsylG Kommentar zum Asylgesetz, 9. Aufl. 2017

Marx, Aufenthalts-, Asyl- und Flüchtlingsrecht, 6. Aufl. 2017

Marx, Ausländer- und Asylrecht, 2. Aufl. 2012 (zitiert: FormB-AuslR/*Bearbeiter*)

Moll, Das verkürzte Asylverfahren im Ankunftszentrum Heidelberg, Asylmagazin 12/2016, S. 412 ff.

Müller, Subsidiärer Schutz nach nationalem Recht, Asylmagazin 5/2009, S. 4 ff.

Offer/Mävers, Beschäftigungsverordnung Kommentar, 1. Aufl. 2016

Rapp, Nicht ohne meine Ehrenamtlichen. Die Begleitung Asylsuchender zu Anhörung, Rescriptum 2016, S. 15 ff.

Die angegebenen Internetseiten wurden zuletzt am 19.2.2017 überprüft.

Kapitel 1 Rechtsquellen des Asylrechts

A. Geschichte des Asylrechts

Verfolgung und Flucht begleiten die Menschheit über Jahrhunderte hinweg. Jedoch kam erst Anfang des 20. Jahrhunderts der Gedanke auf, Schutzsuchenden auch rechtlichen Schutz vor Verfolgung zu gewähren und ihnen eine – zumindest vorübergehende – Bleibeperspektive außerhalb ihres Herkunftslandes zu eröffnen.

Nach dem Ende des Ersten Weltkrieges wurde im Rahmen der Pariser Friedenskonferenz 1919 der Grundstein für den **Völkerbund** gelegt. Dieser Bund, der bis zum 18.4.1946 bestand und dem zeitweise bis zu 50 Staaten angehörten, geschlossen, um internationale Konflikte durch diplomatische Zusammenarbeit bereits im Vorfeld friedlich beizulegen, schuf die erste Grundlage einer internationalen Regelung des Asylrechts. Das Amt eines **Hochkommissars für Flüchtlingsfragen** wurde eingeführt.[1] Durch das Amt wurde die international anerkannte Rechtsstellung des Flüchtlings geschaffen. Die Rechte von Flüchtlingen – zunächst nur solcher aus der Türkei und der Sowjetunion – wurden in der am 28.10.1933 verabschiedeten Konvention des Völkerbundes über den internationalen Status der Flüchtlinge zusammengefasst und definiert. Darin fand sich zum ersten Mal die Verpflichtung der Vertragsstaaten, Schutzsuchende nicht in ihr Herkunftsland zurückzuschicken, wenn ihnen dort von staatlicher Seite Verfolgung drohte.

Nachdem es zu Fluchtwellen aus dem nationalsozialistischen Deutschland kam, sah der Völkerbund einen erneuten Handlungsbedarf in Flüchtlingsfragen. Am 10.2.1938 wurde das Abkommen über die Stellung der Flüchtlinge aus Deutschland geschlossen. Im gleichen Jahr fand im Juli die Konferenz von Évian statt, um die Flucht der Juden aus Deutschland und Österreich zu regeln, ein Ergebnis konnte jedoch nicht erzielt werden, insbesondere da sich die Staaten nicht auf eine Verteilung der Flüchtlinge einigen konnten. Am 14.9.1939 beschloss der Völkerbund das Zusatzprotokoll zum Abkommen über die Stellung der Flüchtlinge aus Deutschland. Angesichts des Zweiten Weltkrieges verloren sich diese Abkommen jedoch in der Bedeutungslosigkeit.

Die **Vereinten Nationen** (**UN**) verabschiedeten am 10.12.1948 die Allgemeine Erklärung der Menschenrechte (UN-Menschenrechtskonvention). Darin wurde in Art. 14 erstmals ein Recht auf Asyl formuliert.

1. Jeder hat das Recht, in anderen Ländern vor Verfolgung Asyl zu suchen und zu genießen.
2. Dieses Recht kann nicht in Anspruch genommen werden im Falle einer Strafverfolgung, die tatsächlich aufgrund von Verbrechen nichtpolitischer Art oder aufgrund von Handlungen erfolgt, die gegen die Ziele und Grundsätze der Vereinten Nationen verstoßen.

---

1 Erster Hochkommissar war der norwegische Forscher und Diplomat *Fridtjof Wedel-Jarlberg Nansen*, welcher 1922 den Friedensnobelpreis für sein Engagement für Flüchtlinge erhielt.

5   Entgegen dem Wortlaut der Norm wird jedoch lediglich den Vertragsstaaten das Recht vermittelt, Asyl zu gewähren. Schutzsuchende können aus der Menschenrechtskonvention kein subjektives Asylrecht herleiten.

6   Um Flüchtlingsströme zu lenken und humanitäre Hilfen zu koordinieren, wurde am 14.12.1950 das Amt des Flüchtlingskommissars geschaffen, dem ein Kommissariat zur Unterstützung unterstellt wurde. Der United Nations High Commissioner for Refugees (**UNHCR**) und sein Kommissariat ist bis heute die weltweit größte und einflussreichste Organisation im Flüchtlingsbereich. Durch die Schaffung dieser international weithin anerkannten Institution wurde Schutzsuchenden weltweit eine Lobby gegeben.

B. Geltendes internationales Recht

7   Ein individuelles Recht auf Schutz wurde erst durch das Abkommen über die Rechtsstellung der Flüchtlinge gewährt, welches am 28.6.1951 verabschiedet wurde. Nach dem Ort der Konferenz ist das Abkommen besser bekannt als **Genfer Flüchtlingskonvention** (**GFK**).[2] Die GFK ist bis heute Grundlage zahlreicher Gesetze im Asylrecht, vgl. § 3 Abs. 1 S. 1 Hs. 1 AsylG. Die 46 Artikel der GFK regeln grundlegend einen einheitlichen Flüchtlingsbegriff, einen subjektiven Rechtsanspruch, nicht in das Land der Verfolgung zurückgewiesen zu werden (non-refoulement), und die grundlegenden Rechte anerkannter Flüchtlinge im Aufnahmestaat. Bislang sind 147 Staaten der Konvention beigetreten. Ergänzt wird die GFK durch das Protokoll über die Rechtsstellung der Flüchtlinge vom 31.1.1967, welchem bislang 146 Staaten beitraten.[3]

8   Neben die GFK treten in Deutschland die europäischen Vorschriften als wichtigste Rechtsquelle des Asylrechts. Die Konvention zum Schutz der Menschenrechte und Grundfreiheiten, die **Europäische Menschenrechtskonvention** (**EMRK**), welche seit dem 3.9.1953 in Kraft ist, gewährt zahlreiche subjektive Rechte. Art. 3 EMRK etwa verbietet die Folter und bestimmt, dass niemand einer unmenschlichen oder erniedrigenden Behandlung ausgesetzt werden darf. Schutzsuchende in Länder zurückschieben, in denen ihnen Folter droht, stellt daher einen Verstoß gegen die EMRK dar. Folglich lassen sich subjektive Asylrechte direkt aus der EMRK ableiten.

9   Um auf europäischer Ebene eine Vereinheitlichung im Umgang mit Schutzsuchenden zu erreichen, verabschiedete die Europäische Union im Jahr 2004 die sogenannte **Qualifikationsrichtlinie**.[4] In Art. 15 der Richtlinie wird dem Schutzstatus eines Flüchtlings, der sich aus der GFK ergibt, zusätzlich der – im Verhältnis zur GFK – subsidiäre Schutzstatus eingeführt. Der subsidiäre Schutz greift das subjektive Recht Schutzsuchender aus Art. 2 und 3 EMRK auf. Flüchtlingsschutz und subsidiärer Schutz bilden zusammen den sogenannten internationalen Schutz für Geflüchtete.

---

2   Abkommen über die Rechtsstellung der Flüchtlinge vom 28.7.1951, BGBl. 1969 II 46, 1293 ff. v. 17.7.1969.
3   Die USA sind bspw nur dem Protokoll beigetreten. 143 Staaten sind der GFK und dem Protokoll beigetreten.
4   Die derzeit gültige Fassung ist die Richtlinie 2011/95/EU des Europäischen Parlaments und des Rates v. 13.12.2011 über Normen für die Anerkennung von Drittstaatsangehörigen oder Staatenlosen als Personen mit internationalem Schutz, für einen einheitlichen Status für Flüchtlinge oder für Personen mit Anrecht auf subsidiären Schutz und für den Inhalt des zu gewährenden Schutzes, ABl.EU L 337 v. 20.12.2011, S. 9 ff.

Um neben dem materiellen Recht auch die Asylverfahren innerhalb der Mitgliedstaaten anzugleichen, wurde 2005 die europäische **Asylverfahrensrichtlinie** verabschiedet.[5] Diese Richtlinie definiert verfahrensrelevante Begriffe und legt Fristen und Abläufe des Asylverfahrens für alle Mitgliedstaaten fest. Zur genaueren Regelung der Aufnahme und Rückführung Schutzsuchender wurden die **Aufnahmerichtlinie**[6] und die **Rückführungsrichtlinie**[7] geschaffen. Die Verteilung der Schutzsuchenden auf die Mitgliedstaaten und die Zuständigkeit der Mitgliedstaaten für die Asylverfahren wird durch eine Verordnung geregelt. Die gegenwärtig gültige Fassung ist die **Dublin III-VO**.[8]

10

Die Dublin III-VO gilt nach Art. 288 Abs. 2 des Vertrages über die Arbeitsweise der Europäischen Union (AEUV) in den Mitgliedstaaten unmittelbar. Die Richtlinien hingegen müssen von den Mitgliedstaaten grundsätzlich zunächst in nationale Vorschriften umgesetzt werden. Deutschland hat dies bei der Qualifikations- und Rückführungsrichtlinie weitestgehend auch getan. Die Aufnahme- und die Verfahrensrichtlinie wurden jedoch nicht vollständig umgesetzt, obwohl die dazu gesetzten Fristen bereits abgelaufen sind. So wäre die Verfahrensrichtlinie nach ihrem Art. 51 Abs. 1 bis zum 20.7.2015 umzusetzen gewesen. Setzen die Mitgliedstaaten Richtlinien nicht innerhalb der vorgegebenen Fristen um, können diese auch unmittelbar Anwendung finden, wenn den Betroffenen ansonsten Rechte verwehrt blieben, welche die Richtlinie vermittelt. Zumindest in gerichtlichen Verfahren finden die Richtlinien zumeist Berücksichtigung. So sieht etwa Art. 31 Abs. 3 S. 1 der Verfahrensrichtlinie vor, dass ein Asylverfahren grundsätzlich innerhalb von sechs Monaten ab Asylantragstellung zum Abschluss gebracht werden soll. Zwar gilt die Regelung nicht direkt, jedoch kann sie im Rahmen eines Untätigkeitsverfahrens[9] wegen überlanger Verfahrensdauer als Argument angebracht werden.

11

C. Deutsches Asylrecht

Neben den geschilderten internationalen Bestimmungen bleibt dem deutschen Gesetzgeber nur noch wenig Spielraum, die Asylverfahren zu regeln. Die – seit 2015 sehr häufigen – Gesetzesänderungen betreffen daher zumeist auch nicht das Asylverfahren

12

---

5 Die heutige gültige Richtlinie 2013/32/EU des Europäischen Parlaments und des Rates v. 26.6.2013 zum gemeinsamen Verfahren für die Zuerkennung und Aberkennung des internationalen Schutzes, ABl.EU L 180 v. 29.6.2013, S. 60 ff., basiert auf der Richtlinie 2005/85/EG des Rates v. 1.12.2005 über Mindestnormen für Verfahren in den Mitgliedstaaten zur Zuerkennung und Aberkennung der Flüchtlingseigenschaft, ABl.EU L 326 v. 13.12.2005, S. 13 ff.
6 Basierend auf der Richtlinie 2003/9/EG des Rates v. 27.1.2003 über Mindestnormen für die Aufnahme von Asylbewerbern, ABl.EU L 31 v. 6.2.2003, S. 18 ff., wurden die dortigen Vorschriften zuletzt in der Richtlinie 2013/33/EU des Europäischen Parlaments und des Rates v. 26.6.2013 zur Festlegung von Normen für die Aufnahme von Personen, die internationalen Schutz beantragen geändert, ABl. EU L 180 v. 29.6.2013, S. 96 ff.
7 Richtlinie 2008/115/EG des Europäischen Parlaments und des Rates v. 16.12.2008 über gemeinsame Normen und Verfahren in den Mitgliedstaaten zur Rückführung illegal aufhältiger Drittstaatsangehöriger, ABl.EU L 348/98 v. 24.12.2008.
8 Verordnung (EU) Nr. 604/2013 des Europäischen Parlaments und des Rates vom 26.6.2013 zur Festlegung der Kriterien und Verfahren zur Bestimmung des Mitgliedstaats, der für die Prüfung eines von einem Drittstaatsangehörigen oder Staatenlosen in einem Mitgliedstaat gestellten Antrags auf internationalen Schutz zuständig ist. S. zum Dublin-Verfahren Kap. 3.
9 Zum Untätigkeitsverfahren wegen überlanger Verfahrensdauer s. Kap. 4 Rn. 127.

Kapitel 1 Rechtsquellen des Asylrechts

selbst, sondern die Lebensumstände der Schutzsuchenden vor, während und nach dem Asylverfahren.

13   Im Grundgesetz findet sich in Art. 16a GG das Grundrecht auf Asyl. Das Asylverfahren wird im Asylgesetz (**AsylG**)[10] geregelt. Dort wird nochmals wiederholt, unter welchen Voraussetzungen Asyl (nach dem Grundgesetz), die Flüchtlingseigenschaft (nach der GFK) oder subsidiärer Schutz (nach der EMRK) zuerkannt werden können. Der genaue Ablauf des Asylverfahrens beim Bundesamt für Migration und Flüchtlinge (BAMF) wird im vierten Abschnitt des AsylG geregelt. Auch Vorschriften über die Unterbringung von Schutzsuchenden während des Asylverfahrens und deren Rechte und Pflichten finden sich im AsylG.

14   Ist der Aufenthalt Schutzsuchender außerhalb des Asylverfahrens betroffen, finden sich Regelungen im Aufenthaltsgesetz (**AufenthG**)[11] oder der Aufenthaltsverordnung (**AufenthV**).[12] Die Leistungen, die Schutzsuchende im laufenden Asylverfahren erhalten, sind im Asylbewerberleistungsgesetz geregelt (**AsylbLG**).[13] Daneben gibt es weitere Gesetze und Verordnungen, etwa für die Regelung der Arbeit die Beschäftigungsverordnung (**BeschV**).[14]

15   Auch die Bundesländer haben eigene Rechtsvorschriften zum Asylrecht, soweit ihnen in diesem Bereich Kompetenzen verblieben sind. Dabei geht es vor allem um die Unterbringung der Schutzsuchenden im jeweiligen Bundesland.[15]

16   Die Reformen der letzten Jahre – etwa die sogenannten Asylpakete I[16] von Oktober 2015 und II[17] vom Februar 2016 oder das Integrationsgesetz vom Juli 2016[18] – haben jeweils Vorschriften der erwähnten Bundesgesetze geändert, ergänzt oder beschränkt. Die Schlagzahl der Gesetzesänderungen macht es Fachleuten wie Behörden schwer, auf dem aktuellen Stand zu bleiben. Eine beständige Fortbildung und der kollegiale Austausch sind daher im Asylrecht besonders wichtig.

---

10   BGBl. 2008 I 1798 ff.
11   Die ursprüngliche Fassung des AsylG wurde im BGBl. 2004 I 1950 ff. veröffentlicht, neu bekannt bemacht wurde das Gesetz 2008 BGBl. 2008 I 162 ff. Die letzte Änderung erfolgte durch Gesetz vom 28.12.2016 BGBl. 2016 I 3155 ff.
12   BGBl. 2004 I 2945 ff., zuletzt geändert durch Gesetz, veröffentlicht im BGBl. 2016 I 3074 ff.
13   In der ursprünglichen Fassung veröffentlicht im BGBl. 1993 I 1074 ff., neu veröffentlicht im BGBl. 1997 I 2022 ff. und zuletzt geändert durch die Vorschriften im BGBl. 2016 I 3234 ff.
14   BGBl. 2013 I 1499 ff., zuletzt geändert durch Verordnung vom 31.7.2016, veröffentlicht in BGBl. 2016 I 1950 ff.
15   Etwa in Baden-Württemberg das Gesetz über die Aufnahme von Flüchtlingen, (Flüchtlingsaufnahmegesetz – FlüAG), in Bayern das Gesetz über die Aufnahme und Unterbringung der Leistungsberechtigten nach dem Asylbewerberleistungsgesetz (Aufnahmegesetz – AufnG) oder in NRW das Gesetz über die Zuweisung und Aufnahme ausländischer Flüchtlinge (Flüchtlingsaufnahmegesetz – FlüAG).
16   Asylverfahrensbeschleunigungsgesetz, BGBl. 2015 I 1722 ff.
17   Gesetz zur Einführung beschleunigter Asylverfahren, BGBl. 2016 I 390 ff.
18   BGBl. 2016 I 1939 ff.

Kapitel 2 Verfahren an der Grenze

A. Einreise auf dem Landweg
I. Einreise und Asylgesuch

Eine legale Einreise nach Deutschland ist grundsätzlich nur mit einem gültigen Pass und mit einer Aufenthaltserlaubnis oder einem Visum möglich, §§ 3, 4, 14 AufenthG.

Bei der Einreise nach Deutschland erfolgen normalerweise keine Kontrollen, weil Deutschland innerhalb des Schengenraums liegt, die Grenzen zu allen Nachbarstaaten grundsätzlich offen sind. Im grenznahen Bereich dürfen jedoch Kontrollen stattfinden und auch außerordentliche Grenzkontrollen angeordnet werden. Schutzsuchende dürfen aber nicht an einem Grenzübertritt gehindert werden, wenn dies gegen das Grundgesetz, die Europäische Menschenrechtskonvention oder die Genfer Flüchtlingskonvention verstoßen würde.

Eine Visumsantragstellung bzw. -erteilung zum Zweck der Einreise zur Asylantragstellung bei den Deutschen Botschaften in den Herkunftsländern ist nicht möglich. Die meisten Schutzsuchenden reisen deshalb illegal auf dem Landweg ein. Nur sehr wenige Schutzsuchende kommen mit einem gültigen Reisepass und Visum nach Deutschland.

Wer bei den Grenzbehörden um **Asyl nachsucht**,[19] ist unverzüglich an die nächstgelegene Aufnahmeeinrichtung zur Meldung weiterzuleiten, § 18 Abs. 1 AsylG.

Wer illegal einreisen will und **kein Asylgesuch** stellen möchte, wird von der Bundespolizei an der Grenze zurückgewiesen, § 15 Abs. 1 AufenthG. Eine Zurückweisung ist das Verbot, das Gebiet der Bundesrepublik zu betreten.

II. Zurückweisung

Für Schutzsuchende besteht bei einer Kontrolle an der Grenze unter bestimmten Voraussetzungen die Gefahr einer Zurückweisung oder Zurückschiebung.

Die Einreise ist zu verweigern, wenn sie aus einem **sicheren Drittstaat** erfolgt, § 18 Abs. 2 Nr. 1 AsylG. Sichere Drittstaaten sind gem. § 26 a Abs. 2 AsylG alle Mitgliedstaaten der Europäischen Union, Norwegen und die Schweiz (Anlage I zum AsylG).

Die Vorschrift des § 18 Abs. 2 Nr. 1 AsylG ist praktisch jedoch nicht relevant: Eine Zurückweisung an der Grenze darf wegen der (vorrangigen) Dublin III-Verordnung nicht erfolgen, solange das BAMF nicht die Zuständigkeit nach der Dublin III-Verordnung im darin vorgeschriebenen Verfahren geprüft hat.[20] Das Verfahren kann nicht an der Grenze stattfinden, da es dort keine Einrichtungen gibt, in denen das Dublin-Verfahren durchgeführt werden kann.

Die Einreise ist außerdem zu verweigern, wenn Anhaltspunkte für die Zuständigkeit eines anderen Staates für das Asylverfahren vorliegen, § 18 Abs. 2 Nr. 2 AsylG. Auch diese Regelung hat keine praktische Relevanz, da das Verfahren zur Ermittlung des

---

19 S. zu Asylgesuch und Asylantrag Kap. 4 Rn. 15 ff.
20 Zum Verfahren nach der Dublin III-VO s. Kap. 3.

10 Die Einreise ist weiterhin zu verweigern bei einer früheren rechtskräftigen Verurteilung in einem Strafverfahren in der Bundesrepublik Deutschland zu einer Freiheitsstrafe von mindestens drei Jahren in den letzten drei Jahren, wenn eine Gefahr für die Allgemeinheit besteht, § 18 Abs. 2 Nr. 3 AsylG. Die Einreise darf aber auch in diesem Fall nicht abgelehnt werden, wenn damit die Prüfung eines Asylantrages ausgeschlossen wird.

III. Zurückschiebung

11 Wenn der Aufgriff durch die Grenzbehörden im grenznahen Raum im unmittelbaren zeitlichen Zusammenhang mit einer unerlaubten Einreise erfolgt, muss eine Zurückschiebung erfolgen, § 18 Abs. 3 AsylG. Auch dies gilt nicht bei der Stellung eines Asylgesuchs.

12 Bei einer unerlaubten Einreise aus einem sicheren Drittstaat kann eine Zurückschiebung auch erfolgen, wenn der Asylantrag bereits rechtskräftig abgelehnt worden ist und die Einreise zum Zweck der Stellung eines Asylfolgeantrags erfolgen soll, § 71 Abs. 6 S. 2 AsylG.

IV. Strafbarkeit der illegalen Einreise

13 Wenn die Schutzsuchenden von der Bundespolizei aufgegriffen werden, wird in der Regel ein Ermittlungsverfahren wegen illegaler Einreise eingeleitet, das heißt, die Schutzsuchenden werden als Beschuldigte erfasst, erkennungsdienstlich behandelt und befragt. Die Bundespolizei ist zuständig für Maßnahmen an der Grenze, § 71 Abs. 3 AufenthG.

14 Die illegale Einreise, strafbar nach §§ 14, 95 Abs. 1 Nr. 3 AufenthG, darf allerdings nach Art. 31 Abs. 1 der **Genfer Flüchtlingskonvention (GFK)** nicht bestraft werden, wenn die Schutzsuchenden unverzüglich nach der Einreise ein Asylgesuch stellen; § 95 Abs. 5 AufenthG verweist auf die GFK.

15 Die Schutzsuchenden erhalten daher, zumeist einige Wochen nach der Einreise, ein Schreiben der zuständigen Staatsanwaltschaft, dass das Ermittlungsverfahren wegen illegaler Einreise gem. § 170 Abs. 2 StPO eingestellt wurde.

16 Einige Schutzsuchende benutzen zur Einreise gefälschte Pässe, Personalausweise, Identitätskarten oder Schengen-Visa. Die Frage, ob die Benutzung gefälschter Dokumente bei der Einreise als Begleitdelikt ebenfalls nach der GFK straflos gestellt ist, wird in Rechtsprechung und Literatur nicht einheitlich beantwortet.[21]

17 Das Bundesverfassungsgericht setzt für die Straflosigkeit der mitverwirklichten Begleitdelikte (z.B. Urkundsdelikte) voraus, dass eine notstandsähnliche Unmöglichkeit

---

21 Gegen eine Einbeziehung der Begleitdelikte z.B. OLG Bamberg 29.8.2013 – 3 Ss59/13; OLG München 29.3.2010 – 5 St RR (II) 79/10; für eine Einbeziehung z.B. OLG Frankfurt/Main 28.10.1996 – 1 Ss 232/96; NK-AuslR/*Fahlbusch* AufenthG § 95 Rn. 262.

oder Unzumutbarkeit der legalen Einreise zur Asylantragstellung gegeben ist.[22] Diese notstandsähnliche Situation wird in der Regel bei der Einreise über einen sicheren Drittstaat nicht mehr gegeben sein. Nach Ansicht des Bundesverfassungsgerichtes gilt ein Staat mit systemischen Mängeln[23] im Asylverfahren aber nicht mehr als sicherer Drittstaat.

Wenn Strafbefehle wegen Urkundenfälschung dennoch erlassen werden, divergieren die verhängten Geldstrafen deutlich. Manchmal werden nur geringe Geldstrafen verhängt, teilweise werden bis zu 200 Tagessätze als angemessen angesehen. 18

▶ **Hinweis zum Strafverfahren:** 19

Bei Strafbefehlen wegen illegaler Einreise bzw. Urkundenfälschung aufgrund der Verwendung gefälschter Dokumente bei der Einreise sollten die örtliche Rechtsprechung und die Erfolgsaussichten eines Einspruchs geprüft werden. Ein Einspruch gegen einen Strafbefehl wegen illegaler Einreise wird wegen Art. 31 Abs. 1 GFK immer erfolgreich sein.

Bei Strafbefehlen mit Geldstrafen über 90 Tagessätzen sollte Einspruch eingelegt und versucht werden, die Geldstrafe zu reduzieren, da höhere Strafen die spätere Erteilung einer Aufenthaltserlaubnis nach einer Anerkennung im Asylverfahren gefährden. ◀

B. Einreise auf dem Luftweg (Flughafenverfahren)

I. Verfahrensablauf

An einigen deutschen Flughäfen bestehen Einrichtungen zur Durchführung des sog. Flughafenverfahrens. Dabei handelt es sich um ein **Schnellverfahren für bestimmte Personengruppen**, nämlich Personen aus sicheren Herkunftsstaaten (§ 29 a AsylG: Albanien, Bosnien und Herzegowina, Ghana, Kosovo, Mazedonien, Montenegro, Senegal, Serbien) und Personen ohne gültigen Pass oder Passersatz, die nach der Ankunft auf dem Flughafen ein Asylgesuch stellen, § 18 a Abs. 1 S. 1 und 2 AsylG. 20

Die Schutzsuchenden verbleiben während des Verfahrens im Transitbereich des Flughafens, es wird also keine Einreise gestattet. Das Asylverfahren soll vor der Einreise in das Bundesgebiet noch im Transitbereich beschleunigt durchgeführt werden. 21

Den Schutzsuchenden ist unverzüglich Gelegenheit zur Stellung des Asylantrags bei einer Außenstelle des BAMF zu geben, § 18 a Abs. 1 S. 3 AsylG. Die persönliche Anhörung durch das BAMF soll unverzüglich stattfinden, § 18 a Abs. 1 S. 4 AsylG. Danach ist unverzüglich Gelegenheit zur Kontaktierung eines Rechtsbeistandes zu geben, § 18 a Abs. 1 S. 5 AsylG. 22

Das BAMF entscheidet zunächst, ob die Entscheidung im Flughafenverfahren getroffen werden kann oder ob eine Entlassung aus dem Transitbereich und Weiterleitung an die zuständige Aufnahmeeinrichtung zur Durchführung eines regulären Asylverfahrens erfolgt.[24] Die Entlassung erfolgt, wenn das BAMF der Grenzbehörde mitteilt, dass es nicht kurzfristig entscheiden kann, oder wenn das BAMF nicht innerhalb von zwei Tagen nach Stellung des Asylantrages über diesen entschieden hat, § 18 a Abs. 6 Nrn. 1 und 2 AsylG. 23

---

22 BVerfG 8.12.2014 – 2 BvR 450/11.
23 S. zu systemischen Mängeln des Asylverfahrens Kap. 3 Rn. 23.
24 S. zum Asylverfahren Kap. 4.

II. Ablehnung des Asylantrages als offensichtlich unbegründet

24 Wenn der **Asylantrag als offensichtlich unbegründet abgelehnt** wird,[25] wird die **Einreise verweigert**. Der Bescheid des BAMF wird zusammen mit der Einreiseverweigerung der Grenzbehörde zugestellt, § 18a Abs. 3 AsylG. Eine Klage dagegen kann binnen einer Woche erhoben werden, § 74 Abs. 1 Alt. 2 AsylG. Die Klage hat keine aufschiebende Wirkung. Ein Antrag auf Wiederherstellung der aufschiebenden Wirkung gem. § 80 Abs. 5 VwGO muss innerhalb von 3 Tagen nach Zustellung der beiden Bescheide gestellt werden, § 18a Abs. 4 AsylG. Die Entscheidung des Verwaltungsgerichtes im Eilverfahren soll binnen einer Woche ohne mündliche Verhandlung im schriftlichen Verfahren ergehen. Die Einreise ist zu gestatten, wenn das Gericht nicht innerhalb von 14 Tagen über den Eilantrag entschieden hat, § 18a Abs. 6 Nr. 4 AsylG. Das Gericht kann im Eilverfahren entscheiden, dass dem Antrag stattgegeben wird und die Grenzbehörde verpflichten, die Einreise zu gestatten. Wenn der Antrag zurückgewiesen wird, erfolgt entweder die Zurückschiebung an den Ausgangsflughafen oder die Abschiebung in den Herkunftsstaat. Wenn dies nicht möglich ist, weil die Aufnahme dort verweigert wird, müssen die Schutzsuchenden entlassen und an eine Aufnahmeeinrichtung weitergeleitet werden.

III. Begründeter Asylantrag oder Ablehnung des Asylantrages als unbegründet

25 Wenn der **Asylantrag begründet ist oder als unbegründet abgelehnt** wird,[26] wird die **Einreise erlaubt**. Die Schutzsuchenden werden in eine Aufnahmeeinrichtung weitergeleitet. Das Klageverfahren gegen eine Ablehnung als unbegründet kann dann in Deutschland durchgeführt werden.

---

25 Kap. 7 Rn. 4 ff.
26 Kap. 7 Rn. 21 ff.

Kapitel 3 Verfahren nach der Dublin III-Verordnung

A. Zuständigkeitsregelungen für das Asylverfahren

I. Allgemeines

Nach förmlicher Asylantragstellung[27] prüft das BAMF zunächst, ob Deutschland für die Durchführung des Asylverfahrens zuständig ist oder ob nicht nach der Dublin III-Verordnung[28] ein anderer Dublin-Staat zuständig ist. Dublin-Staaten sind außer den 28 Mitgliedstaaten der Europäischen Union auch Norwegen, die Schweiz, Liechtenstein und Island. Nach der Dublin III-VO ist grundsätzlich der Mitgliedstaat zuständig, in den Schutzsuchende zuerst eingereist sind, Art. 3 Abs. 2 Dublin III-VO. 1

Mit der Dublin III-Verordnung soll sichergestellt werden, dass jeder Antrag auf internationalen Schutz inhaltlich geprüft wird, aber nur einmalig durch einen Mitgliedstaat. Es kommt dabei nicht darauf an, ob in diesem Staat tatsächlich ein Antrag auf internationalen Schutz gestellt wurde und ob die Schutzsuchenden dies überhaupt wollten, sondern nur darauf, ob die Einreise in diesen Mitgliedstaat nachgewiesen werden kann und dort der Zugang zu einem ordnungsgemäßen Asylverfahren zumindest möglich war. 2

II. Zuständigkeitskriterien

Die Kriterien zur Bestimmung des zuständigen Mitgliedstaates sind in Kapitel III, Art. 8–15 Dublin III-VO geregelt. Die **Kriterien** richten sich dabei nach der in diesem Kapitel genannten **Rangfolge**, Art. 7 Abs. 1 Dublin III-VO, d.h. die Zuständigkeitskriterien sind hierarchisch zu prüfen, ein vorrangig zuständiger Staat verdrängt die Zuständigkeit eines nachrangigen. 3

Bei der Bestimmung der Zuständigkeit wird von der Möglichkeit der erstmaligen Stellung eines Antrags auf internationalen Schutz in einem Mitgliedstaat ausgegangen, Art. 7 Abs. 2 Dublin III-VO. Liegen Indizien vor, dass ein anderer Mitgliedstaat für das Asylverfahren zuständig sein könnte, etwa da sich dort bereits Familienangehörige befinden, müssen diese berücksichtigt werden, wenn diese bekannt werden, bevor ein anderer Mitgliedstaat über ein Aufnahme- oder Wiederaufnahmegesuch entschieden hat und eine Erstentscheidung in der Sache ergangen ist, Art. 7 Abs. 3 Dublin III-VO. 4

1. Unbegleitete Minderjährige

Bei unbegleiteten Minderjährigen ist der Staat zuständig, in dem sich ein Familienangehöriger oder eines der Geschwister rechtmäßig aufhält, sofern dies dem Wohl der Minderjährigen dient, Art. 8 Abs. 1 S. 1 Dublin III-VO. 5

---

27 Im Gegensatz zum Asylgesuch, s. dazu Kap. 4 Rn. 15.
28 Verordnung (EU) Nr. 604/2013 des Europäischen Parlaments und des Rates v. 26.6.2013 zur Festlegung der Kriterien und Verfahren zur Bestimmung des Mitgliedstaates, der für die Prüfung eines von einem Drittstaatsangehörigen oder Staatenlosen in einem Mitgliedstaat gestellten Antrags auf internationalen Schutz zuständig ist, ABl. EU Nr. L 180/31 v. 29.6.2013.

6 **Familienangehörige** sind gemäß Art. 2 lit. g Dublin III-VO neben den Ehegatten oder den nicht verheirateten Partner*innen – wenn diese rechtlich einem Ehegatten gleichgestellt sind – eheliche und außereheliche minderjährige Kinder von Schutzsuchenden und bei Minderjährigen der Vater, die Mutter oder ein anderer rechtlich verantwortlicher Erwachsener, sofern die Familie bereits im Herkunftsland bestanden hat, also bereits dort die Familie als Einheit zusammengelebt hat oder sich zumindest gegenseitig unterstützte.[29]

7 Bei verheirateten Minderjährigen, deren Ehegatten sich nicht rechtmäßig im Gebiet der Mitgliedstaaten aufhalten, ist der Mitgliedstaat zuständig, in dem sich der Vater, die Mutter oder eine andere rechtlich für die Minderjährigen verantwortliche Person aufhält, Art. 8 Abs. 1 S. 2 Dublin III-VO.

8 Wenn unbegleitete Minderjährige einen **Verwandten** haben (Art. 2 lit. h Dublin III-VO: z.B. einen volljähriger Onkel, eine volljährige Tante oder einen Großelternteil), der sich rechtmäßig in einem anderen Mitgliedstaat aufhält, und wenn im Rahmen einer Einzelfallprüfung festgestellt wurde, dass der Verwandte für den Antragsteller sorgen kann, so soll der Mitgliedstaat, in dem sich der Verwandte aufhält, die Minderjährigen und ihre Verwandten zusammenführen und ist dann zuständig für deren Asylverfahren, sofern dieses Vorgehen dem Wohl der Minderjährigen dient, Art. 8 Abs. 2 Dublin III-VO. Das Wohl der Minderjährigen ist ein unbestimmter Rechtsbegriff, d.h. es muss in jedem Einzelfall ermittelt werden, welches Vorgehen den Interessen des Minderjährigen am ehesten gerecht wird.[30] Eine von den Vorschriften der Dublin III-VO abweichende Zuständigkeitsregelung kann stets im Rahmen der Ermessensklauseln nach Art. 17 Dublin III-VO getroffen werden.

9 Wenn sich Familienangehörige, Geschwister oder Verwandte **in verschiedenen Mitgliedstaaten aufhalten**, wird der zuständige Mitgliedstaat lediglich nach dem Wohl der Minderjährigen bestimmt, Art. 8 Abs. 3 Dublin III-VO.

10 Gibt es **keine Familienangehörigen, Geschwister oder Verwandte** in einem Mitgliedstaat, ist der Staat zuständig, in dem die Minderjährigen den Antrag gestellt haben, Art. 8 Abs. 4 Dublin III-VO. Auch hier kann im Interesse des Minderjährigen jedoch eine andere Regelung getroffen werden.

11 Falls Minderjährige in mehreren Mitgliedstaaten einen Antrag auf internationalen Schutz gestellt haben, ist nach der Rechtsprechung des Europäischen Gerichtshofs der letzte Antrag zu bearbeiten, sofern der im ersten Mitgliedstaat gestellte Antrag noch nicht bearbeitet wurde, d.h. es ist der Mitgliedstaat zuständig, in dem sich die Minderjährigen aufhalten und ihren Asylantrag gestellt haben.[31]

2. Familienangehörige mit internationalem Schutz

12 Wenn die Schutzsuchenden einen Familienangehörigen haben, der bereits in einem Mitgliedstaat internationalen Schutz **erhalten hat**, so ist dieser Mitgliedstaat für die

---

29 *Filzwieser/Sprung*, Dublin III-Verordnung, Art. 2 K25–K27.
30 Zur Ermittlung dieser Interessen wird ein sogenanntes Clearingverfahren durchgeführt, dazu näheres unter Kap. 10 Rn. 31.
31 EuGH 6.6.2013 – C-648/11.

Durchführung aller Asylverfahren der Schutzsuchenden zuständig, sofern beide Seiten, Schutzsuchende und Familienangehörige, den Wunsch auf eine Zusammenführung schriftlich bekunden, Art. 9 Dublin III-VO. Ein Recht auf Familienzusammenführung besteht in diesen Fällen selbst dann, wenn die Familie im Herkunftsland noch nicht bestanden hat.

3. Familienangehörige im laufenden Verfahren

Wenn die Schutzsuchenden einen Familienangehörigen haben, der bereits in einem Mitgliedstaat internationalen Schutz **beantragt hat**, aber noch keine Entscheidung im Asylverfahren erhalten hat, wird dieser Mitgliedstaat für das Asylverfahren zuständig, sofern der Familienangehörige und der Schutzsuchende den Wunsch auf eine Zusammenführung schriftlich bekunden, Art. 10 Dublin III-VO. Dies gilt jedoch nur, wenn die Familie als Einheit bereits im Herkunftsstaat bestanden hat.

13

4. Verfahren bei Familien und mehreren zuständigen Mitgliedstaaten

Wenn mehrere Familienangehörige und/oder unverheiratete minderjährige Geschwister im selben Staat gleichzeitig oder in so großer zeitlicher Nähe[32] einen Asylantrag gestellt haben, dass die Verfahren zur Bestimmung des zuständigen Mitgliedstaates nach der Dublin III-VO noch gleichzeitig durchgeführt werden können, und wenn die Anwendung der Dublin III-VO andernfalls eine Trennung der Familie zur Folge haben könnte, gilt Art. 11 Dublin III-VO. Danach richtet sich die Zuständigkeit für die Prüfung der Asylanträge nach dem Mitgliedstaat, der für die Aufnahme des größten Teils der Familie zuständig wäre. Reisen etwa zehn Schutzsuchende nach Deutschland ein und stellt sich im Rahmen des Verfahrens heraus, dass für vier Personen Ungarn und für die anderen sechs Italien zuständig wäre, so wird nach Art. 11 Dublin III-VO für alle Personen Italien zuständig. Gibt es nach dieser Regelung keinen vorrangig zuständigen Mitgliedstaat, so ist der Mitgliedstaat zuständig, der für die Prüfung des ältesten Antrages zuständig ist.

14

5. Einreise mit Aufenthaltstitel oder Visum

Wenn Schutzsuchende einen gültigen Aufenthaltstitel oder ein Visum haben, ist grundsätzlich der Mitgliedstaat zuständig, der den Aufenthaltstitel oder das Visum **ausgestellt** hat, Art. 12 Abs. 1 und 2 Dublin III-VO.

15

Bei gültigen Aufenthaltstiteln oder Visa **mehrerer Mitgliedstaaten** sind folgende Regelungen zu beachten: Zuständig ist der Mitgliedstaat, der den **Aufenthaltstitel** mit der längsten Gültigkeit erteilt hat, bei gleicher Gültigkeitsdauer der Mitgliedstaat, der den zuletzt ablaufenden Aufenthaltstitel erteilt hat, Art. 12 Abs. 3 lit. a Dublin III-VO. Bei **gleichartigen Visa** ist der Mitgliedstaat zuständig, der das zuletzt ablaufende Visum erteilt hat, Art. 12 Abs. 3 lit. b Dublin III-VO. Bei **nicht gleichartigen Visa** ist der Mitgliedstaat zuständig, der das Visum mit der längsten Gültigkeitsdauer erteilt hat, bei gleicher Gültigkeitsdauer der Mitgliedstaat, der das zuletzt ablaufende Visum erteilt hat, Art. 12 Abs. 3 lit. c Dublin III-VO.

16

---

32 *Filzwieser/Sprung*, Dublin III-Verordnung, Art. 11 K3, orientierten sich an den Fristen für das Zuständigkeitsverfahren und damit an einer Frist von zwei bis drei Monaten.

17 Wenn die Schutzsuchenden einen oder mehrere Aufenthaltstitel besitzen, die weniger als zwei Jahre zuvor abgelaufen sind, oder ein oder mehrere Visa, die seit weniger als sechs Monaten abgelaufen sind, und sie damit eingereist waren, werden die genannten Grundsätze ebenfalls angewendet, wenn die Schutzsuchenden in der Zwischenzeit das Hoheitsgebiet der Europäischen Union nicht verlassen haben, Art. 12 Abs. 4 S. 1 Dublin III-VO.

18 Sind Aufenthaltstitel oder Visa bereits seit längerer Zeit abgelaufen – also Aufenthaltstitel, die vor mehr als zwei Jahren abgelaufen sind und Visa, die seit mehr als sechs Monaten abgelaufen sind – und sind Schutzsuchende damit eingereist, ist der Mitgliedstaat zuständig, in dem der Asylantrag gestellt wurde, Art. 12 Abs. 4 S. 2 Dublin III-VO.

6. Illegale Einreise oder Aufenthalt

19 Kann eine illegalen Einreise aus einem Drittstaat aufgrund von Beweismitteln oder Indizien festgestellt werden,[33] etwa bei der Vorlage von Bahn- oder Flugtickets, greift Art. 13 Abs. 1 S. 1 Dublin III-VO: Danach ist der Mitgliedstaat zuständig, über dessen Außengrenze die Einreise erfolgt ist. Die Zuständigkeit endet zwölf Monate nach dem Tag des illegalen Grenzübertritts, wenn in dieser Zeit kein Asylantrag gestellt wurde, Art. 13 Abs. 1 S. 2 Dublin III-VO.

20 Ein Mitgliedstaat wird ebenfalls für die Durchführung des Asylverfahrens zuständig, wenn die illegale Einreise aufgrund von Beweismitteln oder Indizien festgestellt wurde, sich die Schutzsuchenden aber vor der Asylantragstellung ununterbrochen fünf Monate lang in diesem Mitgliedstaat aufgehalten haben, Art. 13 Abs. 2 Dublin III-VO. Halten sich Schutzsuchende für mindestens fünf Monate in verschiedenen Mitgliedstaaten auf, wird der Mitgliedstaat zuständig, in dem sich die Schutzsuchenden vor der Asylantragstellung zuletzt aufgehalten haben, Art. 13 Abs. 2 S. 2 Dublin III-VO.

7. Visafreie Einreise

21 Reisen Schutzsuchende ohne Visum in einen Mitgliedstaat ein, in dem für sie kein Visumzwang besteht, so ist dieser Mitgliedstaat für die Durchführung des Asylverfahrens zuständig, Art. 14 Dublin III-VO.

8. Flughafentransit

22 Wenn der Antrag auf Schutzgewährung im internationalen Transitbereich eines Flughafens in einem Mitgliedstaat gestellt wird, so wird dieser Mitgliedstaat für die Durchführung des Asylverfahrens zuständig, Art. 15 Dublin III-VO.[34]

9. Systemische Mängel

23 Können die Schutzsuchenden in einen zunächst zuständigen Mitgliedstaat nicht überstellt werden, weil dort **systemische Schwachstellen** im Asylverfahren bestehen, wel-

---

33 In Abgrenzung zu einem Treffer in der Eurodac-Datenbank, in welcher Fingerabdrücke gespeichert werden. S. dazu unten unter Rn. 41 f.
34 Zum in Deutschland dann meist durchgeführten sogenannten Flughafenverfahren s. Kap. 2 Rn. 20 ff.

che die **Gefahr einer unmenschlichen oder entwürdigenden Behandlung** mit sich bringen, setzt der prüfende Mitgliedstaat die Prüfung der Zuständigkeit fort, um festzustellen, ob ein anderer Mitgliedstaat zuständig ist, Art. 3 Abs. 2 S. 2 Dublin III-VO.[35]

Für einen Teil der Dublin-Staaten (insbesondere Ungarn, Bulgarien, Italien) nimmt ein Teil der Verwaltungsgerichte **systemische Mängel** im Asylverfahren an, so dass Klagen und Eilanträge erfolgreich sind. Die Rechtsprechung ist dabei aber sehr uneinheitlich.[36]

10. Auffangzuständigkeit

Lässt sich anhand der bereits beschriebenen Kriterien der zuständige Mitgliedstaat nicht bestimmen, so ist der **erste Mitgliedstaat, in dem der Antrag auf Schutz gestellt wurde**, zuständig für die Durchführung des Asylverfahrens, Art. 3 Abs. 2 S. 1 Dublin III-VO.

Kann keine Überstellung an den zuständigen oder an den ersten Mitgliedstaat, in dem der Antrag gestellt wurde, erfolgen, wird der Mitgliedstaat zuständig, der die **Zuständigkeit geprüft** hat, Art. 3 Abs. 2 S. 3 Dublin III-VO.

III. Abhängige Personen

Sind die Schutzsuchenden wegen Schwangerschaft, eines neugeborenen Kindes, schwerer Krankheit, ernsthafter Behinderung oder hohen Alters auf die Unterstützung von Kindern, Geschwistern oder Eltern angewiesen, die sich rechtmäßig in einem Mitgliedstaat aufhalten, entscheiden die Mitgliedstaaten in der Regel, diese nicht zu trennen bzw. zusammenzuführen, sofern die familiäre Bindung bereits im Herkunftsland bestanden hat, Art. 16 Dublin III-VO. Dasselbe gilt, wenn ein Kind, ein Geschwisterteil oder ein Elternteil, der sich rechtmäßig in einem Mitgliedstaat aufhält, auf die Unterstützung der Schutzsuchenden angewiesen ist.

IV. Selbsteintritt

Jeder Mitgliedstaat hat das Recht, einen bei ihm gestellten Asylantrag zu prüfen, auch wenn er nach den Kriterien der Dublin III-VO nicht zuständig ist, Art. 17 Abs. 1 Dublin III-VO. Diese Möglichkeit eines Mitgliedstaates, einen Asylantrag trotz Unzuständigkeit selbst zu prüfen, wird als **Selbsteintrittsrecht** bezeichnet. Die Ausübung des Selbsteintrittsrechts bewirkt die Zuständigkeit, Art. 17 Abs. 1 Unterabs. 1 Dublin III-VO.

Es handelt sich dabei um eine **Ermessensentscheidung**. In Fällen, in denen die Durchsetzung einer Zuständigkeit eine Verletzung der Europäischen Menschenrechtskon-

---

35 Überstellungen nach **Griechenland** sind nach Entscheidungen des Bundesverfassungsgerichts und des Europäischen Gerichtshofs für Menschenrechte seit 2011 wegen systemischer Mängel im Asylverfahren ausgesetzt. Die entsprechende Weisung des Bundesinnenministeriums an das BAMF, keine Aufnahme- oder Wiederaufnahmeersuchen an Griechenland zu stellen, wurde seitdem jeweils jährlich verlängert. Aufgrund nach wie vor bestehender Mängel im griechischen Asylsystem überstellt Deutschland nicht nach Griechenland. Der Überstellungsstopp war bis zum 8.1.2017 befristet. Die EU-Kommission will ab März 2017 wieder Überstellungen nach Griechenland zulassen. Die Regelung soll für Schutzsuchende gelten, die ab dem 15.3.2017 in Griechenland ankommen und von dort in andere EU-Staaten weiterreisen.
36 *Göbel-Zimmermann* in Hohenheimer Tage zum Ausländerrecht 2015, ab S. 147.

vention bedeuten würde (z.B. bei besonderen familiären und humanitären Umständen), kann das Ermessen allerdings auf Null reduziert sein, so dass dann auch von einem **Anspruch auf Ausübung des Selbsteintrittsrechts** ausgegangen werden kann.[37]

30 Nach der Rechtsprechung der europäischen Gerichte besteht die Gefahr einer schwerwiegenden Menschenrechtsverletzung nach Art. 3 EMRK in der Regel bei **systemischen Mängeln** des Asylsystems im Mitgliedstaat.[38] Ebenso kann auch im Einzelfall bei **besonderer Schutzbedürftigkeit** (Alter, Krankheit, Behinderung, Schwangerschaft, Traumatisierung etc.) ein Anspruch auf Ausübung des Selbsteintrittsrechts gegeben sein.[39] Der **EGMR** hat entschieden, dass Überstellungen von Familien und Alleinerziehenden mit Kindern nach **Italien** nur erfolgen dürfen, wenn zuvor eine Garantie der italienischen Behörden für eine kindgerechte Unterbringung und die Wahrung der Familieneinheit eingeholt wird.[40] Das **BVerfG** hatte zuvor bereits entschieden, dass bei einer Abschiebung von Familien mit Neugeborenen und Kleinstkindern bis drei Jahre eine Zusicherung der italienischen Behörden über die gemeinsame Unterbringung eingeholt werden muss.[41] Das BVerfG hat weiterhin klargestellt, dass diese Zusicherung konkret und einzelfallbezogen vor der Abschiebung vorliegen muss, eine Erklärung des BAMF, man werde die Zusicherung einholen, genügt nicht.[42] Derzeit ist kein einziger Fall bekannt, in dem Italien eine individuelle Zusicherung abgegeben hätte. Es gibt Anhaltspunkte dafür, dass derartige Zusicherungen überhaupt nicht erteilt werden.[43] Ein Teil der Verwaltungsgerichte wendet diese Rechtsprechung des EGMR und des BVerfG zu Italien auch im Falle anderer Mitgliedstaaten an (z.B. Ungarn, Bulgarien, Spanien). Außerdem werden für besonders verletzliche Gruppen (Familien mit Kindern, kranke Personen usw.) derzeit keine Überstellungen nach **Malta** durchgeführt.

31 Das **BAMF** kann vom **Selbsteintrittsrecht** Gebrauch machen, wenn systemische Mängel im Asylverfahren des zuständigen Staates bestehen, entweder allgemein oder für Personengruppen, die besonders vulnerabel sind (z.B. aufgrund von Alter, Behinderung, schwerer Erkrankung oder einer fortgeschrittenen oder risikobehafteten Schwangerschaft). Aber auch politische Entscheidungen können zur Ausübung des Selbsteintrittsrechts führen.[44] Es kommt auch zum Selbsteintritt, wenn dass BAMF von einem außergewöhnlichen Härtefall ausgeht, z.B. bei Personen, die auf die besondere Unterstützung von Verwandten in Deutschland angewiesen sind.

32 Ein Mitgliedstaat, in dem ein Asylantrag gestellt wurde, kann – bevor eine Erstentscheidung in der Sache ergangen ist – jederzeit einen anderen Mitgliedstaat ersuchen, die Schutzsuchenden **aus humanitären Gründen aufzunehmen**, auch wenn der andere

---

37 *Filzwieser/Sprung*, Dublin III-Verordnung, Art. 17 K2, K3.
38 S. zu systemischen Mängeln im Asylsystem oben unter Rn. 23 f.
39 *Filzwieser/Sprung*, Dublin III-Verordnung, Art. 17 K4.
40 EGMR 4.11.2014 – 29217/12 – Tarakhel./. Schweiz, daher auch bekannt als „Tarakhel-Entscheidung".
41 BVerfG 17.9.2014 – 2 BvR 1795/14 und 2 BvR 939/14.
42 BVerfG 17.4.2015 – 2 BvR 602/15.
43 Vgl. VG Hannover 21.5.2015 – 7 B 1962/15: In diesem Verfahren hatte das BAMF mit Schriftsatz v. 13.5.2015 mitgeteilt, dass Italien gegenwärtig überhaupt keine individuellen Zusicherungen abgibt.
44 So etwa im Falle der Aussetzung des Dublin-Verfahrens für syrische Staatsangehörige im Zeitraum von August bis Oktober 2015.

Mitgliedstaat nicht zuständig ist. Die betroffenen Schutzsuchenden müssen dem schriftlich zustimmen, Art. 17 Abs. 2 Dublin III-VO.

B. Ablauf des Dublin-Verfahrens
I. Information der Schutzsuchenden

Gemäß Art. 4 Abs. 1 Dublin III-VO sind die Mitgliedstaaten verpflichtet, die Schutzsuchenden über die Anwendung der Dublin III-VO und die sich daraus ergebenden Rechtsfolgen umfassend zu informieren und zwar insbesondere über

- die Ziele der Verordnung und die **Folgen einer weiteren Antragstellung** in einem anderen Mitgliedstaat und die Folgen eines Umzugs in einen anderen Mitgliedstaat;
- die **Zuständigkeitskriterien** und ihre Rangfolge;
- das **persönliche Gespräch** und die Möglichkeit, Angaben über die Anwesenheit von Familienangehörigen, Verwandten oder Personen jeder anderen verwandtschaftlichen Beziehung in den Mitgliedstaaten zu machen;
- die Möglichkeit zur Einlegung eines **Rechtsbehelfs** gegen eine Überstellungsentscheidung und gegebenenfalls zur Beantragung der Aussetzung der Überstellung;
- den **Datenaustausch** zwischen den Behörden der Mitgliedstaaten zur Erfüllung ihrer Verpflichtungen aus der Verordnung;
- das **Auskunfts-, Berichtigungs- und Löschungsrecht** in Bezug auf diese Daten und das entsprechende Verfahren.

Gemäß Art. 4 Abs. 2 Dublin III-VO müssen die Informationen schriftlich erfolgen und in einer Sprache, die die Schutzsuchenden verstehen oder von der dies vernünftigerweise angenommen werden darf. Dies erfolgt in der Regel mit einem Merkblatt, das den Schutzsuchenden bei der Antragstellung ausgehändigt wird. Analphabet*innen oder Personen, die den Text wegen einer Behinderung nicht lesen können, müssen die Informationen mündlich mitgeteilt werden.

II. Persönliches Gespräch zur Bestimmung des zuständigen Mitgliedstaates

Mit den Schutzsuchenden muss ein persönliches Gespräch geführt werden. Dieses hat zeitnah und vor der Entscheidung über eine Überstellung in einen anderen Mitgliedstaat zu erfolgen, Art. 5 Abs. 1 und 3 Dublin III-VO. Die Schutzsuchenden nennen diese Befragung häufig „erstes Interview" oder „kleines Interview", im Gegensatz zum „zweiten" bzw. „großen" Interview, mit dem die Anhörung im Rahmen des nationalen Asylverfahrens nach § 25 AsylG gemeint ist.[45]

Das persönliche Gespräch wird in einer Sprache geführt, die die Schutzsuchenden verstehen oder von der vernünftigerweise angenommen werden darf, dass sie sich in ihr verständigen können. Erforderlichenfalls muss ein Dolmetscher hinzugezogen werden, Art. 5 Abs. 4 Dublin III-VO.

---

45 S. dazu Kap. 4 Rn. 76 ff.

37 Über das Gespräch muss eine schriftliche Zusammenfassung erstellt werden, die zumindest die wesentlichen Angaben enthält, Art. 5 Abs. 6 Dublin III-VO. Das BAMF verwendet dafür standardisierte Fragebögen.

38 In diesem Gespräch geht es um die Abfrage von Informationen zum Reiseweg und Aufenthalt in anderen Mitgliedstaaten, daher hat sich auch die Bezeichnung **Reisewegbefragung** etabliert. Den Schutzsuchenden muss daneben aber auch Gelegenheit gegeben werden, alle besonderen **persönlichen Belange** – ihre familiäre, private und gesundheitliche Situation – zu schildern, die sowohl die Zuständigkeit eines anderen Mitgliedstaates begründen, als auch zu einem Selbsteintritt Deutschlands führen können. In der Praxis dauert das persönliche Gespräch im Dublin-Verfahren dennoch oft nur wenige Minuten und dies, obwohl eine Übersetzung und Rückübersetzung erfolgen muss. Das liegt auch daran, dass die Schutzsuchenden meistens nur ein schriftliches Merkblatt mit den Belehrungen über das Dublin-Verfahren erhalten, aber nicht verstehen, welche besonderen Gründe, z.B. für einen Selbsteintritt, relevant sein können. Zudem erfolgt das persönliche Gespräch in der Regel bei Asylantragstellung oder kurz danach und die Schutzsuchenden haben vorher weder Zeit noch Gelegenheit, eine qualifizierte Beratung in Anspruch zu nehmen und sich angemessen vorzubereiten.

39 Den Schutzsuchenden ist anzuraten, im persönlichen Gespräch insbesondere folgendes mitzuteilen:[46]
- namentliche Angabe aller **Familienangehörigen**, die sich bereits in den Mitgliedstaaten **aufhalten**, und Angabe des Landes, in dem diese bereits Schutz beantragt oder schon erhalten haben;
- schriftliche Äußerung des Wunsches, wenn das Asylverfahren in einem **anderen Mitgliedstaat** durchgeführt werden soll, in dem sich **Familienangehörige aufhalten**; Angaben dazu, ob die Familie bereits im Herkunftsland bestanden hat;
- schriftliche Äußerung des Wunsches, wenn das Asylverfahren in einem **anderen Mitgliedstaat** durchgeführt werden soll, in dem sich andere **Verwandte** aufhalten; Angaben zur Enge der familiären Beziehung und dazu, ob die familiäre Beziehung bereits im Herkunftsland bestanden hat;
- wahrheitsgemäße Angaben zum **Reiseweg**, Aufenthaltszeiten in anderen Staaten, Abgabe von Fingerabdrücken in anderen Staaten, Visa-Anträge oder erteilte Visa (unwahre Angaben können im späteren Asylverfahren auch die Glaubhaftigkeit der Angaben zu den Fluchtgründen beeinträchtigen);
- Gründe, die **dagegen sprechen, in einen anderen Staat überstellt zu werden**, insbesondere Inhaftierung, Misshandlungen, mangelnde Versorgung bei den Grundbedürfnissen, wie Ernährung, Unterbringung und Gesundheitsversorgung, und andere menschenunwürdige oder erniedrigende Behandlungen. Dabei zählen persönliche Erfahrungen, nicht die Schilderung der allgemeine Verhältnisse; wenn möglich, sollten Beweise, etwa Fotos, vorgelegt werden;

---

46 Nähere Informationen dazu: NK-AuslR/*Stahmann* Anhang 8.3. Merkblatt für Flüchtlinge zum persönlichen Gespräch zur Ermittlung des für die Prüfung des Asylantrages zuständigen Staates gem. Art. 5 Dublin III-Verordnung.

- besondere Schutzbedürftigkeit, z.B. eine Behinderung, hohes Alter, eine Schwangerschaft, eine schwere körperliche Erkrankung, eine psychische Störung und generell Alleinerziehende mit minderjährigen Kindern, Opfer von Menschenhandel, Opfer von Folter oder Vergewaltigung und anderen Formen schwerer Gewalt;
- Vorlage von **ärztlichen Attesten**, die die Erkrankungen oder andere Beeinträchtigungen nachweisen.

Wenn die Schutzsuchenden unter Druck gesetzt werden, die Angaben möglichst schnell zu machen, sollten sie die Zeit einfordern, die sie brauchen, um alle Angaben detailliert machen zu können. Ebenso ist auf die Qualität der Sprachmittler*innen zu achten.[47]

III. Eurodac-Abfrage

Bei der Asylantragstellung wird eine erkennungsdienstliche Behandlung durch das BAMF durchgeführt. Die **Fingerabdrücke** Schutzsuchender werden von allen Mitgliedstaaten in der **Eurodac-Datenbank** gespeichert und zeitgleich abgeglichen.[48] Die Mitgliedstaaten sind nach Art. 14 Abs. 1 der Eurodac-Verordnung zur Abnahme der Fingerabdrücke verpflichtet.

Auf diese Weise kann festgestellt werden, ob Schutzsuchende bereits in einen anderen Dublin-Staat eingereist sind, dort registriert wurden oder dort bereits Asyl beantragt haben.

IV. Pflichten des zuständigen Mitgliedstaates

Ist ein Mitgliedstaat nach den genannten Kriterien für die Durchführung des Asylverfahrens zuständig, so hat er neben der Durchführung dieses Verfahrens weitere Pflichten gegenüber den anderen Mitgliedstaaten. Er muss die Schutzsuchenden, für die er zuständig ist, **aufnehmen**, wenn diese in einem anderen Mitgliedstaat einen Antrag stellen und der andere Staat den zuständigen Mitgliedstaat im Rahmen des Dublin-Verfahrens um Wiederaufnahme ersucht, Art. 18 Abs. 1 lit. a Dublin III-VO. Ebenso muss er diejenigen **wieder aufzunehmen**, die während der Prüfung ihres Antrags weiterwandern und in einem anderen Mitgliedstaat erneut einen Asylantrag gestellt haben oder die sich in einem anderen Mitgliedstaat ohne Aufenthaltstitel aufhalten, Art. 18 Abs. 1 lit. b Dublin III-VO. Zudem muss der zuständige Mitgliedstaat Schutzsuchende aufnehmen, die ihren Antrag während der Prüfung zurückgezogen haben und in einem anderen Mitgliedstaat erneut einen Antrag gestellt haben oder die sich ohne Aufenthaltstitel in einem anderen Mitgliedstaat aufhalten, Art. 18

---

47 Vgl. dazu die Ausführungen zu Sprachmittler*innen in Kap. 4 Rn. 62 ff.
48 Verordnung Nr. 603/2013 des Europäischen Parlaments und des Rates v. 26.6.2013 über die Einrichtung von Eurodac für den Abgleich von Fingerabdruckdaten zum Zwecke der effektiven Anwendung der Verordnung (EU) Nr. 604/2013 zur Festlegung der Kriterien und Verfahren zur Bestimmung des Mitgliedstaats, der für die Prüfung eines von einem Drittstaatsangehörigen oder Staatenlosen in einem Mitgliedstaat gestellten Antrags auf internationalen Schutz zuständig ist und über die Gefahrenabwehr und Strafverfolgung dienende Anträge der Gefahrenabwehr- und Strafverfolgungsbehörden der Mitgliedstaaten und Europols auf den Abgleich mit Eurodac-Daten sowie zur Änderung der Verordnung (EU) Nr. 1077/2011 zur Errichtung einer Europäischen Agentur für das Betriebsmanagement von IT-Großsystemen im Raum der Freiheit, der Sicherheit und des Rechts, ABl. EU 2013 Nr. L 180/1 (**Eurodac-Verordnung**).

Abs. 1 lit. c Dublin III-VO. Wird der Asylantrag Schutzsuchender im zuständigen Mitgliedstaat abgelehnt, muss dieser die Schutzsuchenden auch wieder aufnehmen, wenn sie in einem anderen Mitgliedstaat erneut einen Antrag gestellt haben oder sich ohne Aufenthaltstitel in einem anderen Mitgliedstaat aufhalten, Art. 18 Abs. 1 lit. d Dublin III-VO.

V. Aufnahmeverfahren

44 Wenn das BAMF einen **anderen Mitgliedstaat für die Prüfung des Antrags für zuständig** hält – z.B. weil dieser Schutzsuchenden ein Visum für die Einreise in den Schengenraum erteilt hat und daher nach Art. 12 Dublin III-VO zuständig ist – kann es an diesen ein **Aufnahmeersuchen** richten.

45 Das Aufnahmeverfahren ist in den Art. 21 und 22 der Dublin III-VO geregelt. Danach ist das **Aufnahmegesuch** so bald wie möglich, in jedem Fall aber **innerhalb von drei Monaten** nach Asylantragstellung, bei einer Eurodac-Treffermeldung **innerhalb von zwei Monaten** ab Erhalt der Treffermeldung zu stellen, Art. 21 Abs. 1 S. 1 und 2 Dublin III-VO. Wenn das BAMF das Aufnahmegesuch nicht innerhalb dieser Frist stellt, geht die Zuständigkeit zur Prüfung des Antrags auf Deutschland über, Art. 21 Abs. 1 S. 3 Dublin III-VO.

46 Der ersuchte Mitgliedstaat muss das Aufnahmegesuch innerhalb von **zwei Monaten** ab Eingang prüfen, entscheiden und das Ersuchen **beantworten**, Art. 22 Abs. 1 Dublin III-VO. In Dringlichkeitsfällen – wenn etwa die Einreise oder der Verbleib verweigert werden soll, bei einer Festnahme wegen illegalen Aufenthalts oder wenn eine Abschiebungsanordnung bereits zugestellt oder vollstreckt wurde – kann eine schnellere Antwort gefordert werden, Art. 21 Abs. 2, 22 Abs. 6 Dublin III-VO. Die Antwort muss dann binnen eines Monats erfolgen. Wenn innerhalb dieser Fristen gem. Art. 22 Abs. 1 (zwei Monate) bzw. Abs. 6 (ein Monat) keine Antwort erfolgt, wird das Schweigen als stattgebende Antwort bewertet, es handelt sich in diesen Fällen um eine **Zustimmungsfiktion**. Der ersuchte Mitgliedstaat wird dann für das Asylverfahren der betroffenen Person zuständig, Art. 22 Abs. 7 Dublin III-VO.

47 Zeitgleich mit der Anfrage des BAMF an den anderen Mitgliedstaat erhalten Schutzsuchende in der Regel ein Schreiben, welches sie darüber informiert, dass in ihrem Verfahren ein Dublin-Verfahren eingeleitet wurde.

VI. Wiederaufnahmeverfahren

48 Steht ein zuständiger Mitgliedstaat bereits fest, reisen Schutzsuchende aber etwa aus familiären Gründen in einen anderen Staat, so kann dieser vom zuständigen Mitgliedstaat die **Wiederaufnahme** fordern. Das Verfahren richtet sich danach, ob bereits ein erneuter Asylantrag im anderen Land gestellt wurde, Art. 23 Dublin III-VO, oder nicht, dann gilt Art. 24 Dublin III-VO.

49 Nach Art. 23 Abs. 2 Dublin III-VO muss das Übernahmeersuchen innerhalb von **zwei Monaten** nach der Eurodac-Treffermeldung gestellt werden, **bei anderen Beweismitteln** für die Zuständigkeit eines anderen Mitgliedstaates **binnen drei Monaten**. Wenn das BAMF diese Frist versäumt, wird Deutschland zuständig für die Durchführung

des Asylverfahrens, Art. 23 Abs. 3 Dublin III-VO. Für Fälle des Art. 24 Dublin III-VO gelten die gleichen Fristen.

Gemäß Art. 25 Abs. 1 Dublin III-VO muss der ersuchte Mitgliedstaat **binnen eines Monats** ab Eingang des Gesuchs **antworten**, bei einer **Eurodac-Treffermeldung binnen zwei Wochen**. Wenn innerhalb dieser Frist keine Antwort erfolgt, wird das Schweigen als stattgebende Antwort bewertet, es kommt zu einer **Zustimmungsfiktion**. Die Zuständigkeit für das Asylverfahren geht dann auf den ersuchten Mitgliedstaat über, Art. 25 Abs. 2 Dublin III-VO.

Schutzsuchende werden in der Regel gleichzeitig mit der Versendung des Übernahmeersuchens darüber informiert, dass in ihrem Verfahren ein Dublin-Verfahren eingeleitet wurde.

C. Überstellung und Rechtsmittel
I. Dublin-Bescheid

Nach dem Übernahmeersuchen wartet das BAMF die Zustimmung des ersuchten Mitgliedstaates bzw. den Ablauf der Frist bis zum Eintritt der Zustimmungsfiktion ab und erlässt dann gem. § 34a AsylG einen sog. Dublin-Bescheid mit folgender **Entscheidungsformel:**

▶ I. Der Asylantrag wird als unzulässig abgelehnt.
II. Die Abschiebung nach ■■■ (in den als zuständig erachteten Dublin-Staat) wird angeordnet. ◀

Dieser **Bescheid** wird den Betroffenen zugestellt, Art. 26 Dublin III-VO.

Die Überstellung richtet sich nach den Regelungen über die Abschiebung, Art. 29 Abs. 1 S. 1 Dublin III-VO i.V.m. den §§ 34 ff. AsylG.[49]

II. Überstellungsfrist

Die Überstellung in den ersuchten Mitgliedstaat muss grundsätzlich innerhalb von **sechs Monaten** erfolgen, Art. 29 Abs. 1 Dublin III-VO. Diese Frist beginnt mit der Zustimmung des ersuchten Mitgliedstaates bzw. mit dem Eintritt der Zustimmungsfiktion, wenn keine Antwort erfolgt ist. Im Falle der Einlegung von Rechtsmitteln beginnt die Frist nach Ablehnung des Eilantrages bzw. nach rechtskräftiger Klageabweisung.

Die Überstellungsfrist beträgt **zwölf Monate**, wenn sich die schutzsuchende Person in Straf- oder Untersuchungshaft befindet und **achtzehn Monate**, wenn die Person flüchtig oder untergetaucht ist, Art. 29 Abs. 2 S. 2 Dublin III-VO. Schutzsuchende gelten als untergetaucht, wenn sie für die Behörden nicht auffindbar sind, wenn sie also ihren Aufenthaltsort ohne Erlaubnis verlassen haben und eine andere Adresse nicht innerhalb einer angemessenen Frist mitgeteilt haben.[50]

---

49 S. zur Abschiebung Kap. 9 Rn. 9 ff.
50 *Marx* AsylG § 33 Rn. 14 und 15.

56 Mit dem Dublin-Bescheid des BAMF wird in der Regel auch ein kompletter Aktenauszug übersandt. Die Fristberechnung des BAMF für die sechsmonatige Überstellungsfrist findet sich als kleiner Vermerk auf den letzten Seiten.

57 Läuft die Überstellungsfrist ab, wird der ersuchende Mitgliedstaat für das Asylverfahren zuständig, Art. 26 Abs. 2 S. 1 Dublin III-VO.

III. Rechtsmittel gegen den Dublin-Bescheid

58 Gegen den Dublin-Bescheid kann Klage zum Verwaltungsgericht erhoben werden. Die **Klagefrist beträgt eine Woche** ab Zustellung, § 74 Abs. 1 AsylG.

59 Die Klage hat **keine aufschiebende Wirkung**, Schutzsuchende können daher auch im laufenden Gerichtsverfahren überstellt werden. Zusätzlich zur Klage kann ein **Eilantrag** auf Wiederherstellung der aufschiebenden Wirkung gemäß § 80 Abs. 5 VwGO gestellt werden. Die Frist dafür beträgt ebenfalls nur eine Woche ab Zustellung, § 34 a Abs. 2 S. 1 AsylG. Vor einer gerichtlichen Entscheidung im Eilverfahren ist eine Überstellung nicht zulässig, § 34 a Abs. 2 S. 2 AsylG. Wenn das Verwaltungsgericht die aufschiebende Wirkung der Klage anordnet, ist die Überstellung ausgesetzt, bis eine Entscheidung in der Hauptsache ergangen ist.

60 Ein Antrag auf Wiederherstellung der aufschiebenden Wirkung gem. § 80 Abs. 5 VwGO **unterbricht die Überstellungsfrist**. Bei einem ablehnenden Beschluss des Gerichts über den Eilantrag beginnt die Frist von sechs Monaten für die Überstellung **erneut zu laufen**.[51] Damit besteht das Risiko, dass mit der Stellung eines Eilantrages die Überstellungsfrist verlängert wird.

61 ▶ **Berechnungsbeispiel für die Verlängerung der Überstellungsfrist**: Das BAMF stellt am 1.3.2016 nach einer Eurodac-Trefferrmeldung ein Wiederaufnahmeersuchen an Italien. Italien antwortet nicht. Die Zustimmung zum Ersuchen gilt gem. Art. 25 Abs. 2 Dublin III-VO nach zwei Wochen als erteilt. Die Überstellungsfrist beginnt also am 15.3.2016 und würde am 15.9.2016 ablaufen.

Der Dublin-Bescheid des BAMF wird am 29.8.2016 zugestellt. Wenn kein Eilantrag gestellt und in der Folge abgelehnt wird, läuft die Überstellungsfrist am 15.9.2016, also bereits 17 Tage nach Zustellung des Bescheides ab.

Klage und Eilantrag gegen den Dublin-Bescheid werden am 2.9.2016 innerhalb der Frist eingereicht. Das Verwaltungsgericht lehnt den Eilantrag mit Beschluss vom 16.9.2016 ab. Die Überstellungsfrist beginnt dann neu zu laufen und wäre erst am 16.3.2017 beendet. Aufgrund der Stellung und Ablehnung des Eilantrages wurde die Überstellungsfrist also um sechs Monate verlängert. ◀

▶ Hinweis:
Es muss in jedem Einzelfall geprüft werden, ob der Eilantrag überhaupt gestellt wird, weil sich damit die Überstellungsfrist verlängern kann.
Wenn das Wiederaufnahmeersuchen und die Antwort des ersuchten Dublin-Staates bzw. der Eintritt der Zustimmungsfiktion bereits mehrere Monate zurückliegen, kann es empfehlenswert sein, den Ablauf der Überstellungsfrist anders zu „überbrücken", z.B. mit einfachem Abwarten, mit einem Aufenthalt im Kirchenasyl oder mit der Geltendmachung der durch ein ärztliches Attest belegten Reiseunfähigkeit des Schutzsuchenden gegenüber der Ausländerbehörde.

---

51 BVerwG 27.4.2016 – 1 C 22.15; BVerwG 26.5.2016 – 1 C 15.15.

Ein Eilantrag sollte daher nur gestellt werden, wenn sehr gute Erfolgsaussichten für die Anordnung der aufschiebenden Wirkung der Klage bestehen und wenn diese auch im Rahmen einer Zukunftsprognose für den Ausgang des Hauptsacheverfahrens bestehen. ◄

IV. Dublin-Haft

Eine Inhaftierung darf nicht allein deshalb erfolgen, weil sich die Schutzsuchenden in einem Dublin-Verfahren befinden, Art. 28 Abs. 1 Dublin III-VO. Zur Sicherung einer Überstellung können die Mitgliedstaaten aber nach einer Einzelfallprüfung Personen inhaftieren, wenn eine erhebliche Fluchtgefahr besteht, wenn die Haft verhältnismäßig ist und kein gleich wirksames, aber milderes Mittel zur Verfügung steht, Art. 28 Abs. 2 Dublin III-VO. 62

Wenn eine Inhaftierung erfolgt ist, beträgt die Frist für die Stellung eines Aufnahme- bzw. Wiederaufnahmeersuchens einen Monat ab der Stellung des Asylantrages, die Antwort des anderen Dublin-Staats muss spätestens zwei Wochen nach Eingang des Gesuchs erfolgen, Art. 28 Abs. 3 Unterabs. 2 Dublin III-VO. Wird innerhalb der Frist keine Antwort erteilt, wird das Schweigen als stattgebende Antwort bewertet, es tritt eine Zustimmungsfiktion ein. Die Zuständigkeit geht auf den ersuchten Mitgliedstaat über. 63

Die Überstellung muss sobald wie möglich, spätestens innerhalb von sechs Wochen nach der stillschweigenden oder ausdrücklichen Annahme des Gesuchs erfolgen, Art. 28 Abs. 3 Unterabs. 3 Dublin III-VO. Wenn die Frist für das Ersuchen nicht eingehalten wird oder die Überstellung nicht binnen sechs Wochen ab der Annahme erfolgt, muss die Haft beendet werden, Art. 28 Abs. 3 Unterabs. 4 Dublin III-VO. 64

V. Übersicht über die Fristen im Dublin-Verfahren

Aufnahmeersuchen		65
Aufnahmeersuchen	3 Monate ab Antragstellung	
Aufnahmeersuchen bei Eurodac-Treffer	2 Monate ab Erhalt der Treffermeldung	
Antwort des ersuchten Staates	2 Monate ab Eingang des Gesuchs	
Antwort in Dringlichkeitsfällen	1 Monat ab Eingang des Gesuchs	

Wiederaufnahmeersuchen	
Wiederaufnahmeersuchen	3 Monate ab Antragstellung oder ab Bekanntwerden von Beweisen für andere Zuständigkeit
Wiederaufnahmeersuchen bei Eurodac-Treffer	2 Monate ab Erhalt der Treffermeldung
Antwort des ersuchten Staates	1 Monat ab Eingang des Gesuchs
Antwort des ersuchten Staates bei Eurodac-Treffer	2 Wochen ab Eingang des Gesuchs

Überstellung	
Ab Bestandskraft des Bescheides	6 Monate
Ab Zustellung des negativen Beschlusses im Eilverfahren	6 Monate

Bei positivem Eilbeschluss ab Zustellung des negativen Urteils in der Hauptsache	6 Monate
Bei Inhaftierung	12 Monate
Bei Untertauchen	18 Monate

Inhaftierung	
Aufnahme- und Wiederaufnahmeersuchen	1 Monat ab Antragstellung
Antwort auf Ersuchen	2 Wochen ab Eingang des Gesuchs
Überstellung	6 Wochen ab stillschweigender oder ausdrücklicher Annahme des Gesuchs

D. Kirchenasyl

66 Kirchenasyl ist eine zeitlich befristete Aufnahme von Schutzsuchenden ohne legalen Aufenthalt, denen bei einer Abschiebung eine unzumutbare Härte droht. Kirchenasyl kann gewährt werden, wenn eine Abschiebung in den Herkunftsstaat bevorsteht.

67 Die Gewährung von Kirchenasyl im Dublin-Verfahren kann sinnvoll sein, wenn der Dublin-Bescheid bestandskräftig ist bzw. ein Eilantrag gegen den Dublin-Bescheid abgelehnt wurde. Im Kirchenasyl kann dann der Ablauf der Überstellungsfrist abgewartet werden. Die Kirchen haben sich mit dem BAMF darauf geeinigt, dass während des Kirchenasyls noch eine **besondere Prüfung des Einzelfalls** durchgeführt wird. Daher wird in Härtefällen manchmal noch während der laufenden Überstellungsfrist der Dublin-Bescheid aufgehoben.

68 In der Praxis werden zwei Formen des Kirchenasyls unterschieden, das „offene Kirchenasyl" und das „verdeckte Kirchenasyl". Beim **offenen Kirchenasyl** wird der Aufenthalt von Schutzsuchenden im Kirchenasyl den zuständigen Behörden sofort, am Tage der Aufnahme ins Kirchenasyl, gemeldet, damit **kein Untertauchen** angenommen wird und sich die Überstellungsfrist nicht verlängert. Empfehlenswert ist die Unterrichtung des BAMF und der zuständigen Ausländerbehörde per Telefax. Der Übersendungsbericht dient als Beleg für die rechtzeitige Unterrichtung. Wenn eine Klage anhängig ist, muss die Adresse auch dem Verwaltungsgericht mitgeteilt werden. In Dublin-Verfahren wird regelmäßig das offene Kirchenasyl praktiziert.

69 Die vom BAMF angedrohte Vorgehensweise, alle Personen im Kirchenasyl als „flüchtig" anzusehen und die Überstellungsfrist damit auf 18 Monate zu verlängern, wurde bisher nicht umgesetzt.[52]

70 Beim **verdeckten Kirchenasyl** werden die Schutzsuchenden staatlichem Zugriff entzogen, der Aufenthalt wird nicht gemeldet. Im Dublin-Verfahren bedeutet dies, dass sich die Überstellungsfrist wegen Untertauchens auf 18 Monate verlängert, Art. 29 Abs. 2 S. 2 aE Dublin III-VO.

71 Kinder im Kirchenasyl sind weiterhin schulpflichtig und auch berechtigt, die Schule zu besuchen. Jüngere Kinder können auch den Kindergarten weiterhin besuchen. Für

---

52 Zur Diskussion etwa SpiegelOnline „De Maizière rügt Kirchenasyl", abrufbar unter www.spiegel.de/politik/deutschland/thomas-de-maiziere-kritisiert-kirchenasyl-a-1015933.html.

alle anderen Schutzsuchenden bedeutet das Kirchenasyl, dass sie sich am Ort ihres Unterschlupfes aufhalten müssen und diesen Ort während der Dauer des Kirchenasyls **nicht verlassen** dürfen.

Ob im Kirchenasyl **Sozialleistungen nach dem Asylbewerberleistungsgesetz**[53] zu gewähren sind, ist nicht höchstrichterlich geklärt. In der Regel stellen die Kirchengemeinden die Mittel für Unterkunft und Lebenshaltung. In Einzelfällen wurden aber von den Sozialgerichten zumindest gekürzte Leistungen nach § 1a AsylbLG einschließlich der Kosten für die Krankenbehandlung gewährt.[54]

Die Zahl der Kirchenasyle hat in den letzten Jahren zugenommen. Die ökumenische Bundesarbeitsgemeinschaft Asyl in der Kirche hat für das Jahr 2016 308 Fälle von Kirchenasyl mit 515 Personen (davon 131 Kinder) bekanntgegeben, davon waren 252 Dublin-Fälle.[55] Die Zunahme der Kirchenasyle liegt an der gestiegenen Zahl von Schutzsuchenden, die vor Ort in den Gemeinden und Kirchengemeinden von vielen Helfenden unterstützt werden.[56]

Der Begriff des Kirchenasyls ist kein rechtliches Institut, weder im Kirchenrecht noch im Asylrecht. Ob die Gewährung von Kirchenasyl bereits gewohnheitsrechtlich abgesichert ist, ist umstritten. Die deutschen Behörden sehen in der Regel – abgesehen von vereinzelten Vorkommnissen – davon ab, Schutzsuchende zwangsweise aus dem Kirchenasyl zu holen und abzuschieben. Sie verzichten auf eine Vollstreckung, sehen das Kirchenasyl aber in der Regel weiterhin als Akt des zivilen Ungehorsams an. Nur eine Mindermeinung vertritt die Auffassung, das Kirchenasyl sei als Ausübung der Glaubens-, Gewissens- und Religionsfreiheit gerechtfertigt.

E. Ausblick auf Dublin IV

Die EU-Kommission hat am 4.5.2016 einen Vorschlag für eine neue Dublin IV-Verordnung vorgelegt.[57] Dublin IV geht weiterhin davon aus, dass der Mitgliedstaat der ersten Einreise für die Durchführung des Asylverfahrens zuständig ist. Nur bei einer Überlastung des Staates über 150 % einer rechnerisch festgelegten Quote sollen die Schutzsuchenden in andere Mitgliedstaaten weiter verteilt werden. Die EU belastet damit weiterhin überproportional die Ersteinreisestaaten (z.B. Griechenland und Italien). Der Verteilungsmechanismus soll erst greifen, wenn die Überlastung bereits sehr stark ist.

Vor Beginn des Verfahrens soll zwingend ein **Unzulässigkeitsverfahren** vorgeschaltet werden. Schutzsuchende, die aus einem „sicheren Herkunftsstaat" kommen oder über „sichere Drittstaaten" eingereist sind oder eine Gefahr für die öffentliche Sicherheit und Ordnung darstellen, sollen gar kein Asylverfahren durchführen dürfen, son-

---

53 Kap. 5 Rn. 99 ff.
54 Bayerisches Landessozialgericht 11.11.2016 – L 9 AY 28/16 B ER.
55 Zahlen und Informationen auf der Homepage der Bundesarbeitsgemeinschaft: www.kirchenasyl.de.
56 Helfende sind oft entsetzt über die Behandlung von Schutzsuchenden in einigen europäischen Ländern, wie z.B. Ungarn, Italien und Bulgarien, und können nicht nachvollziehen, warum die EU die oft traumatisierten Schutzsuchenden hin- und herschiebt.
57 S. unter ec.europa.eu/germany/news/dublin-reform-kommission-legt-vorschl%C3%A4ge-zu-gerechteren-verteilung-von-fl%C3%BCchtlingen-vor_de und europa.eu/rapid/press-release_IP-16-1620_de.htm.

dern direkt rücküberstellt werden. Die Prüfung soll dann in einem Drittstaat außerhalb der EU erfolgen, vgl. Art. 3 Abs. 3 Dublin IV-VO Entwurf.

77 Das **Selbsteintrittsrecht wird stark eingeschränkt** und auf familiäre Gründe beschränkt. Die Mitgliedstaaten können dann nicht mehr nach humanitären Erwägungen in Einzelfällen ihr Selbsteintrittsrecht ausüben, Art. 19 Dublin IV-VO Entwurf.

78 Die **verbindlichen Fristenregelungen werden abgeschafft**, es wird keine Zuständigkeitswechsel nach Fristablauf mehr geben. Wenn die Überstellungen scheitern, z.B. weil die Gerichte diese aussetzen, gibt es im Staat des Aufenthaltes kein Asylverfahren, Art. 26, 30 Dublin IV-VO Entwurf. Die Schutzsuchenden werden damit zu sogenannten „refugees in orbit", deren Fluchtgründe dann von keinem Mitgliedstaat mehr geprüft werden.

79 Die Weiterwanderung von Schutzsuchenden soll mit dem **Ausschluss von Sozialleistungen** unterbunden werden, die unter dem physischen Existenzminimum liegen. Wenn sich Schutzsuchende nicht im zuständigen Mitgliedstaat aufhalten, sollen sie keine Sozialleistungen, sondern nur noch eine medizinische Notversorgung erhalten, Art. 5 Abs. 3 Dublin IV-VO Entwurf.

80 Der besondere Schutz von **unbegleiteten Minderjährigen** wird abgeschafft, auch diese sollen in den Staat ihrer Ersteinreise rücküberstellt werden (im Widerspruch zur Rechtsprechung des Europäischen Gerichtshofs),[58] es sei denn, es halten sich Familienangehörige in anderen EU-Staaten auf, Art. 8 Abs. 4, 10 Dublin IV-VO Entwurf.

81 Die Dublin IV-VO soll nicht mehr nur für Schutzsuchende im laufenden Verfahren, sondern auch für in einem anderen Mitgliedstaat bereits **anerkannte international Schutzberechtigte** gelten, Art. 20 Abs. 1 e Dublin IV-VO Entwurf. Der Anwendungsbereich der Dublin IV-VO ist damit deutlich weiter gefasst als der der Dublin III-VO.

82 ▶ **Das Dublin-Verfahren in der Kritik** Das Dublin-System führt zu schwerwiegenden Menschenrechtsverletzungen. Die Anerkennungschancen und Lebensbedingungen für Schutzsuchende in Europa sind so ungleich, dass viele Schutzsuchende den Staat der ersten Einreise verlassen und weiterwandern. Dies gilt insbesondere für die übermäßig belasteten Staaten an den Außengrenzen der EU, Italien und Griechenland.

Das BAMF hat im Jahr 2015 insgesamt 44.892 Übernahmeersuchen an andere Mitgliedstaaten gestellt, aber nur 3.597 Personen konnten letztlich rücküberstellt werden. Aus anderen Mitgliedstaaten nahm Deutschland 3.032 Personen im Rahmen des Dublin-Verfahrens zurück.[59] Insgesamt wurden also fast 45.000 Dublin-Verfahren vom BAMF bearbeitet, um im Ergebnis nur 565 Asylverfahren mit inhaltlicher Prüfung weniger durchführen zu müssen. Das Dublin-Verfahren ist damit ein gewaltiger europäischer „Verschiebebahnhof" mit immensen Bürokratiekosten.

Das Verfahren wird aber beibehalten, weil sich die Mitgliedstaaten bisher nicht auf ein anderes Verteilungssystem einigen konnten. Die EU versucht nun, dieses Problem mit der geplanten Dublin IV-Verordnung zu lösen mit weitreichenden Sanktionen und Einschränkungen für weiterwandernde Schutzsuchende und der Gefahr von „refugees in orbit".

Solange es in der EU aber nicht gelingt, die Aufnahme- und Lebensbedingungen von Schutzsuchenden und anerkannten Flüchtlingen in allen Staaten menschenwürdig zu gestalten, wird die Weiterwanderung auch unter Dublin IV stattfinden. Auch eine Verteilung nach Quoten würde nicht weiterhelfen.

---

58 EuGH 6.6.2013 – C-648/11.
59 „Das Bundesamt in Zahlen 2015", abrufbar unter: www.bamf.de/SharedDocs/Anlagen/DE/Publikationen/Broschueren/bundesamt-in-zahlen-2015.pdf?__blob=publicationFile.

Eine mögliche Lösung haben Pro Asyl u.a.⁶⁰ aufgezeigt und erheben die Forderung nach einer freien Wahl des Mitgliedstaates für Schutzsuchende („free choice"). Dies würde auch die Integration erheblich erleichtern, weil sich Schutzsuchende in der Regel in ein Land begeben, in dem sie die Sprache bereits sprechen oder Familie, Ausbildungschancen, Arbeitsmöglichkeiten und Wohnungen finden können. Ein entstehendes Ungleichgewicht zwischen den europäischen Staaten kann auch durch finanzielle Ausgleichszahlungen abgefangen werden. ◄

F. Exkurs: Weiterwanderung von anerkannten Schutzberechtigten

83 Eine Ablehnung des Asylantrages als unzulässig kann nicht nur im Dublin-Verfahren erfolgen, sondern auch, wenn die Schutzsuchenden bereits **in einem anderen Mitgliedstaat internationalen Schutz** (also eine Flüchtlingsanerkennung oder subsidiären Schutz) erhalten haben, aber nicht, wenn nur ein humanitärer Aufenthaltstitel nach dem Recht des anderen Mitgliedstaates erteilt wurde. Die Erfahrungen aus der Praxis zeigen, dass die Schutzsuchenden zwar wissen, wenn sie in einem anderen Mitgliedstaat eine Aufenthaltserlaubnis erhalten haben, aber meistens nicht klar angeben können, welche Art von Aufenthaltserlaubnis erteilt bzw. welcher Schutzstatus gewährt wurde. Es ist daher oft erforderlich, die konkrete Aufenthaltserlaubnis anhand von bestimmten Fragen (Dauer der Aufenthaltserlaubnis, damit verbundene Rechte usw.) zu recherchieren.

84 **Die Dublin III-VO ist auf die Fälle von weitergewanderten Anerkannten nicht anwendbar,** da dort nur die Zuständigkeit für die Durchführung eines ersten Asylverfahrens geregelt wird, vgl. Art. 1 Dublin III-VO.

85 In anderen Mitgliedstaaten anerkannte Schutzberechtigte dürfen sich frei in der EU bewegen und legal und visumsfrei in andere EU-Staaten einreisen. Dazu benötigen sie gültige Pässe und gültige Aufenthaltstitel. Zudem ist die Einreise nur für touristische oder besuchsweise Aufenthalte erlaubt, aber nicht zur Wohnsitznahme oder Arbeitsaufnahme. Die Dauer des Aufenthalts ist auf maximal 90 Tage in einem Zeitraum von 180 Tagen beschränkt, Art. 6 Schengener Grenzkodex. Ein Umzug und ein Niederlassen in einem anderen EU-Mitgliedstaat ist grundsätzlich nur möglich, wenn im Anerkennungsstaat eine Erlaubnis zum Daueraufenthalt-EU, in Deutschland gem. § 9a AufenthG, erworben wurde.

86 Eine nochmalige Zuerkennung des internationalen Schutzes in einem zweiten Staat ist nicht zulässig.⁶¹ Wenn ein erneuter Asylantrag gestellt wird, lehnt das BAMF diesen daher als unzulässig ab. Die Beweislast für eine bereits erfolgte Anerkennung liegt beim BAMF.⁶² Vor dem 20.7.2015 gestellte Asylanträge dürfen allerdings nicht bereits deshalb als unzulässig behandelt werden, weil bereits in einem anderen Mitgliedstaat der subsidiäre Schutzstatus zuerkannt wurde.⁶³ Das BAMF ist bei Ablehnung des Asylantrages als unzulässig wegen einer bereits erfolgten Anerkennung wei-

---

60 Memorandum: Flüchtlingsaufnahme in der Europäischen Union. Für ein gerechtes und solidarisches System der Verantwortlichkeit, Pro Asyl u.a., März 2013.
61 BVerwG 17.6.2014 – 10 C 7.13.
62 BVerwG 18.2.2015 – 1 B 2.15.
63 BVerwG 23.10.2015 – 1 B 41.15.

terhin verpflichtet, die nationalen Abschiebungsverbote gemäß § 60 Abs. 5 und Abs. 7 S. 1 AufenthG in Bezug auf den anderen Mitgliedstaat zu prüfen.[64]

87 In diesen Fällen sollte eine anwaltliche Beratung und Vertretung erfolgen, damit geprüft werden kann, welche **Möglichkeiten für einen Aufenthalt in Deutschland** noch bestehen. In der anwaltlichen Praxis werden derzeit folgende Lösungsmöglichkeiten diskutiert und erprobt:

88 Bei einem **Verzicht auf einen erneuten Asylantrag** kann ein Antrag auf Feststellung eines nationalen Abschiebungsverbotes (§ 60 Abs. 5 und Abs. 7 S. 1 AufenthG) gestellt werden.

89 Wurde bereits **ein erneuter Asylantrag** gestellt, so kann dieser noch auf die Feststellung eines nationalen Abschiebungsverbotes (§ 60 Abs. 5 und Abs. 7 S. 1 AufenthG) beschränkt werden.

90 Daneben kann die Möglichkeit bestehen, dass Schutzsuchende eine sogenannte Erlaubnis zum Daueraufenthalt-EU in einem anderen Mitgliedstaat beantragen können, wenn sie dort bereits seit längerer Zeit gelebt haben. In der Regel ist ein Erwerb nach fünf Jahren möglich, vgl. § 9a AufenthG.

91 Außerdem bestehen weitere Möglichkeiten der Aufenthaltssicherung unabhängig von einem Asylverfahren, z.B. die Beantragung einer Aufenthaltserlaubnis für Hochqualifizierte nach den §§ 18ff. AufenthG oder ein Aufenthalt zum Zwecke des Studiums oder der Ausbildung nach den §§ 16 oder 17 AufenthG.[65]

92 Hat sich die Situation von Schutzsuchenden nach der Anerkennung im anderen Mitgliedstaat erheblich verändert, so kann ein Folgeantrag nach § 71 AsylG iVm § 51 VwVfG in Betracht kommen.[66] Dies ist auch anzuraten, wenn feststeht, dass eine Abschiebung nicht erfolgen kann. § 34a Abs. 1 S. 1 AsylG verlangt, dass die Abschiebung möglich sein muss, bevor das BAMF diese anordnen darf. Wenn die Möglichkeit der Überstellung gem. § 34a Abs. 1 S. 1 AsylG nicht feststeht, weil die Frist nach einem Rückübernahmeabkommen abgelaufen ist, kann ein Folgeantrag ebenfalls sinnvoll sein. So sieht etwa das deutsch-bulgarische Rückübernahmeabkommen eine Frist von zwölf Monaten für jedes Übernahmeersuchen vor, das deutsch-ungarische Rückübernahmeabkommen eine Frist von vier Monaten.[67] Sind diese Fristen abgelaufen, können sich die ersuchten Staaten auch weigern, anerkannte Flüchtlinge zurückzunehmen.

93 Für anerkannte Flüchtlinge gilt zudem das **Europäische Übereinkommen über den Übergang der Verantwortung für Flüchtlinge**.[68] Nach Art. 2 des Übereinkommens geht nach zwei Jahren des tatsächlichen und dauernden Aufenthaltes eines Flücht-

---

64 VGH Kassel 11.8.2014 – 10 A 2348/13 Z.A.
65 Für weitere Möglichkeiten der Aufenthaltssicherung außerhalb des Asylverfahrens vgl. Kap. 8.
66 Zum Asylfolgeverfahren s. Kap. 8 Rn. 40ff.
67 Liste der „Abkommen für die Erleichterung der Rückkehr ausreisepflichtiger Ausländer": Abkommen, die Deutschland mit anderen Staaten geschlossen hat, der „Durchbeförderungsabkommen" sowie der entsprechenden Vereinbarungen auf EU-Ebene. Ein guter Überblick auf dem Stand von 2015 findet sich unter: www.asyl.net/gesetzestexte/rueckuebernahmeabkommen.html.
68 BGBl. 1994 II 2645ff.

lings im Zweitstaat die Verantwortung für die Ausstellung des Flüchtlingspasses[69] und der Aufenthaltserlaubnis auf den Zweitstaat über, wenn der Zweitstaat dem Flüchtling gestattet hat, dauernd oder länger als für die Gültigkeit seines Flüchtlingspasses in seinem Hoheitsgebiet zu bleiben.

---

69 S. Kap. 6 Rn. 60.

Kapitel 4 Asylverfahren

A. Arbeitssituation beim Bundesamt für Migration und Flüchtlinge
I. Zuständigkeit, Struktur, Antragszahlen

1 Zuständig für die Durchführung des Asylverfahrens ist ausschließlich das Bundesamt für Migration und Flüchtlinge (BAMF), § 5 AsylG. Die **Zentrale** des BAMF befindet sich in Nürnberg. Außerdem gibt es in jedem Bundesland eine oder mehrere **Außenstellen**, die örtlich an eine Landesaufnahmeeinrichtung angegliedert sind, § 44 AsylG.

2 Das BAMF ist bereits seit Jahren, nicht erst seit den im Jahr 2015 stark gestiegenen Asylantragszahlen, überlastet. Die Asylantragszahlen sind bis zum Jahre 1992 angestiegen, seitdem aber stetig gesunken bis zum Tiefstand im Jahre 2008. Aufgrund dieser Entwicklung war das Personal beim BAMF stark reduziert worden. Seit 2009 steigen die Antragszahlen wieder. Spätestens im Jahr 2013 (bei über 100.000 neuen Anträgen) war absehbar, dass das BAMF mit der bestehenden personellen Ausstattung mit der Entwicklung nicht Schritt halten konnte.[70] Bereits in dieser Zeit betrug die Bearbeitungsdauer eines Asylantrages oft mehrere Jahre. Dennoch wurde dem BAMF jahrelang neues Personal verweigert. Seit 2015 ist das Personal nunmehr verdoppelt worden, während gleichzeitig etliche Umstrukturierungen und wechselnde Priorisierungen durchgeführt wurden. Dennoch beläuft sich der Rückstand nicht erledigter Verfahren am Jahresende 2016 noch auf über 500.000 Verfahren.

II. Besondere Probleme

3 Das Asylverfahren in Deutschland leidet an etlichen strukturellen Problemen,[71] von denen einige noch vor der Beschreibung des Verfahrensablaufs ausführlicher dargestellt werden sollen. Dabei geht es nicht (nur) um eine grundsätzliche Kritik an den Arbeitsabläufen beim BAMF, sondern um eine Erläuterung der häufigsten Probleme, mit denen Schutzsuchende, ihre Rechtsanwält*innen und ihre haupt- und ehrenamtlichen Berater*innen und Helfer*innen in der Praxis konfrontiert sind.

1. Informationen für Schutzsuchende

4 Die zu Beginn des Verfahrens an die Schutzsuchenden ausgeteilten Merkblätter und die nur kurze Belehrung am Beginn der Anhörung sind nicht ausreichend, um den Schutzsuchenden Informationen zum Verfahren so zu vermitteln, dass sie ihre Rechte und Pflichten angemessen wahrnehmen können. Nur ein geringer Teil der Schutzsuchenden hat Zugang zu unabhängiger, kostenloser und qualifizierter Verfahrensberatung.

---

70 Statistiken zu den Asylantragszahlen auf www.bamf.de: Asylantragszahlen 1992: 438.191, 2008: 28.018, 2013: 127.023, 2015: 476.649 und 2016 (bis November): 723.027.
71 Ausführliche Darstellung in „Memorandum für faire und sorgfältige Asylverfahren in Deutschland – Standards zur Gewährleistung der asylrechtlichen Verfahrensgarantien" vom November 2016, einzusehen unter www.proasyl.de.

2. Überlange Bearbeitungszeiten

Die Bearbeitungszeit ist stark unterschiedlich: Ein Teil der Anträge wird binnen weniger Tage oder Wochen bearbeitet, aber viele Schutzsuchende warten nach wie vor über zwei, manchmal auch über drei Jahre auf die Entscheidung. Die Bearbeitung erfolgt auch nicht nach der Reihenfolge der Einreise bzw. der Asylantragstellung. So kommt es relativ häufig vor, dass z.B. bei Brüdern, die gemeinsam im Oktober 2015 eingereist sind, der eine seinen Bescheid bereits im Dezember 2015 erhält und der andere bis Dezember 2016 darauf warten muss. Für die Schutzsuchenden stellt sich diese Bearbeitungssituation als willkürlich und ungerecht dar, eine Erklärung mit der Überlastung der Behörde und den andauernden Umstrukturierungsmaßnahmen ist ihnen im Rechtsstaat Bundesrepublik meistens nicht zu vermitteln.

3. Transparenz und Erreichbarkeit

Die Sachbearbeiter*innen sind in der Regel weder telefonisch noch per E-Mail zu erreichen. Telefonnummern und E-Mail-Adressen werden nur in Einzelfällen bekanntgegeben. Auf den Schreiben des BAMF befindet sich keine Telefonnummer, unter der man die zuständige sachbearbeitende Stelle direkt erreichen kann. Zwar gibt es eine allgemeine Auskunftstelefonnummer für Behörden und Rechtsanwält*innen. Die dort beschäftigten Personen können aber häufig nicht mehr tun, als kurze Auskünfte aus der elektronischen Akte zu erteilen. Die Kontaktdaten der zuständigen sachbearbeitenden Stelle dürfen sie nicht mitteilen. Es gibt keine Sachbearbeiter*innen, die für die Bearbeitung einer Akte konkret zuständig sind. Die Zuständigkeiten sind wechselnd und vollkommen undurchschaubar.

4. Postlaufzeiten

Das BAMF führt elektronische Akten, d.h. alle Schreiben, die eingehen (per Post, per E-Mail, per Telefax) müssen zur elektronischen Akte gescannt werden. Bis etwa Mitte des Jahres 2015 erfolgte dies relativ zeitnah. Seitdem ist das BAMF oft nicht mehr imstande, die eingehende Post in wenigen Tagen zur Akte zu scannen. Das führt dazu, dass eingegangene Schreiben bei Ansicht der (elektronischen) Akte nicht vorliegen, nicht bearbeitet und nicht beantwortet werden können. Akteneinsichtsgesuche von Anwält*innen werden manchmal erst nach Monaten (und dann meist erst nach Erhebung einer Dienstaufsichtsbeschwerde) bearbeitet. Entschuldigungen bzw. Erklärungen für die Nichtteilnahme am Anhörungstermin werden nicht zur Kenntnis genommen, stattdessen wird ein Bescheid erlassen, mit dem das Verfahren eingestellt wird. Anträge auf Verlegung von sehr kurzfristigen Anhörungsterminen oder die Anforderung von speziell geschulten Anhörer*innen werden vor der Anhörung oft nicht berücksichtigt. Die Schutzsuchenden und ihre Anwält*innen/Berater*innen/Helfer*innen können sich also nicht darauf verlassen, dass ihre Schreiben das BAMF zeitnah erreichen und bearbeitet werden.

5. Zustellung von Ladungen

Die Ladungen zur Anhörung werden oft erst zugestellt, wenn der Termin bereits vorbei ist. Die Ladungen zur Anhörung, die noch vor dem Termin zugestellt werden, erfolgen oft sehr kurzfristig, manchmal nur einen Tag bzw. wenige Tage vor der Anhörung, so dass eine anwaltliche Begleitung zur Anhörung meistens nicht mehr möglich ist. Manchmal werden auch mehrere Ladungen versandt (mit verschiedenen Terminen oder verschiedenen Orten), so dass die Schutzsuchenden nicht wissen, wo und wann die Anhörung genau stattfinden soll.

6. Trennung von Anhörung und Entscheidung

9 Das BAMF hat zum Zweck der Verfahrensbeschleunigung in fast allen Verfahren die Anhörungen von den Entscheidungen getrennt, d.h. die anhörende Person, die den persönlichen Eindruck von den Schutzsuchenden in der Anhörung gewonnen hat, entscheidet in der Regel nicht selbst. Stattdessen wird die Entscheidung in einem Entscheidungszentrum nach Aktenlage getroffen. Das Anhörungsprotokoll kann aber nicht den persönlichen Eindruck ersetzen.

7. Verlust von Dokumenten

10 Originaldokumente verschwinden oft oder werden nicht herausgegeben. Nach dem Abschluss eines Asylverfahrens wartet die zuständige Ausländerbehörde oft monatelang auf die Übersendung der Originaldokumente. Es ist dann nicht klar, ob die Dokumente nicht auffindbar sind (falls sie überhaupt gesucht werden) oder ob sie verlorengegangen sind.

11 ▶ **Praxistipp zur Übersendung von Dokumenten an das BAMF:**

Empfehlenswert ist die Übergabe von Originalunterlagen an die zuständige Ausländerbehörde zur Weiterleitung an das BAMF. Die Ausländerbehörde soll schriftlich den Empfang der Originalunterlagen bestätigen.

Sollte doch an das BAMF übersandt werden, muss unbedingt auf einen Versand per Einschreiben mit Rückschein geachtet werden. Das Aktenzeichen des Verfahrens sollte den Dokumenten gut sichtbar mit einem festverbundenen Beiblatt beigefügt werden, damit die Zuordnung zum richtigen Verfahren gelingen kann.

In jedem Fall müssen gut leserliche Kopien aufbewahrt werden. ◀

8. Qualifikation der Sprachmittler*innen

12 Das BAMF hat keine klaren Mindestanforderungen an die Qualifikation der Sprachmittler*innen.[72] In der Praxis werden alle Personen eingesetzt, die dem BAMF als „persönlich zuverlässig und sprachlich geeignet"[73] erscheinen. Eine Sprachprüfung erfolgt nicht, es gibt auch keine Vorbereitung auf den Einsatz oder einen Plan für die Weiterbildung oder Supervision der Sprachmittler*innen. Die Honorare liegen teils deutlich unter dem, was z.B. qualifizierte Gerichtsdolmetscher*innen erhalten.

Die Arbeit der eingesetzten Sprachmittler*innen ist deshalb manchmal katastrophal: Sie beherrschen teilweise weder die Sprache der Schutzsuchenden noch die deutsche Sprache. Sie beschränken sich auch oft nicht auf das Übersetzen, sondern geben den Schutzsuchenden Ratschläge oder kommentieren die Inhalte der Anhörung.

---

72 S. Kap. 6 Rn. 62 ff.
73 Antwort der Bundesregierung auf eine Kleine Anfrage der Abgeordneten Luise Amtsberg u.a., BT-Drs. 18/8509 v. 19.5.2016.

9. Qualifikation der Anhörer*innen und Entscheider*innen

Es gibt beim BAMF sehr viele gut ausgebildete und erfahrene Anhörer*innen und Entscheider*innen, die trotz der momentan schwierigen Situation sehr gute Arbeit leisten. Die Aufstockung des Personals beim BAMF erfolgte allerdings zu spät und ohne ausreichende Schulungen. Nach Auskunft der Bundesregierung erhalten Anhörer*innen nun eine dreiwöchige Schulung, Entscheider*innen werden vier Wochen lang ausgebildet, sog. Vollentscheider*innen fünf Wochen lang.[74] Dass diese Form der Kurzausbildung zu fehlerhaften Anhörungen und Bescheiden führt, muss nicht weiter erläutert werden.

10. Qualitätssicherung

Ein Widerspruchsverfahren wie in anderen Gebieten des Verwaltungsrechts gibt es im Asylverfahren nicht. Fehlerhafte Bescheide sollte das BAMF im Rahmen einer funktionierenden Qualitätssicherung selbst überprüfen und korrigieren. Die Zahl von Einzelfallprüfungen ist allerdings sehr gering.[75] Auch bei offensichtlichen Mängeln erlässt das BAMF in der Regel keine Abhilfebescheide, sondern überlässt die Kontrolle fast vollständig den Verwaltungsgerichten im asylgerichtlichen Verfahren. Die Verwaltungsgerichte sind mit asylgerichtlichen Verfahren bereits stark überlastet, so dass eine längere Verfahrensdauer auch in den Gerichtsverfahren zu erwarten ist.

B. Antragstellung

I. Asylgesuch

Das deutsche Recht unterscheidet zwischen der Stellung eines Asylgesuchs und eines Asylantrags.

Ein **Asylantrag** kann formell nur beim dafür zuständigen Bundesamt für Migration und Flüchtlinge BAMF gestellt werden, § 14 Abs. 1 S. 1 AsylG.[76]

Ein **Asylgesuch** ist gestellt, wenn das Schutzbegehren bei einer anderen Behörde als dem BAMF gestellt wird, z.B. bei der Ausländerbehörde, der Polizei oder der Grenzbehörden.

Schutzsuchende sind im Falle eines Asylgesuchs unverzüglich an die nächstgelegene Aufnahmeeinrichtung weiterzuleiten, §§ 18 Abs. 1, 19 Abs. 1 AsylG. Dazu soll ihnen eine sog. „Anlaufbescheinigung" (gesetzlich nicht geregelt) ausgestellt werden. Die Schutzsuchenden müssen gem. § 20 Abs. 1 AsylG dieser Weiterleitung unverzüglich,[77] in der Regel binnen zwei Wochen, oder innerhalb der ihnen genannten Frist nachkommen und sich in der Aufnahmeeinrichtung melden, § 22 AsylG. Die Schutzsuchenden sind über diese Verpflichtung und die Rechtsfolgen einer Nichteinhaltung schriftlich und gegen Empfangsbekenntnis zu belehren, § 20 Abs. 1 S. 4 AsylG.

---

74 Antwort der Bundesregierung auf eine Kleine Anfrage der Abgeordneten Ulla Jelpke u.a., BT-Drs. 18/9415 v. 17.8.2016.
75 Im Jahr 2015 wurden weniger als 1 % der Bescheide des BAMF einer Qualitätsprüfung unterzogen, es wurden nur 2.700 von 282.700 Entscheidungen kontrolliert; vgl. Bericht auf SpiegelOnline v. 25.6.2016, abrufbar unter www.spiegel.de/politik/deutschland/fluechtlinge-bamf-experten-entsetzt-ueber-mangelhafte-qualit aetskontrolle-a-1099573.html.
76 S. Rn. 27 ff.
77 Zur Unverzüglichkeit vgl. NK-AuslR/*Bruns* AsylG § 20 Rn. 7; *Marx* AsylG § 20 Rn. 5.

17 Die Nichteinhaltung dieser Verpflichtung, also eine verspätete Meldung in der Aufnahmeeinrichtung, kann dazu führen, dass der Asylantrag als Wiederaufnahmeantrag gem. § 33 Abs. 5 AsylG angesehen wird.[78]

II. Ankunftsnachweis

18 In der Aufnahmeeinrichtung wird den Schutzsuchenden eine Bescheinigung über die Meldung als Asylsuchender (früher „BüMA") ausgestellt, der sog. **Ankunftsnachweis**, § 63a Abs. 1 AsylG. Die Bescheinigung ist auf längstens sechs Monate zu befristen und kann ausnahmsweise um jeweils längstens drei Monate verlängert werden, § 63a Abs. 2 AsylG.

III. Erkennungsdienstliche Behandlung

19 Voraussetzung für die Ausstellung des Ankunftsnachweises ist eine erkennungsdienstliche Behandlung, d.h. es werden Fingerabdrücke genommen und Lichtbilder gefertigt, §§ 63a Abs. 1 S. 1, 22 Abs. 1 S. 2 AsylG. Bei Personen unter 14 Jahren dürfen nur Lichtbilder gefertigt werden, § 16 Abs. 1 S. 2 AsylG.[79]

Die biometrischen Daten der Fingerabdrücke werden in die Eurodac-Datei[80] eingegeben. Auf diese Weise kann festgestellt werden, ob sich jemand bereits früher in Deutschland oder in einem anderen Eurodac-Staaten[81] aufgehalten bzw. einen Asylantrag gestellt hat.

Außerdem werden die Daten auch im Ausländerzentralregister (AZR) gespeichert und mit den Daten beim Bundeskriminalamt abgeglichen.

IV. Gesundheitsuntersuchung

20 Schutzsuchende, die in einer Aufnahmeeinrichtung oder Gemeinschaftsunterkunft wohnen, sind verpflichtet, eine **ärztliche Untersuchung auf übertragbare Krankheiten einschließlich einer Röntgenaufnahme der Atmungsorgane** zu dulden, § 62 Abs. 1 S. 1 AsylG. Der Umfang der Untersuchung wird durch die jeweilige Landesbehörde bestimmt, § 62 Abs. 1 S. 2 AsylG. Sinn der Vorschrift ist nicht in erster Linie die Feststellung eines Behandlungsbedarfs, sondern der Schutz vor ansteckenden Krankheiten (z.B. Hepatitis B, Lungentuberkulose).

Das Ergebnis der Untersuchungen ist der für die Unterbringung zuständigen Behörde, also der Aufnahmeeinrichtung bzw. der Ausländerbehörde mitzuteilen, § 62 Abs. 2 S. 1 AsylG. Wird bei der Untersuchung der Verdacht oder das Vorliegen einer meldepflichtigen Krankheit nach § 6 des Infektionsschutzgesetzes oder eine Infektion mit einem Krankheitserreger nach § 7 des Infektionsschutzgesetzes festgestellt, muss das Ergebnis auch dem BAMF mitgeteilt werden, § 62 Abs. 2 S. 2 AsylG.

---

78 S. zum Wiederaufnahmeantrag Rn. 124 ff.
79 Das BAMF nimmt auch Lichtbilder von Babys und Kleinstkindern auf.
80 Kap. 3 Rn. 43.
81 Kap. 3 Rn. 1.

V. Verzögerungen bei der Asylantragstellung

Aufgrund der massiv gestiegenen Antragszahlen im Jahr 2015 und 2016 vergingen zwischen der Stellung des Asylgesuchs und des Asylantrags oft viele Monate. Etliche Schutzsuchende, die bereits im Jahre 2015 eingereist sind, konnten immer noch keinen Asylantrag beim BAMF stellen.

Nach Art. 6 der Asylverfahrensrichtlinie[82] muss die förmliche Registrierung des Asylantrags spätestens nach drei (Abs. 1 Unterabs. 1), unter gewissen Umständen spätestens nach sechs (Abs. 1 Unterabs. 2) bzw. – bei einer großen Anzahl Schutzsuchender – nach spätestens zehn Arbeitstagen (Abs. 5) erfolgen. Diese Vorschriften der Richtlinie hätten bis zum 20.7.2015 in nationales Recht umgesetzt werden sollen, Art. 52 Asylverfahrensrichtlinie. Dies ist nicht erfolgt, so dass die Vorschriften seit dem 21.7.2015 unmittelbar gelten.

Wenn die förmliche Asylantragstellung nicht binnen zehn Arbeitstagen erfolgt, kann daher ein Antrag auf Terminmitteilung zur förmlichen Antragstellung beim BAMF gestellt werden. Wenn kein Termin mitgeteilt wird, kann der Erlass einer einstweiligen Anordnung beim zuständigen Verwaltungsgericht beantragt werden.[83]

▶ **Vorschlag für Antragsformulierung:**

„Die Antragsgegnerin wird verpflichtet, den formellen Asylantrag des Antragstellers innerhalb von 10 Tagen ab Zustellung zu registrieren. Die Antragsgegnerin wird dazu verpflichtet, dem Antragsteller innerhalb von 5 Tagen ab Zustellung nachweislich zu erklären, an welchem Tag, welchem Ort und zu welcher Uhrzeit sie den Antrag entgegennimmt. Die Antragsgegnerin wird verpflichtet, dem Antragsteller innerhalb von 5 Tagen nach Zustellung eine Aufenthaltsgestattung auszustellen." ◀

Für den Fall der Nichtbefolgung der einstweiligen Anordnung kann ein Vollstreckungsantrag gestellt werden, §§ 167 VwGO, 888 ZPO.

Einige Gerichte vertreten allerdings die Ansicht, bereits das Asylgesuch stelle einen Asylantrag im Sinne der Asylverfahrensrichtlinie dar, weil § 13 Abs. 1 AsylG bestimmt, dass ein Asylantrag vorliegt, wenn sich dem schriftlich, mündlich oder auf andere Weise geäußerten Willen entnehmen lässt, dass im Bundesgebiet Schutz gesucht wird.[84] Ein Antrag auf eine einstweilige Anordnung wird in diesen Fällen als unzulässig abgewiesen, weil das Rechtsschutzinteresse fehle.

VI. Ankunftszentren

Um die Asylverfahren zu beschleunigen, werden nun sog. Ankunftszentren[85] errichtet. Dort sollen die Verfahren teilweise vollständig bearbeitet werden (ärztliche Untersuchung durch die Länder, Aufnahme persönlicher Daten und Identitätsprüfung, Antragstellung, Anhörung, Entscheidung).[86]

---

82 Kap. 1 Rn. 10 mit Fn. 4.
83 VG Wiesbaden 5.8.2015 – 6 L 982/15.WI.A, InfAuslR 10/2015, S. 406 f.; VG Regensburg 3.2.2016 – RN 7 E 16.30119.
84 Z.B. VG Hannover 30.12.2015 – 6 B 6186/15; VG Regensburg 4.2.2016 – RO 8 E 15.32079.
85 Aktuelle Liste der bereits errichteten Ankunftszentren auf www.bamf.de/DE/DasBAMF/Aufbau/Standorte/Ankunftszentren/ankunftszentren-node.html.
86 Weitere Informationen bei Moll, Das verkürzte Asylverfahren im Ankunftszentrum Heidelberg, in Asylmagazin 12/2016, 412 ff.

26 In den Ankunftszentren werden die Schutzsuchenden in vier Kategorien (sog. Cluster) aufgeteilt:

- **Cluster A: Herkunftsländer mit hoher Schutzquote**
  Schutzsuchende aus Staaten mit hoher Anerkennungsquote (mehr als 50 %, z.B. Syrien, Eritrea, religiöse Minderheiten[87] aus dem Irak).
  Das Verfahren soll hier in 48 Stunden komplett durchgeführt werden. In der Regel ergeht ein positiver Bescheid. Eine Weiterleitung an die Aufnahmeeinrichtung erfolgt nur, wenn das Verfahren nicht in kurzer Zeit durchgeführt werden kann.
- **Cluster B: Herkunftsländer mit geringer Schutzquote**
  Schutzsuchende aus sicheren Herkunftsstaaten (alle Mitgliedstaaten der Europäischen Union, Westbalkanstaaten: Albanien, Bosnien-Herzegowina, Kosovo, Mazedonien, Montenegro, Serbien sowie Ghana und Senegal), seit August 2016 auch Schutzsuchende aus anderen Herkunftsländern mit geringer Schutzquote (bis 20 %), z.B. Äthiopien, Türkei, China, Aserbaidschan.
  Das Verfahren soll hier ebenfalls in 48 Stunden durchgeführt werden. In der Regel ergeht ein negativer Bescheid. Die Personen sollen dann in der Aufnahmeeinrichtung verbleiben bis zur freiwilligen Ausreise bzw. Abschiebung.
- **Cluster C: Komplexe Profillagen**
  Alle anderen Schutzsuchenden, deren Verfahren länger dauern.
  Sie werden an die Aufnahmeeinrichtungen weitergeleitet. Die Asylanträge werden dann in der zuständigen Außenstelle des BAMF bearbeitet.
- **Cluster D: Dublin-Fälle**
  Schutzsuchende, bei denen ein Verfahren nach der Dublin III-Verordnung eingeleitet wird. Auch diese werden an die Aufnahmeeinrichtungen weitergeleitet und die Verfahren werden in der zuständigen Außenstelle des BAMF bearbeitet (außer bei Personen aus Cluster B).

VII. Stellung des Asylantrages

1. Persönliche Antragstellung

27 Der Asylantrag muss grundsätzlich persönlich bei der Außenstelle des BAMF gestellt werden, die der zuständigen Aufnahmeeinrichtung zugeordnet ist, § 14 Abs. 1 S. 1 AsylG. Die Schutzsuchenden sind verpflichtet, unverzüglich oder zu dem von der Aufnahmeeinrichtung genannten Termin bei der Außenstelle des BAMF persönlich zu erscheinen, § 23 Abs. 1 AsylG. Die Schutzsuchenden sind über diese Verpflichtung und die Rechtsfolgen einer Nichteinhaltung schriftlich und gegen Empfangsbekenntnis zu belehren, § 23 Abs. 2 S. 3 AsylG. Die Nichteinhaltung dieser Verpflichtung, also eine verspätete Asylantragstellung, kann dazu führen, dass der Asylantrag als Wiederaufnahmeantrag gem. § 33 Abs. 5 AsylG angesehen wird.[88]

28 Bei der persönlichen Asylantragstellung werden die persönlichen Daten aufgenommen, es erfolgt eine erkennungsdienstliche Behandlung und es werden alle Dokumente einbehalten, die die Schutzsuchenden mit sich führen.

---

87 Etwa Personen mit christlichem, jesidischem oder mandäischem Glauben.
88 S. dazu Rn. 124 ff.

2. Antragstellung bei Familien

Bei Familien (Eltern oder Alleinerziehende mit minderjährigen Kindern) wird in der Regel nur ein Verfahren unter einem Aktenzeichen geführt. Mehrere Verfahren unter verschiedenen Aktenzeichen werden aber z.B. geführt, wenn die Eheleute unabhängig voneinander zu verschiedenen Zeiten eingereist sind, wenn die Eheschließung nicht nachweisbar ist und bei bereits volljährigen Kindern. 29

Eine Familie kann deshalb auch mehrere Bescheide des BAMF erhalten, z.B. einen Bescheid für die Eltern und die minderjährigen miteingereisten Kinder, einen weiteren Bescheid für ein bereits volljähriges Kind und einen weiteren Bescheid für ein im Bundesgebiet geborenes Kind. 30

Mit der Asylantragstellung nach § 14 AsylG gilt der Asylantrag automatisch auch für jedes minderjährige ledige Kind gestellt, das sich zu diesem Zeitpunkt bereits im Bundesgebiet aufhält, § 14a Abs. 1 AsylG. 31

Bei zeitlich nach Asylantragstellung der Eltern einreisenden minderjährigen Kindern oder bei im Bundesgebiet nach Asylantragstellung der Eltern geborenen Kindern muss die Einreise des Kindes bzw. die Geburt dem BAMF unverzüglich angezeigt werden. Diese Anzeigepflicht hat neben den gesetzlichen Vertretern des Kindes aber auch die zuständige Ausländerbehörde, § 14a Abs. 2 AsylG. 32

Bis 2015 hatte das BAMF die Verfahren hier geborener Kinder in der Regel immer unter einem eigenen Aktenzeichen geführt. Seit 2016 wird das Verfahren des Kindes aus Beschleunigungsgründen aber auch häufig zum Verfahren der Eltern beigezogen, erhält also kein eigenes Aktenzeichen mehr. 33

▶ **Geburt eines Kindes im laufenden Asylverfahren:** Zunächst muss die Nationalität des Kindes festgestellt werden. Ein in Deutschland geborenes Kind besitzt nicht automatisch die deutsche Staatsangehörigkeit. Das ist vielen Schutzsuchenden und ihren Helfer*innen oft nicht bekannt. 34

Befinden sich beide Eltern im Asylverfahren und haben sie die gleiche Staatsangehörigkeit, so hat das Kind die Staatsangehörigkeit der Eltern.[89] Liegen unterschiedliche Nationalitäten vor, so richtet sich die Nationalität meist nach der Mutter. Andere Vereinbarungen müssen durch entsprechende Dokumentation des jeweiligen Landesrechtes beim Standesamt nachgewiesen werden.

In Deutschland gilt grundsätzlich das sog. ius sanguinis (**Abstammungsprinzip**), welches auf die Blutsverwandtschaft abstellt und nicht auf den Geburtsort (ius soli). Bei einem **deutschen Elternteil** erwirbt das Kind die deutsche Staatsangehörigkeit nach § 4 Abs. 1 StAG.[90] Ist der Vater Deutscher, ist bei nicht verheirateten Paaren die Anerkennung oder Feststellung der Vaterschaft erforderlich.

Auch Ausländer in Deutschland können unter bestimmten Voraussetzungen Eltern deutscher Kinder werden. Nach § 4 Abs. 3 StAG erwirbt das Kind ausländischer Eltern die deutsche Staatsangehörigkeit, wenn sich ein Elternteil bereits seit acht Jahren rechtmäßig in Deutschland aufhält und ein unbefristetes Aufenthaltsrecht (Niederlassungserlaubnis) besitzt.

Ist das Kind deutsch, ist an die Möglichkeit einer Aufenthaltserlaubnis nach § 28 Abs. 1 S. 1 Nr. 2 AufenthG für den ausländischen Elternteil zu denken. Besteht darauf ein Anspruch, so kann die Aufenthaltserlaubnis bereits während des laufenden Asylverfahrens erteilt werden, § 10 Abs. 1 AufenthG. Die Schutzsuchenden können entscheiden, ob sie den Asylantrag zurücknehmen oder das Verfahren weiter betreiben, weil z.B. Vaterschaft und Umgang noch nicht zweifelsfrei und

---
89 Die Staatsangehörigkeit richtet sich nach dem jeweiligen Recht des Herkunftslandes.
90 Staatsangehörigkeitsgesetz v. 22.7.1913, RGBl. I 1913, 583 ff., zuletzt geändert durch BGBl. 2015 I 1802 ff.

abschließend geregelt sind oder zur Absicherung eines eigenen Aufenthaltsrechtes, falls dem Kind, von welchem das Aufenthaltsrecht abgeleitet wird, etwas zustoßen sollte. ◄

3. Schriftliche Antragstellung

35 Nur ausnahmsweise kann der Asylantrag auch schriftlich gestellt werden. Versandt wird dieser dann an die Zentrale des BAMF in Nürnberg.[91]

36 Eine schriftliche Antragstellung ist zulässig, wenn die antragstellende Person

- einen Aufenthaltstitel mit einer Gesamtgeltungsdauer von mehr als sechs Monaten besitzt, § 14 Abs. 2 S. 1 Nr. 1 AsylG, oder
- sich in Haft oder sonstigem öffentlichen Gewahrsam, in einem Krankenhaus, einer Heil- oder Pflegeanstalt oder in einer Jugendhilfeeinrichtung befindet, § 14 Abs. 2 S. 1 Nr. 2 AsylG, oder
- minderjährig ist und der gesetzliche Vertreter nicht verpflichtet ist, in einer Aufnahmeeinrichtung zu wohnen, § 14 Abs. 2 S. 1 Nr. 3 AsylG.

VIII. Aufenthaltsgestattung

37 Zur Durchführung des Asylverfahrens gilt der Aufenthalt im Bundesgebiet ab Ausstellung des Ankunftsnachweises als gestattet, § 55 Abs. 1 S. 1 AsylG.[92] Wenn kein Ankunftsnachweis ausgestellt wird, entsteht die Aufenthaltsgestattung mit der Stellung des Asylantrages, § 55 Abs. 1 S. 3 AsylG.

38 Die Bescheinigung über die Gestattung (Aufenthaltsgestattung) wird innerhalb von drei Arbeitstagen nach Asylantragstellung ausgestellt, § 63 Abs. 1 S. 1 AsylG. Zuständig für die Ausstellung und Verlängerung der Aufenthaltsgestattung ist das BAMF, solange die Verpflichtung besteht, in der Aufnahmeeinrichtung zu wohnen, § 63 Abs. 3 S. 1 AsylG. Die Aufenthaltsgestattung wird dann für längstens drei Monate ausgestellt, § 63 Abs. 2 S. 2 AsylG. Ansonsten ist die Ausländerbehörde am Wohnort der Schutzsuchenden für die Ausstellung der Gestattung zuständig, § 63 Abs. 3 S. 2 AsylG. Die Aufenthaltsgestattung wird dann für längstens sechs Monate ausgestellt, § 63 Abs. 3 S. 2 AsylG.

C. Mitwirkungspflichten der Schutzsuchenden

39 Die Schutzsuchenden erhalten bei Antragstellung einen ganzen Stapel an Unterlagen, Informationen und Belehrungen, teilweise auch übersetzt in eine Sprache, von der anzunehmen ist, dass sie sie verstehen können, § 24 Abs. 1 S. 2 AsylG. Die Praxis zeigt, dass diese Fülle an Informationen entweder nicht gelesen oder zwar gelesen, aber nicht verstanden, wird.

40 Alle Schutzsuchenden sind verpflichtet, bei der Aufklärung des Sachverhaltes mitzuwirken, §§ 15 Abs. 1, 25 Abs. 1 AsylG, also alle Tatsachen vorzutragen, die die Verfolgungsfurcht oder die Gefahr eines drohenden ernsthaften Schadens begründen, und die dazu erforderlichen Angaben zu machen.

---

[91] Die Postanschrift der Zentrale des BAMF lautet: Bundesamt für Migration und Flüchtlinge, Frankenstr. 210, 90461 Nürnberg.
[92] Rn. 18.

§ 15 Abs. 2 AsylG enthält eine (nicht abschließende) Aufzählung von weiteren Mitwirkungspflichten. Die Schutzsuchenden sind insbesondere verpflichtet, 41

- die erforderlichen Auskünfte mündlich und nach Aufforderung auch schriftlich zu erteilen;
- das BAMF unverzüglich zu unterrichten, wenn ein Aufenthaltstitel erteilt worden ist;
- Anordnungen, sich bei bestimmten Behörden oder Einrichtungen zu melden oder dort persönlich zu erscheinen, zu befolgen;
- Pässe oder Passersatzpapiere und alle weiteren Unterlagen und Dokumente, die sich in ihrem Besitz befinden, vorzulegen, auszuhändigen und zu überlassen;
- im Falle des Nichtbesitzes eines gültigen Passes an der Beschaffung eines Identitätspapieres mitzuwirken;
- die vorgeschriebenen erkennungsdienstlichen Maßnahmen zu dulden;
- eine Durchsuchung der Person und der mitgeführten Sachen zu dulden, § 15 Abs. 4 AsylG.

Eine weitere wichtige Verpflichtung ergibt sich aus § 10 Abs. 1 AsylG: Die Schutzsuchenden haben während der gesamten Dauer des Asylverfahrens dafür Sorge zu tragen, dass Mitteilungen des BAMF, der Ausländerbehörde und der angerufenen Gerichte sie stets erreichen können, sie müssen insbesondere jeden **Wechsel ihrer Anschrift** unverzüglich anzeigen. 42

Die Schutzsuchenden sollten daher darauf hingewiesen werden, dass die Behörden nicht alle automatisch von einem Wohnortwechsel erfahren. Zwar meldet auch die zuständige Ausländerbehörde eine Änderung der Anschrift in der Regel an das BAMF, § 54 AsylG, darauf darf man sich aber nicht verlassen. Jeder Wechsel der Anschrift sollte daher sofort allen beteiligten Behörden und Gerichten mitgeteilt werden. Ansonsten ist nicht gewährleistet, dass man wichtige Schreiben (Ladungen zur Anhörung, Bescheide des BAMF, Schreiben des Gerichts) rechtzeitig bzw. überhaupt erhält. Das BAMF stellt Bescheide grundsätzlich immer an die letzte ihm bekannte Anschrift zu. Es ist nicht verpflichtet, vor der Zustellung eine Änderung der Adresse zu überprüfen. Die Schutzsuchenden müssen Zustellungen und formlose Mitteilungen unter der letzten bekannten Anschrift gegen sich gelten lassen, wenn sie keine Bevollmächtigten oder Empfangsberechtigten benannt haben, § 10 Abs. 2 AsylG. 43

Ein Verstoß gegen bestimmte Mitwirkungspflichten führt nach § 30 Abs. 3 Nr. 5 AsylG dazu, dass der Asylantrag als offensichtlich unbegründet abgelehnt werden muss. 44

D. Beschleunigte Asylverfahren

Mit dem Gesetz zur Einführung beschleunigter Asylverfahren vom 11.3.2016[93] wurde ein neuer § 30 a AsylG eingeführt. Danach können nun sog. **besondere Aufnahmeeinrichtungen** in allen Bundesländern geschaffen werden. Bei diesen Aufnahmeeinrichtungen richtet das BAMF Außenstellen ein. 45

---

[93] BGBl. 2016 I 390 ff.

46 Das BAMF kann das Verfahren für folgende Gruppen beschleunigt durchführen:
- Staatsangehörige eines sicheren Herkunftsstaates, § 29 a AsylG;
- Personen, die durch falsche Angaben oder Dokumente oder durch Verschweigen wichtiger Informationen oder durch Zurückhalten von Dokumenten über ihre Identität oder Staatsangehörigkeit offensichtlich getäuscht haben;
- Personen, die ein Identitäts- oder Reisedokument, das die Feststellung ihrer Identität oder Staatsangehörigkeit ermöglicht hätte, mutwillig vernichtet oder beseitigt haben, oder die Umstände offensichtlich diese Annahme rechtfertigen;
- Personen, die einen Folgeantrag gestellt haben (nach vorheriger Ausreise);
- Personen, die den Antrag nur zur Verzögerung oder Behinderung der Vollstreckung einer bereits getroffenen oder unmittelbar bevorstehenden Entscheidung, die zu ihrer Abschiebung führen würde, gestellt haben;
- Personen, die sich weigern, Fingerabdrücke für die Überprüfung nach der Eurodac-VO abzugeben;
- Personen, die aus schwerwiegenden Gründen der öffentlichen Sicherheit oder öffentlichen Ordnung ausgewiesen wurden oder bei denen es schwerwiegende Gründe für die Annahme gibt, dass sie eine Gefahr für die öffentliche Ordnung darstellen.

47 Ob ein beschleunigtes Verfahren durchgeführt wird, liegt im **Ermessen** des BAMF. Das BAMF ist dazu nicht verpflichtet. Wenn bei Antragstellung absehbar ist, dass eine Entscheidung nicht binnen einer Woche erfolgen kann, wird auch kein beschleunigtes Verfahren durchgeführt.

48 Wenn das beschleunigte Verfahren durchgeführt wird, entscheidet das BAMF innerhalb einer Woche nach Antragstellung über den Antrag, § 30 a Abs. 2 S. 1 AsylG. Kann eine Entscheidung nicht innerhalb einer Woche erfolgen, wird das Verfahren als „normales" Verfahren fortgeführt, § 30 a Abs. 2 S. 2 AsylG.

49 Schutzsuchende, deren Anträge im beschleunigten Verfahren bearbeitet werden, müssen bis zur Entscheidung und bei einer Ablehnung bis zur Ausreise bzw. Abschiebung in der besonderen Aufnahmeeinrichtung wohnen, § 30 a Abs. 3 AsylG.

E. Pflichten des Bundesamtes
I. Sachaufklärungspflicht

50 Im Asylverfahren gilt der **Amtsermittlungsgrundsatz**, d.h. das BAMF muss den Sachverhalt aufklären und die erforderlichen Beweise erheben, § 24 Abs. 1 S. 1 AsylG. Das BAMF muss also von Amts wegen jede mögliche Aufklärung des Sachverhaltes versuchen. Da oft keine anderen Beweise vorhanden sind, kommt der Anhörung der Schutzsuchenden besondere Bedeutung zu.

51 Als weitere Beweismittel kann das BAMF Zeugen befragen und amtliche Auskünfte, Berichte nichtstaatlicher Organisationen, Sachverständigengutachten, Medienberichte, Behördenakten und Urkunden beziehen und bewerten. Auch Internetrecherchen werden zunehmend zur Sachverhaltsaufklärung genutzt.

52 Das BAMF verfügt über ausführliche **Informationen über die Herkunftsländer.**

Wenn fremdsprachige **Dokumente** eingereicht werden und berücksichtigt werden müssen, muss das BAMF diese auf eigene Kosten übersetzen, vgl. Art. 10 Abs. 5 Asylverfahrensrichtlinie. 53

Bei Zweifeln an der Herkunft bzw. Staatsangehörigkeit kann das BAMF **Sprachgutachten** einholen. Dann findet ein weiteres (von der Anhörung unabhängiges) Gespräch statt, in dem die Schutzsuchenden nach ihrem Leben im und ihrem Wissen über das Herkunftsland befragt werden, z.B. nach geografischen und politischen Verhältnissen (Flüsse, Berge, Name des Präsidenten, Farben der Fahne usw.). Die Aufzeichnung der Angaben wird dann zur Erstellung einer Sprachanalyse an einen Sachverständigen übersandt, der ein schriftliches Gutachten an das BAMF übermittelt. 54

In der Praxis lässt das BAMF die Schutzsuchenden ein Dokument unterzeichnen, in dem sie erklären, dass sie freiwillig an der Sprachanalyse teilnehmen. Das BAMF hält die Schutzsuchenden allerdings auch im Rahmen ihrer Mitwirkungspflichten für verpflichtet, sich diesen Analysen zu unterziehen, wenn sie angeordnet werden. Im Falle einer Weigerung könnte der Asylantrag als offensichtlich unbegründet abgelehnt werden oder das Verfahren wird wegen Nichtbetreibens eingestellt. 55

Dieses Verfahren ist vor allem wegen mangelnder Transparenz sehr umstritten: Die Sachverständigen bleiben anonym, so dass ihre Qualifikationen nicht überprüft werden können. Ein Sprachgutachten kann auch keine Aussage zur Staatsangehörigkeit treffen. Exakte Angaben zur Herkunftsregion sind ebenfalls schwierig.[94] In vielen Ländern und Grenzgebieten, vor allem in Krisengebieten, in denen seit Jahrzehnten beständige Migrationsbewegungen stattfinden, gibt es keine klaren Sprachgrenzen. 56

Nur in einem späteren gerichtlichen Verfahren können das Sprachgutachten und die Identität und Qualifikation des Gutachters offengelegt und überprüft werden. 57

Das BAMF muss die Schutzsuchenden über die Ergebnisse aller Ermittlungen informieren und **Gelegenheit zur Stellungnahme** geben, wenn es eine negative Entscheidung darauf stützen möchte, § 28 Abs. 1 VwVfG. 58

II. Informationspflicht

Das BAMF muss die Schutzsuchenden über den Ablauf des Verfahrens, ihre Rechte und Pflichten im Verfahren und über Fristen und Folgen von Fristversäumnissen informieren, und zwar in einer Sprache, deren Kenntnis vernünftigerweise vorausgesetzt werden kann, § 24 Abs. 1 S. 2 AsylG. In der Regel handelt es sich dabei um die Sprache, die die Schutzsuchenden bei der Antragstellung angegeben haben. 59

III. Anhörungspflicht

Das BAMF muss eine persönliche Anhörung durchführen, § 24 Abs. 1 S. 3 AsylG. Aus dieser Verpflichtung ergibt sich ein subjektives Recht der Schutzsuchenden, also ein Anspruch auf Durchführung der persönlichen Anhörung. 60

---

[94] Ausführliche Informationen dazu: NK-AuslR/*Fränkel* AsylG § 24 Rn. 10, 11.

61 Von einer persönlichen Anhörung kann abgesehen werden, wenn
- das BAMF ohnehin die Asylberechtigung zuerkennen will, also eine Entscheidung nach Aktenlage erfolgen kann, § 24 Abs. 1 S. 4 AsylG;
- nach den eigenen Angaben der Schutzsuchenden eine Einreise aus einem sicheren Drittstaat erfolgt ist, §§ 24 Abs. 1 S. 4, 26 a AsylG.[95] In diesen Fällen wird dennoch ein Anspruch auf Asyl und die Flüchtlingseigenschaft zu prüfen sein, so dass eine persönliche Anhörung erforderlich bleibt. Außerdem ist hier die Dublin III-Verordnung vorrangig anzuwenden und in diesem Verfahren muss ein persönliches Gespräch stattfinden. § 24 Abs. 1 S. 4 AsylG spielt damit in der Praxis kaum eine Rolle.
- der Antrag auf die Zuerkennung internationalen Schutzes beschränkt wurde und dem Antrag stattgegeben werden soll, § 24 Abs. 1 S. 5 AsylG;
- der Asylantrag für ein im Bundesgebiet geborenes Kind unter sechs Jahren gestellt wurde und der Sachverhalt aufgrund des Inhalts der Verfahrensakten der Eltern oder eines Elternteils ausreichend geklärt ist, § 24 Abs. 1 S. 6 AsylG.

F. Sprachmittler*innen
I. Auswahl und Anforderungen

62 Im Asylverfahren hat die Übersetzung eine besonders wichtige Funktion. Die Praxis zeigt, dass der Erfolg eines Schutzbegehrens oft von der Qualität der eingesetzten Sprachmittler*innen abhängt.

63 Das BAMF stellt von Amts wegen Sprachmittler*innen in der angegebenen **Muttersprache** oder in einer anderen Sprache, deren Kenntnis vernünftigerweise vorausgesetzt werden kann, § 17 Abs. 1 AsylG.

64 Welche Sprache als erste (bzw. zweite) angegeben wurde, wird auf dem Registrierungs- und Personalienbogen festgehalten, der bei der Stellung des Asylantrages ausgehändigt wird. Wenn die dort unter Nr. 1 angegebene Sprache nicht die Muttersprache ist, sollte dies dem BAMF sofort, jedenfalls rechtzeitig vor der Anhörung, mitgeteilt werden.

65 Die Schutzsuchenden haben auch das Recht, Sprachmittler*innen zu verlangen, die eine bestimmte Minderheitensprache oder einen bestimmten Dialekt beherrschen, wenn sie sich nur in dieser Sprache oder diesem Dialekt ausreichend verständigen können. Dies ist insbesondere wichtig für Personen, die in ihrem Herkunftsstaat nicht oder nur kurz zur Schule gegangen sind und die Amtssprache nur schlecht sprechen. Die Schutzsuchenden sollten nicht auf das Recht verzichten, in ihrer Muttersprache befragt zu werden, auch wenn sie eine andere Sprache (oder auch schon Deutsch) sehr gut sprechen. In keiner anderen Sprache kann man sich so gut ausdrücken wie in unserer Muttersprache.

66 Wenig bekannt ist das Recht der Schutzsuchenden, auf eigene Kosten (zusätzlich) auch geeignete Sprachmittler*innen ihrer Wahl hinzuziehen, § 17 Abs. 2 AsylG.[96] Die

---
95 Kap. 5 Rn. 5.
96 Zu den Anforderungen an die Eignung: NK-AuslR/*Fränkel* AsylG § 17 Rn. 8.

selbst hinzugezogenen Sprachmittler*innen haben eine Unterstützungs- und Kontrollfunktion. Die Beiziehung eigener Sprachmittler*innen sollte dem BAMF vor der Anhörung angekündigt werden.

Die Asylverfahrensrichtlinie fordert unter den Garantien für Antragsteller in Art. 12 Abs. 1 lit. b die Beiziehung eines Dolmetschers.[97] Das BAMF beschäftigt aber leider nicht nur ausgebildete Dolmetscher*innen mit nachgewiesenen Qualifikationen, sondern auch viele Personen ohne formelle Ausbildung bzw. Abschluss. 67

Die eingesetzten Sprachmittler*innen sollten 68

- die Muttersprache der Schutzsuchenden und die deutsche Sprache beherrschen;
- die Befragungs- und Übersetzungstechnik beherrschen;
- mit den sprachlichen Besonderheiten der Herkunftsregion vertraut sein;
- über Kenntnisse der Kultur, Gesellschaftsordnung und Staatsorganisation des Herkunftslandes verfügen und[98]
- unvoreingenommen sein. Die Übersetzung muss objektiv erfolgen und darf nicht durch die eigene Haltung, Kommentare oder Bewertungen der Sprachmittler*innen beeinflusst werden.

Wenn diese Voraussetzungen nicht erfüllt sind, kommt es in der Regel zu Missverständnissen und scheinbaren Widersprüchen in den Angaben. Im ungünstigsten Fall hat dies zur Folge, dass das Vorbringen der Schutzsuchenden als unglaubhaft angesehen und der asylantrag aus diesem Grund abgelehnt wird. 69

II. Sprachmittler*innen gleichen Geschlechts

Alle Schutzsuchenden haben das Recht, Sprachmittler*innen des gleichen Geschlechts zu verlangen, Art. 15 Abs. 3 lit. c Asylverfahrensrichtlinie. In den Merkblättern, die bei der Asylantragstellung ausgehändigt werden, wird auf dieses Recht hingewiesen. Dennoch wissen viele Schutzsuchende nicht, dass sie dem BAMF vor der Anhörung mitteilen können, dass sie dieses Recht in Anspruch nehmen möchten. Besonders wichtig ist das Recht für Frauen und Mädchen, die sexualisierte Gewalt erlitten haben und diese oft in Anhörungen mit männlichen Sprachmittlern aufgrund der bestehenden Schuld- und Schamgefühle bzw. ihrer Traumatisierung nicht bzw. nicht vollständig schildern können. 70

Aber auch viele männliche Schutzsuchende haben sexualisierte Gewalt erlitten (z.B. im Kontext von Inhaftierung und Folter). Mit ihnen sollte vor der Anhörung besprochen werden, ob sie eher von weiblichen oder männlichen Personen übersetzt werden möchten. 71

In der Regel werden Frauen und Mädchen zu Beginn der Anhörung nochmals mündlich darauf hingewiesen, dass sie das Recht auf eine weibliche Sprachmittlerin haben. Wenn sich dennoch erst im Verlauf der Anhörung herausstellt, dass der Sachverhalt in Gegenwart eines männlichen Sprachmittlers nicht geschildert werden kann, muss 72

---

97 Kap. 1 Rn. 10 mit Fn. 4.
98 Bergmann/Dienelt/*Winkelmann* AsylG § 17 Rn. 5.

die Anhörung abgebrochen und mit einer weiblichen Sprachmittlerin fortgesetzt werden.

III. Ablehnung von Sprachmittler*innen

73 Zu Beginn und am Ende der Anhörung wird in der Regel gefragt, ob die Verständigung mit den Sprachmittler*innen gut funktioniert hat. Wenn dies bejaht wird, wird es auch so im Protokoll festgehalten. Es ist dann anschließend schwierig, protokollierte Widersprüche, Missverständnisse und Fehler in der Übersetzung noch zu korrigieren und den eigentlichen Sachverhalt glaubhaft zu machen.

74 Wenn die Verständigung nicht bzw. nicht gut genug funktioniert, sollten die Sprachmittler*innen daher sofort abgelehnt werden. Wenn keine anderen Sprachmittler*innen verfügbar sind, muss ein neuer Anhörungstermin bestimmt werden.

75 Die Sprachmittler*innen können auch wegen Besorgnis der Befangenheit abgelehnt werden (analog § 191 GVG), z.B. wenn die Schutzsuchenden aufgrund bestimmter religiöser, ethnischer oder politischer Konflikte ein mangelndes Vertrauen in ihre Objektivität haben.[99] Schutzsuchende, die sich als Schutzgrund auf eine Konversion zum Christentum berufen, haben oft kein Vertrauen in die Objektivität von Sprachmittler*innen, wenn diese strenggläubige Muslim*innen sind.

G. Anhörung

I. Allgemeines

76 Die persönliche Anhörung ist das „zentrale Herzstück des Asylverfahrens".[100] Den meisten Schutzsuchenden ist bewusst, dass die Anhörung der wichtigste Teil ihres Asylverfahrens ist und dass sich die Entscheidung über den Asylantrag im Wesentlichen nach dem Ergebnis der Anhörung richtet. Vielen ist aber überhaupt nicht bekannt, wie die Anhörung im Einzelnen abläuft und welche Sachverhalte auf welche Weise geschildert werden müssen. Viele Schutzsuchende erhalten zu diesen Fragen entweder fast keine oder sehr viele und widersprüchliche Informationen. Die Erfahrungen aus der Praxis zeigen, dass die meisten Schutzsuchenden vollkommen unvorbereitet in ihre Anhörungen gehen. Die Protokolle enthalten dann häufig nur einen Teil der Verfolgungsgeschichte bzw. der Fluchtgründe und auch dieser Teil ist oft widersprüchlich oder fehlerhaft oder nicht vollständig erfasst worden.

77 Gem. § 25 Abs. 1 S. 1 AsylG müssen die Schutzsuchenden alle Tatsachen vortragen, die ihre Furcht vor Verfolgung oder die Gefahr eines drohenden ernsthaften Schadens begründen. Dazu gehören auch Angaben zu den Wohnsitzen, dem Reiseweg, Aufenthalte in anderen Staaten und darüber, ob die Schutzsuchenden bereits in anderen Staaten ein Verfahren mit dem Ziel der Zuerkennung internationalen Schutzes betrieben haben, § 25 Abs. 1 S. 2 AsylG.

---

[99] NK-AuslR/*Fränkel* AsylG § 17 Rn. 6; Bergmann/Dienelt/*Winkelmann* AsylG § 17 Rn. 6; *Marx* AsylG § 17 Rn. 13.
[100] *Marx*, Aufenthalts-, Asyl- und Flüchtlingsrecht, AsylG § 9 Rn. 91.

Die Anhörung ist kein Polizeiverhör. Das BAMF ist verpflichtet, die Anhörungssitua- 78
tion unter Bedingungen durchzuführen, die den Schutzsuchenden eine umfassende
Darlegung der Gründe ihrer Anträge gestatten, Art. 15 Abs. 3 S. 1 Asylverfahrensrichtlinie.

II. Vorbereitung der Anhörung

Allen Schutzsuchenden sollte empfohlen werden, eine ausführliche Anhörungsvorbe- 79
reitung in Anspruch zu nehmen. Anhörungsvorbereitungen werden außer von spezialisierten Asylrechtsanwält*innen auch kostenlos angeboten, z.B. bei den Asylsozialberatungsstellen der Wohlfahrtsverbände, der Asylberatung bei Amnesty International oder bei den Refugee Law Clinics. Eine gute Anhörungsvorbereitung setzt voraus,
dass auch eine gute Übersetzung gewährleistet ist.

1. Sammeln von Fakten, Daten und Beweisen

Für die Anhörungsvorbereitung empfiehlt sich die Weitergabe der folgenden Informa- 80
tionen:

- **Merkblätter und Informationsschreiben** für die Anhörung (möglichst auch in der Muttersprache) können ausgehändigt und erläutert werden.[101]
- **Unterschiede in der Kommunikation verschiedener Kulturen** (direkt-indirekt, ausführlich-knapp, Augen-/Blickkontakt) können erklärt werden.

Die **Fluchtgeschichte** kann einmal ausführlich aufgeschrieben werden, zumindest in 81
Stichworten, zur Überprüfung des **korrekten zeitlichen Ablaufs**. Das sollte in der Anhörung aber nicht abgelesen oder vorher auswendig gelernt werden. Es ist besser,
wenn man ohne schriftliche Notizen alles selbst erzählen kann. Daten sollte man sich
allerdings notieren, wenn man sie sonst schlecht behalten kann.

Die Fluchtgeschichte sollte möglichst präzise und mit **Details** geschildert werden. Um 82
sich an Details zu erinnern, sind alle **W-Fragen** sehr hilfreich:

- Wer hat es gemacht?
- Was ist passiert?
- Wann ist es passiert?
- Wo ist es passiert?
- Wie ist es abgelaufen?
- Warum ist es passiert?
- Wie lange hat es gedauert?

Beweismittel sollten möglichst vor der Anhörung erfragt, beschafft und eingereicht 83
werden, z.B.:

- gerichtliche oder behördliche Urkunden (z.B. Strafanzeigen bei der Polizei, Haftbefehle Gerichtsunterlagen);

---

101 Z.B. „Informationen zur Anhörung im Asylverfahren" unter www.asyl.net; „Anhörungsleitfaden" unter www.lawclinicmunich.de/wie-bekomme-ich-hilfe/anhoerung; NK-AuslR/*Hofmann* 8.4 a: „Merkblatt für Flüchtlinge zur Anhörung beim Bundesamt" und 8.4 b: „Information Sheet for Refugees to prepare for official hearings with the Federal Office for Migration and Refugees"; www.nds-fluerat.org/leitfaden/2-die-anhoerung.

- Briefe (z.B. Taliban-Drohbriefe);
- Fotos (Datum, Ort, Personen, Beschreibung hinzufügen);
- Zeitungsartikel, Internetberichte und andere Medienberichte;
- Videos (Datum, Ort, Personen, Beschreibung hinzufügen);
- Zeugen (vollständiger Name und vollständige Anschrift).

84 Es kommt immer häufiger vor, dass Schutzsuchende bestimmte Beweise (Urkunden, Fotos, Videos) nur auf ihrem Handy/Tablet/Stick gespeichert haben oder per E-mail oder Messenger-Dienst dort erhalten haben. In den Anhörungen beim BAMF wird dies nur selten angesehen. Empfehlenswert ist daher, möglichst alle Beweise entweder vorher zu übersenden oder ausgedruckt zur Anhörung mitzunehmen. Bei Urkunden sollten die Originale übergeben werden. Die Entgegennahme der Originalurkunden muss im Protokoll vermerkt werden.

2. Anträge auf Sprachmittler*innen und Anhörungspersonen des gleichen Geschlechts und besonders geschulte Anhörungspersonen

85 Schutzsuchende haben gem. Art. 15 Abs. 3 lit. c Asylverfahrensrichtlinie einen Anspruch auf Sprachmittler*innen des gleichen Geschlechts, s. dazu auch Rn. 70. Die Anhörung soll zudem auf Antrag auch von einer **Anhörungsperson des gleichen Geschlechts** durchgeführt werden, Art. 15 Abs. 3 lit. b Asylverfahrensrichtlinie. Frauen und Mädchen, die sexualisierte Gewalt erlitten haben, haben außerdem das Recht, von einer besonders geschulten Anhörerin für geschlechtsspezifische Gewalt angehört zu werden. Dies gilt auch für Männer und Jungen, die über sexuelle Gewalterfahrungen berichten müssen. Besonders geschulte Anhörer*innen gibt es auch für Opfer von Folter.

86 Wenn die Schutzsuchenden dies wünschen, sollte rechtzeitig vor der Anhörung ein entsprechender Antrag beim BAMF gestellt werden. Manchmal stellt sich allerdings erst während der Anhörung heraus, dass eine geschlechtsspezifische Verfolgung geschildert werden soll. Kompetente und sensible Anhörer*innen fragen dann erneut, ob die Befragung mit einer speziell geschulten Anhörerin durchgeführt werden soll, und organisieren einen neuen Termin, wenn diese Frage bejaht wird.

3. Erkrankungen und Traumatisierungen

87 Wenn bereits vor der Anhörung bekannt ist, dass eine **schwerwiegende Erkrankung** besteht, sollte ein ausführliches, möglichst fachärztliches Attest eingeholt und vorab übersandt oder in der Anhörung überreicht werden.[102]

88 Insbesondere **traumatisierte Schutzsuchende** sind in der Anhörungssituation oft nicht in der Lage, die traumatisierenden Ereignisse vollständig und detailreich zu schildern. Hier kann versucht werden, vor der Anhörung eine ausführliche ärztliche Stellungnahme zu erhalten, die auch eine genaue Schilderung der Fluchtgründe und -umstände enthalten soll, über die die Schutzsuchenden im geschützten ärztlichen Umfeld leichter berichten konnten. Die Schilderung kann dann zur Grundlage der Anhörung

---

[102] Anforderungen an ärztliche Atteste im Asylverfahren ausführlich bei Henning J. Bahr unter http://fluechtlingsrat-bw.de/files/Dateien/Dokumente/INFOS%20-%20Sozialleistungen/2016-03%20Leitfaden-Aerztliche-Atteste-im-Migrationsrecht-Stand-03-2016.pdf.

gemacht werden, so dass die Schutzsuchenden nicht alle traumatisierenden Ereignisse nochmals oder im Detail schildern müssen.

4. Anmeldung und Wartezeiten

Zum Anhörungstermin sollte die **Ladung** und die **Aufenthaltsgestattung** (→ Rn. 37 f.) mitgenommen werden, damit eine ordnungsgemäße und schnelle Anmeldung gewährleistet ist. Die Anmeldung erfolgt in der Regel an einer Empfangstheke mit Sicherheitspersonal. Auch die Begleitpersonen (Rechtsanwält*innen, Beistände, Vormünder, Betreuer*innen) sollten sich dort anmelden und darauf dringen, dass der Beginn der Anhörung so bald wie möglich erfolgt. 89

Da das BAMF meistens mehrere Schutzsuchende auf einen Termin lädt und nicht immer alle Sprachmittler*innen und Anhörer*innen verfügbar sind, warten die Schutzsuchenden oft stundenlang, bevor ihnen mitgeteilt wird, dass sie vergeblich gewartet haben und sie einen anderen Anhörungstermin bekommen. In den Außenstellen des BAMF gibt es keinen Imbiss und meistens nicht einmal einen Getränkeautomaten. Die Schutzsuchenden sollten daher darauf hingewiesen werden, dass sie **Essen und Getränke und auch eine Beschäftigungsmöglichkeit** (Musik, Spiele, Bücher, deutsche Vokabelhefte) mitnehmen. Die **lange Wartezeit vor der Anhörung** kann sehr anstrengend und ermüdend sein (vor allem, wenn die Schutzsuchenden sehr früh aufgestanden sind, um rechtzeitig die BAMF-Außenstelle zu erreichen). Die Erfahrungen aus der Praxis zeigen, dass es besser sein kann, sich mit etwas ganz anderem abzulenken, als die eigene Fluchtgeschichte nochmals innerlich mehrmals zu reflektieren oder gar mit anderen zu diskutieren. 90

Kinder sollten, falls möglich, zuhause in der Unterkunft in anderer Betreuung bleiben. Wenn Eheleute angehört werden, werden diese in der Regel getrennt angehört, so dass sich ein Elternteil während der Anhörung des anderen um die Kinder kümmern kann. Allerdings ermöglicht der Wartebereich in den Außenstellen des BAMF keine entspannte Kinderbetreuung. Wenn möglich, kann auch eine andere Person für die Kinderbetreuung mitgenommen werden, die mit den Kindern im Wartebereich bleibt oder anderes mit ihnen unternimmt. Eine Konzentration auf die Anhörung im Beisein aktiver Kleinkinder ist schwierig. Ältere Kinder sollten nicht dabei sein, weil dies die Schilderung der Fluchtgründe erschweren und außerdem den Kindern schaden kann (z.B. wenn die Mutter über Prostitution oder Vergewaltigung berichten muss oder der Vater über seine schweren Erkrankungen). Nicht vermeiden lässt sich die Anhörung im Beisein von Säuglingen, die noch gestillt werden. Wenn ein Baby fortlaufend schreit und nicht zu beruhigen ist, sollte die Anhörung abgebrochen und an einem anderen Termin (mit einer Betreuungsperson) fortgesetzt werden, damit die Mutter ihre Fluchtgründe auch in ruhiger Atmosphäre und konzentriert schildern kann. 91

Da dem BAMF nicht immer alle Geburten zeitnah mitgeteilt werden, werden Ladungen auch für Anhörungstermine während der **gesetzlichen Mutterschutzzeiten** ver- 92 sandt. Die Mütter haben dann das Recht, eine Verlegung des Anhörungstermins auf einen Zeitpunkt nach der gesetzlichen Mutterschutzzeit[103] zu verlangen.

III. Begleitung zur Anhörung

93 Die Anhörung ist nicht öffentlich, § 25 Abs. 6 S. 1 AsylG. Personen, die sich als Vertreter des Bundes, eines Landes oder des Hohen Flüchtlingskommissars der Vereinten Nationen ausweisen, können daran teilnehmen, § 25 Abs. 6 S. 2 AsylG. Anderen Personen kann der Leiter des Bundesamtes oder die von ihm beauftragte Person die Anwesenheit gestatten, § 25 Abs. 6 S. 3 AsylG.

94 Rechtsanwält*innen, Vormünder und gerichtlich bestellte Betreuer*innen dürfen an der Anhörung teilnehmen.

95 Auf Wunsch der Schutzsuchenden kann auch eine **Vertrauensperson** mitgebracht werden. Die Begleitung sollte vorher rechtzeitig schriftlich angekündigt werden, am besten mit einer schriftlichen Vollmacht der Schutzsuchenden. Helfer*innen berichten leider immer wieder, dass sie zur Anhörung nicht zugelassen wurden, weil der Leiter der Außenstelle dies nicht gestattet habe. Empfehlenswert ist daher eine Bevollmächtigung als **Beistand gem. § 14 Abs. 4 VwVfG**. Die Vorschrift bestimmt, dass Verfahrensbeteiligte zu Verhandlungen und Besprechungen mit einem Beistand erscheinen können. Diese Vorschrift gilt auch für die Anhörung beim BAMF.[104]

96 ▶ **Vollmacht für Beistand (unverbindliches Muster)**
Name: ■■■
Adresse: ■■■
BAMF Az.: ■■■
Hiermit bevollmächtige ich Frau/Herrn ■■■ (Name des Beistandes)
geboren am: ■■■
Adresse, Telefon: ■■■
mit meiner Vertretung im Asylverfahren als Beistand gem. § 14 Verwaltungsverfahrensgesetz, § 25 Abs. 6 Asylgesetz. Die Bevollmächtigung bezieht sich auf alle Verfahrenshandlungen.
Mein Beistand ist insbesondere dazu bevollmächtigt,
 mich zur Anhörung zu begleiten und alle Verfahrenshandlungen dort vorzunehmen, einschließlich Frage- und Auskunftsrechte;
 Auskünfte zum Stand des Verfahrens einzuholen;
 nicht geeignete Sprachmittler*innen abzulehnen;
 eine besonders geschulte Anhörungsperson zu beantragen;
 Anhörer*innen/Sprachmittler*innen des gleichen Geschlechts zu beantragen;
 Dokumente, Atteste, Urkunden für mich einzureichen oder zu übersenden;

---

103 § 3 Abs. 2 Mutterschutzgesetz: sechs Wochen vor der Entbindung, § 6 Mutterschutzgesetz: acht Wochen nach der Entbindung, bei Früh- und Mehrlingsgeburten: zwölf Wochen nach der Entbindung.
104 Vgl. Dienstanweisung BAMF zur Anhörung (Stand 1/16): „Werden Antragsteller/-innen von einem Beistand (§ 14 VwVfG) zur Anhörung begleitet, so ist diese Person nur dann zuzulassen, wenn die Antragsteller/-innen eine entsprechende Erklärung zu Protokoll geben und der Beistand sich bei Erscheinen ausweisen kann". DA Asyl v. 18.1.2016 Anhörung Nr. 7 „Gäste", dav-migrationsrecht.de/allgemeine-infos/Asylrecht; Rapp „Nicht ohne meinen Ehrenamtlichen. Die Begleitung Asylsuchender zur Anhörung, Rescriptum 2016, S. 15 ff.; Flüchtlingsrat Niedersachsen unter www.nds-fluerat.org/21140/aktuelles/bmi-bestaetigt-beistaende-im-asylverfahren-haben-anwesenheits-und-fragerecht/.

Dienstaufsichtsbeschwerden einzulegen.

Ort, Datum: ■■■ Unterschrift: ■■■

Eine Kopie der Aufenthaltsgestattung der Schutzsuchenden und eine Kopie des Personalausweises des Beistandes sind beifügen. ◀

Die Begleitung durch den Beistand kann mit der entsprechenden Vollmacht vor der Anhörung schriftlich beim BAMF angekündigt werden. Die Vollmacht und das Ankündigungsschreiben sollten zur Anhörung mitgebracht werden, für den Fall, dass sie vorher nicht rechtzeitig zur Akte gelangt sind. 97

Beistände kann das BAMF nicht so einfach abweisen wie einfache ehrenamtliche Helfer*innen ohne Vollmacht. Eine besondere Gestattung durch den Leiter des BAMF benötigt der Beistand nicht. Wenn dennoch Probleme auftreten, liegt es an den Beiständen, sich durchzusetzen. Sie können verlangen, die zuständige Anhörungsperson, die Referatsleitung, die Leitung der Außenstelle, die Dienstaufsicht zu sprechen. Sie können mit einer Dienstaufsichtsbeschwerde drohen und diese einlegen. Sie können damit drohen, dass die Anhörung nicht stattfindet, wenn ihre Anwesenheit nicht gestattet wird. Sie können verlangen, dass alle Maßnahmen protokolliert werden. Falls bereits eine anwaltliche Vertretung beauftragt wurde, kann die Kanzlei angerufen und um Unterstützung gebeten werden. 98

Mit den begleiteten Schutzsuchenden sollten diese Schritte vorher genau besprochen werden. Viele haben sonst nicht den Mut, für ihre Rechte einzustehen, weil sie befürchten, dies könne ihnen in der Anhörung und im weiteren Verfahren schaden. 99

Bei einer Begleitung zur Anhörung ist es allerdings wichtig, den Beistand und die Schutzsuchenden darauf hinzuweisen, dass der Beistand nicht anstelle der Schutzsuchenden sprechen darf. Diese müssen ihre Erlebnisse persönlich schildern. Der Beistand kann (in Abstimmung mit der Anhörungsperson) aber ergänzende und erinnernde Fragen stellen und auf eine richtige und vollständige Protokollierung hinwirken. 100

IV. Ablauf der Anhörung

Die Anhörung beginnt in der Regel mit einigen Informationen zum Ablauf, insbesondere mit der **Belehrung**, dass alle Tatsachen in der Anhörung vorgetragen werden müssen und dass ein späteres Vorbringen unberücksichtigt bleiben kann, wenn sich die Entscheidung des BAMF deshalb verzögern würde, § 25 Abs. 3 AsylG. 101

Danach werden die **persönlichen Daten** abgefragt und mit den bereits bei der Registrierung festgestellten Personalien abgeglichen. 102

Die Schutzsuchenden werden gefragt, ob die **Verständigung mit den Sprachmittler*innen** gut funktioniert. 103

104 Die weiteren Fragen werden in der Regel nach einem **Fragenkatalog** gestellt, der nicht verbindlich ist, aber meistens abgearbeitet wird:

▶ **Die 25 Fragen einer Anhörung**
1. Sprechen Sie neben der/den angegebenen Sprache(n) noch weitere Dialekte?
2. Besitzen oder besaßen Sie noch weitere Staatsangehörigkeiten?
3. Gehören Sie zu einem bestimmten Stamm/einer bestimmten Volksgruppe?
4. Können Sie mir Personalpapiere wie z.B. einen Pass, Passersatz oder Personalausweis vorlegen?
5. Haben Sie in Ihrem Heimatland Personalpapiere wie z.B. einen Pass, Passersatz oder einen Personalausweis besessen?
6. Aus welchen Gründen können Sie keine Personalpapiere vorlegen?
7. Können Sie mir sonstige Dokumente (z.B. Zeugnisse, Geburtsurkunde, Wehrpass, Führerschein) über Ihre Person vorlegen?
8. Haben oder hatten Sie ein Aufenthaltsdokument/Visum für die Bundesrepublik Deutschland oder ein anderes Land?
9. Nennen Sie mir bitte Ihre letzte offizielle Anschrift im Heimatland.
Haben Sie sich dort bis zur Ausreise aufgehalten? Wenn nein, wo?
10. Nennen Sie bitte Familiennamen, ggf. Geburtsnamen, Vornamen, Geburtsdatum und -ort Ihres Ehepartners sowie Datum und Ort der Eheschließung.
11. Wie lautet dessen Anschrift (falls er sich nicht mehr im Heimatland aufhält, bitte die letzte Adresse dort und die aktuelle angeben)?
12. Haben Sie Kinder (bitte alle, auch volljährige mit Familiennamen, Vornamen, Geburtsdatum und -ort angeben)?
13. Wie lauten deren Anschriften (falls sich Kinder nicht mehr im Heimatland aufhalten, bitte die letzte Adresse dort und die aktuelle angeben)?
14. Nennen Sie mir bitte Namen, Vornamen und Anschrift Ihrer Eltern.
15. Haben Sie Geschwister, Großeltern, Onkel oder Tante(n), die außerhalb Ihres Heimatlandes leben?
16. Wie lauten die Personalien Ihres Großvaters väterlicherseits?
17. Welche Schule(n)/Universität(en) haben Sie besucht?
18. Welchen Beruf haben Sie erlernt? Bei welchem Arbeitgeber haben Sie zuletzt gearbeitet? Hatten Sie ein eigenes Geschäft?
19. Haben Sie Wehrdienst geleistet?
20. Waren Sie schon früher einmal in der Bundesrepublik Deutschland?
21. Haben Sie bereits in einem anderen Staat Asyl oder die Anerkennung als Flüchtling beantragt oder zuerkannt bekommen?
22. Wurde für einen Familienangehörigen in einem anderen Staat der Flüchtlingsstatus beantragt oder zuerkannt und hat dieser dort seinen legalen Wohnsitz?
23. Haben Sie Einwände dagegen, dass Ihr Asylantrag in diesem Staat geprüft wird?
24. Bitte schildern Sie mir, wie und wann Sie nach Deutschland gekommen sind. Geben Sie dabei an, wann und auf welche Weise Sie Ihr Herkunftsland verlassen haben, über welche anderen Länder Sie gereist sind und wie die Einreise nach Deutschland erfolgte.
25. Dem Antragsteller wird nun erklärt, dass er zu seinem Verfolgungsschicksal und den Gründen für seinen Asylantrag angehört wird. Er wird aufgefordert, die Tatsachen vorzutragen, die seine Furcht vor Verfolgung begründen. Welches sind die Gründe dafür, dass Sie ■■■ (Heimatland) verlassen haben? Was befürchten Sie, wenn Sie in ihr Heimatland zurückkehren müssten? Haben Sie dort Hilfe gesucht oder in Anspruch genommen (bei Behörden, Polizei, Nichtregierungsorganisationen)? Haben Sie Hilfe erhalten? Wenn nein, warum nicht? Gibt es eine andere sichere Region im Herkunftsland? Warum sind sie nicht dorthin gegangen? ◀

105 Erst die letzte Frage Nr. 25 ist also die wichtigste Frage nach den Fluchtgründen. Bis es dazu kommt, sind mit den vorherigen 24 Fragen unter Umständen schon 1 bis 2 Stunden der Anhörung vergangen. Wenn die Schutzsuchenden eine Pause machen

möchten, ist der Zeitpunkt nach der Reisewegsbefragung und vor den Fluchtgründen gut geeignet, damit sie sich danach besser auf die wichtigen Fragen konzentrieren können.

V. Schilderung der persönlichen Fluchtgründe

Die Entscheidung des BAMF hängt in der Regel fast ausschließlich von der **Glaubwürdigkeit** der Angaben in der Anhörung ab. Es ist sehr schwirig, die Angaben nach der Anhörung noch zu ergänzen oder zu korrigieren. Die Anhörung ist also die einzige Möglichkeit, das BAMF von der Schutzbedürftigkeit zu überzeugen. Die Schutzsuchenden sind selbst meistens das einzige Beweismittel, sie sind „Zeugen in eigener Sache".[105]

Die Schutzsuchenden sollten daher auf Folgendes hingewiesen werden:

- Die anhörende Person war nicht dabei. Die Erlebnisse sollten ihr so **detailliert und anschaulich** berichtet werden, dass sie am Ende der Anhörung das Gefühl hat, sie wäre dabei gewesen.
- Die Angaben müssen **vollständig** sein, das bedeutet, dass auch unangenehme, peinliche oder schockierende Erlebnisse, auch Gewalt oder Folter und sexuelle Übergriffe geschildert werden müssen.
- Die Angaben müssen **wahrheitsgemäß** sein, es darf keine Übertreibungen geben. Besondere Genauigkeit ist bei Datums- und Zeitangaben und zeitlichen Abläufen gefragt. Die Schutzsuchenden sollen sich aber auch nichts ausdenken, d.h. wenn sie sich insbesondere bei einer Zeitangabe nicht sicher sind bzw. sich nicht oder nicht genau erinnern können, kann dies angegeben werden. Als Zeitangabe reicht, wenn man ein genaues Datum nicht weiß, auch eine ungefähre Angabe aus (also z.B. im Sommer 2014). Eine sorgfältige Schätzung ist besser als eine falsche Angabe!
- Den Schutzsuchenden sollte zunächst die Gelegenheit gegeben werden, ihre Geschichte **vollständig und ohne Unterbrechungen** zu erzählen, damit sie alles im Zusammenhang darstellen können. Erst danach sollten Nachfragen der Anhörungsperson erfolgen.
- Die Schutzsuchenden sollen sich Zeit nehmen und sich **nicht zur Eile drängen lassen.**
- Unter den Schutzsuchenden kursiert eine Vielzahl von **Geschichten**, welche Angaben angeblich am nützlichsten sind. Diese Geschichten sind beim BAMF alle leidlich bekannt (z.B. Afghanistan: außerehelicher Sex mit der Cousine, Nigeria: Verfolgung als Erbe eines Oberhaupts einer religiösen Geheimgesellschaft) und oft wenig glaubhaft. Eine nicht erlebte Geschichte wird in der Regel ohne Details und wenig glaubwürdig erzählt. Die Schutzsuchenden sind unbedingt davor zu warnen, diese Geschichten zu übernehmen und zu erzählen.
- In Bezug auf die **Sprachmittler*innen** ist darauf hinzuweisen, dass diese lediglich übersetzen sollen. Ratschläge der Sprachmittler*innen (die diese gar nicht erteilen dürfen) sollen nicht beachtet werden. Die Schutzsuchenden sollen jeweils immer

---

105 *Marx*, Aufenthalts-, Asyl- und Flüchtlingsrecht, AsylG § 9 Rn. 91.

nur wenige Sätze (etwa zwei bis drei) sprechen und dann eine Pause machen, damit die Sprachmittler*innen nichts vergessen und alles vollständig übersetzen.
- Die Angaben werden übersetzt und sollen auch rückübersetzt werden. Ob die Rückübersetzung abschnittsweise oder am Ende erfolgt, entscheidet in der Regel die anhörende Person. Die Schutzsuchenden können aber auch um eine bestimmte Form der Rückübersetzung bitten.
- Auf die **Rückübersetzung** darf nicht verzichtet werden. Sie ist für die Schutzsuchenden die einzige Kontrollmöglichkeit um festzustellen, ob ihre Angaben richtig protokolliert wurden. Bei der Rückübersetzung sollte man sich daher noch einmal besonders gut konzentrieren.
- **Die anhörende Person ist meist nicht die entscheidende Person**, d.h. in der Regel entscheidet an einem anderen Ort eine andere Person ohne persönlichen Eindruck über den Antrag nur auf Grundlage des Protokolls bzw. der Aktenlage.
- Bei **Widersprüchen** in der Sachverhaltsschilderung muss die Anhörungsperson versuchen, diese durch Nachfragen aufzuklären. Verstößt das BAMF gegen diese **Vorhaltepflicht**, dürfen die Unstimmigkeiten im Vortrag bei der Entscheidung nicht zulasten der Schutzsuchenden gehen.

VI. Protokoll

108 Über die Anhörung muss eine **Niederschrift** gefertigt werden, die die wesentlichen Angaben enthält, § 25 Abs. 7 S. 1 AsylG. Den Schutzsuchenden ist eine Abschrift auszuhändigen oder mit der Entscheidung zuzustellen, § 25 Abs. 7 S. 2 AsylG. Die letzte Regelung steht allerdings nicht in Einklang mit Art. 17 Abs. 3 Asylverfahrensrichtlinie: Danach soll sichergestellt werden, dass die Schutzsuchenden auch nach Abschluss der persönlichen Anhörung noch Gelegenheit erhalten, sich mündlich und/oder schriftlich zu Übersetzungsfehlern oder missverständlichen Formulierungen in der Niederschrift zu äußern und/oder diese zu klären.

- Alle Angaben müssen **vollständig und richtig** im Protokoll stehen. Es wird aber **kein Wortprotokoll** geführt, d.h. die Angaben werden sinngemäß erfasst und meistens direkt in den PC diktiert bzw. getippt (eine digitale Aufzeichnung oder eine Handmitschrift der anhörenden Person muss nicht erstellt und nicht aufbewahrt werden).
- Die Umstände der Anhörung sollen mit aufgenommen werden, z.B. Pausen und auch die **nonverbale Kommunikation** (z.B. Tränen, Zittern usw.).
- Am Schluss der Anhörung werden die Schutzsuchenden aufgefordert, mit ihrer **Unterschrift** auf einem besonderen Anhörungsbogen zu bestätigen, dass die Niederschrift korrekt ist und die Verständigung mit dem Dolmetscher gut funktioniert hat. Bei Problemen mit der Verständigung oder wenn der Eindruck bestehen bleibt, dass das Protokoll nicht vollständig oder fehlerhaft ist, sollte diese Unterschrift nicht geleistet werden. Allerdings wird dann gelegentlich Druck zur Unterzeichnung auf die Schutzsuchenden ausgeübt. Dem gilt es Stand zu halten. Einwände müssen zu Protokoll genommen werden.

- Bei berechtigten Anliegen ist es allerdings immer besser, mit der anhörenden Person zu streiten, als eine unzureichende Übersetzung bzw. ein unzureichendes Protokoll zu akzeptieren.

VII. Nach der Anhörung

Wenn das Protokoll nicht gleich ausgehändigt wird, sondern erst später übersandt wird, sollte das BAMF nach angemessener Zeit an die Übersendung erinnert werden. 109

Das Protokoll wird nur in deutscher Sprache ausgehändigt bzw. übersandt. Eine Übersetzung wird nicht beigefügt. Die Schutzsuchenden sollten sich daher nach Erhalt des Protokolls alles übersetzen lassen und wichtige Änderungen, Korrekturen, Ergänzungen dem BAMF so bald wie möglich mitteilen. 110

In der Anhörung fordert das BAMF manchmal noch Unterlagen an (z.B. ärztliche Atteste). Diese sollten zeitnah bzw. innerhalb der gesetzten Frist übersandt werden. 111

Der Bescheid wird manchmal in wenigen Tagen oder Wochen nach der Anhörung zugestellt, manchmal auch erst nach vielen Monaten. Den Schutzsuchenden ist zu erklären, dass dies mit ihren Anerkennungschancen in der Regel nichts zu tun hat, sondern allein auf die Arbeitssituation beim BAMF zurückzuführen ist.

Manchmal führt das BAMF aber auch nach der Anhörung noch weitere Ermittlungen (z.B. Sprachanalysen, Einholung von Auskünften) durch. 112

H. Nichtbetreiben des Verfahrens

I. Vermutung des Nichtbetreibens

Der Asylantrag gilt als zurückgenommen, wenn das Verfahren nicht betrieben wird, § 33 Abs. 1 AsylG. Ein Nichtbetreiben des Verfahrens wird nach der gesetzlichen Regelung vermutet, wenn die Schutzsuchenden 113

- einer Aufforderung zur Vorlage von für den Antrag wesentlichen Informationen gem. § 15 AsylG (allgemeine **Mitwirkungspflichten**)[106] oder einer Aufforderung zur **Anhörung** gem. § 25 AsylG nicht nachgekommen sind, § 33 Abs. 2 S. 1 Nr. 1 AsylG,
- **untergetaucht** sind, § 33 Abs. 2 S. 1 Nr. 2 AsylG, oder
- gegen die **räumliche Beschränkung der Aufenthaltsgestattung** gem. § 56 AsylG[107] verstoßen haben, der sie wegen einer Wohnverpflichtung gem. § 30 a Abs. 3 AsylG unterliegen (Beschränkung auf Bezirk der zuständigen Ausländerbehörde im beschleunigten Verfahren), § 33 Abs. 2 S. 1 Nr. 3 AsylG.

II. Widerlegung der Vermutung

Diese Vermutung kann gem. § 33 Abs. 1 S. 2 AsylG widerlegt werden, wenn die Schutzsuchenden unverzüglich, also ohne schuldhaftes Zögern, nachweisen, dass das Versäumnis nach Nr. 1 bzw. die in Nr. 2 und 3 genannten Handlungen auf Umstände 114

---

106 S. Rn. 40 f.
107 S. Kap. 5 Rn. 9 f.

zurückzuführen sind, auf die sie keinen Einfluss hatten. Wenn der Nachweis geführt wird, ist das Verfahren fortzusetzen, § 33 Abs. 2 S. 3 AsylG.

115 Wenn eine Aufforderung zur Vorlage von Dokumenten oder anderen Unterlagen erfolgt ist und diese nicht oder nicht innerhalb der gesetzten Frist beigebracht werden können, muss innerhalb der Frist erklärt werden, was genau zur Beschaffung unternommen wurde und warum dies nicht gelungen ist.

116 Wenn der Anhörungstermin wegen einer Erkrankung versäumt wurde, muss unverzüglich ein ärztliches Attest über die Reise- bzw. Vernehmungsunfähigkeit vorgelegt werden.

117 Wenn der Anhörungstermin versäumt wurde, weil die Ladung zu spät zugestellt wurde bzw. eine rechtzeitige Anreise praktisch nicht möglich war, ist dies dem BAMF ebenfalls sofort nach Erhalt der Ladung unter Mitteilung des Empfangszeitpunktes mitzuteilen.

118 Wenn die Schutzsuchenden nicht mehr in einer Aufnahmeeinrichtung wohnten, kann von einer persönlichen Anhörung abgesehen werden, wenn der Ladung zur Anhörung ohne genügende Entschuldigung nicht Folge geleistet wurde, § 25 Abs. 5 S. 1 AsylG. In diesen Fällen muss aber Gelegenheit zur **schriftlichen Stellungnahme** innerhalb eines Monats gegeben werden, § 25 Abs. 5 S. 2 AsylG. Wenn keine Äußerung erfolgt, kann das BAMF nach Aktenlage entscheiden, § 25 Abs. 5 S. 3 AsylG.

III. Belehrung über die Rechtsfolgen

119 § 33 Abs. 4 AsylG sieht vor, dass die Schutzsuchenden auf die nach den Abs. 1–3 eintretenden Rechtsfolgen schriftlich und gegen Empfangsbekenntnis hinzuweisen sind, und zwar in einer Sprache, von der vernünftigerweise angenommen werden kann, dass sie sie verstehen, Art. 12 Abs. 1 lit. a Asylverfahrensrichtlinie.

IV. Entscheidung über die Einstellung

120 Wenn von einem Nichtbetreiben des Verfahrens und damit einer Antragsrücknahme ausgegangen wird, stellt das BAMF das Asylverfahren gem. § 33 Abs. 5 S. 1 AsylG ein.

121 Die **Entscheidungsformel** des Bescheides lautet dann:
▶ Der Asylantrag gilt als zurückgenommen. Das Asylverfahren ist eingestellt. ◀

122 Gegen diesen Bescheid kann binnen zwei Wochen **Klage** erhoben werden, § 74 Abs. 1 AsylG. Die Klage hat keine aufschiebende Wirkung. Eine Frist für den Eilantrag gem. § 80 Abs. 5 VwGO ist nicht gesetzlich geregelt.[108]

123 In der Rechtsprechung der Verwaltungsgerichte ist umstritten, ob für die Klage ein **Rechtsschutzbedürfnis** besteht. Einige sind der Auffassung, dass mit dem gem. § 33 Abs. 5 S. 2 AsylG möglichen Wiederaufnahmeantrag eine einfachere und effektivere

---

108 VG Köln 19.5.2016 – 3 L 1060/16.A.

Möglichkeit des Rechtsschutzes bestehe.[109] Nach der aktuellen Rechtsprechung des Bundesverfassungsgerichts kann ein Interesse an gerichtlichem Rechtsschutz aber nicht verneint werden.[110]

V. Wiederaufnahme des Verfahrens

Wenn das Verfahren eingestellt wurde, kann gem. § 33 Abs. 5 S. 2 AsylG ein **Wiederaufnahmeantrag** gestellt werden. Der Antrag muss **persönlich** bei der Außenstelle des BAMF gestellt werden, die der Aufnahmeeinrichtung zugeordnet ist, in der die Schutzsuchenden bei Stellung des Antrags gewohnt haben, § 33 Abs. 5 S. 3 AsylG. Das BAMF nimmt dann die Prüfung in dem Verfahrensabschnitt wieder auf, in dem sie eingestellt wurde, § 33 Abs. 5 S. 5 AsylG.

124

Wenn der Wiederaufnahmeantrag später als neun Monate nach der Einstellungsentscheidung gestellt wird oder wenn das Verfahren bereits einmal wieder aufgenommen wurde, wird der neue Antrag als Folgeantrag behandelt, § 33 Abs. 5 S. 6 AsylG.

125

Die Erfahrungen aus der Praxis zeigen, dass die Stellung der Wiederaufnahmeanträge oft sehr schwierig ist: In den Außenstellen des BAMF werden die Schutzsuchenden oft abgewiesen und die Wiederaufnahmeanträge werden nicht registriert. Entweder ist dort die Regelung über die Zuständigkeit nicht bekannt – die Schutzsuchenden werden dann zwischen mehreren Außenstellen hin- und hergeschickt – oder die gesetzlichen Regelungen über die Wiederaufnahmeanträge sind insgesamt nicht bekannt. Die Stellung eines Wiederaufnahmeantrages ist daher meist erst nach mehrmaligen Versuchen möglich.

126

▶ Praxistipp:
Die Schutzsuchenden sollten mit dem Bescheid und einem schriftlich formulierten Wiederaufnahmegrund bei der zuständigen Außenstelle des BAMF vorsprechen. Wenn der Antrag nicht entgegengenommen wird, kann eine Dienstaufsichtsbeschwerde eingelegt werden und die Mitteilung eines Termins zur Stellung des Antrages verlangt werden. ◀

I. Überlange Verfahrensdauer, Untätigkeitsklage

Das AsylG enthält zwar Regelungen über das Nichtbetreiben des Verfahrens durch die Schutzsuchenden aber keine Regelungen zum Nichtbetreiben des Verfahrens durch das BAMF, insbesondere keine Regelung über die genaue Dauer eines Asylverfahrens. Gem. § 24 Abs. 4 AsylG ist das BAMF lediglich verpflichtet, den Schutzsuchenden auf Antrag mitzuteilen, bis wann voraussichtlich eine Entscheidung über ihren Antrag ergeht, wenn die Entscheidung nicht innerhalb von sechs Monaten nach Antragstellung erfolgt ist.

127

Schutzsuchende können daher sechs Monate nach Antragstellung eine entsprechende Mitteilung beantragen. Das BAMF beantwortet diese Anfragen allerdings meistens nicht. Falls eine Antwort erfolgt, besteht sie in der Regel aus einem immer wieder

128

---

109 Gegen ein Rechtsschutzbedürfnis etwa: VG Ansbach 29.4.2016 – AN 4 S 16.30410; VG Regensburg 18.4.2016 – RO 9 S 16.30620; VG München 24.6.2016 – M 16.S 16.31364; andere sehen ein Rechtsschutzbedürfnis: VG Berlin 19.8.2016 – 6 L 417.16.A; VG Oldenburg 27.7.2016 – 5 A 2875/16; VG Köln 12.7.2016 – 3 L 1544/16.A.
110 BVerfG 20.7.2016 – 2 BvR 1385/16.

verwendeten Textbaustein, der erklärt, dass man aufgrund der gestiegenen Antragszahlen und der Arbeitsüberlastung keine Angaben zum voraussichtlichen Entscheidungszeitpunkt machen könne.

129 Wenn das BAMF auf den Antrag gem. § 24 Abs. 4 AsylG nicht reagiert oder keine genauen Angaben macht, kann gem. § 75 VwGO eine Untätigkeitsklage erhoben werden, wenn über einen Antrag nicht binnen drei Monaten entschieden wurde und kein zureichender Grund für die Untätigkeit der Behörde vorliegt. Die meisten Verwaltungsgerichte gehen davon aus, dass aufgrund der enorm gestiegenen Asylantragszahlen und der Arbeitsüberlastung beim BAMF ein zureichender Grund für eine länger als 3 Monate dauernde Untätigkeit vorliegt. Die Ansichten der Verwaltungsgerichte, wie lange das Verfahren dauern darf, sind sehr unterschiedlich.[111]

130 Die Asylverfahrensrichtlinie beinhaltet in Art. 31 Abs. 3–6 genaue Zeitvorgaben für das Prüfungsverfahren: Das Verfahren muss grundsätzlich in sechs Monaten abgeschlossen werden. Das Verfahren kann um neun Monate verlängert werden, z.B. wenn eine große Zahl an Asylanträgen gestellt wird. Ausnahmsweise kann eine weitere Verlängerung um drei Monate erfolgen, wenn dies für eine angemessene und vollständige Prüfung erforderlich ist. Jedenfalls muss das Prüfungsverfahren innerhalb von 21 Monaten abgeschlossen sein.

131 Diese Asylverfahrensrichtlinie wurde noch nicht in nationales Recht umgesetzt, die Umsetzungsfrist für die meisten Vorschriften ist am 20.7.2015 abgelaufen.[112] Der maßgebliche Art. 31 Abs. 3–5 ist jedoch erst bis zum 20.7.2018 umzusetzen, Art. 52 Asylverfahrensrichtlinie. Ein Teil der Verwaltungsgerichte orientiert sich aber bereits jetzt an den Vorgaben der Richtlinie.

132 Sehr uneinheitlich ist die Rechtsprechung auch bei der Frage, ob eine **Bescheidungsklage** zulässig ist (Klageantrag nur auf Fortführung des Asylverfahrens und Bescheidung des Antrags) oder ob das Gericht gem. § 44a VwGO die Sache **spruchreif machen und „durchentscheiden"** muss (Klageantrag dann unmittelbar auf Zuerkennung eines Schutzstatus). Die meisten Verwaltungsgerichte halten eine Bescheidungsklage für zulässig,[113] weil die besondere Ausgestaltung des Asylverfahrens dagegen spricht, dass das Verwaltungsgericht die Sache durch eigene Ermittlungen spruchreif macht, solange noch keine Verwaltungsentscheidung ergangen ist. Ein „Durchentscheiden" wäre auch mit Art. 12 Abs. 1 und 14 Abs. 1 Asylverfahrensrichtlinie nicht vereinbar, die eine persönliche Anhörung der Schutzsuchenden bei einer Behörde fordern. Aus unionsrechtlichen Gründen sei jedenfalls im Anwendungsbereich der Asylverfahrensrichtlinie eine Bescheidungsklage zulässig. § 44a VwGO stehe dem wegen des Vorrangs der unionsrechtlichen Regelungen nicht entgegen.[114]

---

111 Etwa: VG Berlin 30.9.2015 – 34 K 358.14.A (18 Monate), VG Osnabrück 14.10.2015 – 5 A 390/15 (sechs Monate); VG Dresden 13.2.2015 – 2 K 3657/14 (drei Monate).
112 S. Kap. 1 Rn. 11.
113 Beispielsweise: VG Düsseldorf 30.10.2014 – 24 K 992/14.A; VG Ansbach 28.1.2014 – AN 1 K 13.31136, a.A. jedenfalls ausnahmsweise bei einfach gelagerten Fällen: VG Regensburg 7.5.2015 – RO 3 K 15.30616 (im Fall eines Jesiden aus dem Irak); gegen die Bescheidungsklagen: BayVGH 7.7.2016 – 20 ZB 16.30003; ausführliche Übersicht über die unterschiedliche Rechtsprechung bei VG Leipzig 3.2.2016 – 5 K 1755/15.A.
114 VG München 8.2.2016 – M 24 K 15.31419.

Vor Erhebung einer Untätigkeitsklage zur Beschleunigung eines Asylverfahrens soll- 133
ten die Erfolgsaussichten des Schutzbegehrens sorgfältig geprüft werden. Es ist nicht
sinnvoll, Schutzsuchenden zu einer Beschleunigung ihres Verfahrens zu raten, wenn
sie dann schneller einen negativen Bescheid erhalten.

J. Asylfolgeverfahren
I. Wiederaufgreifensgründe

Ein Asylfolgeantrag kann nach dem Abschluss des ersten Verfahrens gestellt werden, 134
wenn der zuvor gestellte Asylantrag unanfechtbar abgelehnt wurde.

Ein weiteres Verfahren ist allerdings nur durchzuführen, wenn die Voraussetzungen 135
des § 51 Abs. 1–3 VwVfG vorliegen, § 71 AsylG. Das Verfahren ist dabei mehrstufig
durchzuführen: Das BAMF prüft zunächst, ob Wiederaufgreifensgründe gem. § 51
VwVfG vorliegen, ob die neuen Gründe nicht unverschuldet früher hätten vorgetragen werden müssen und ob der Antrag fristgemäß gestellt wurde. Nur wenn diese
Voraussetzungen vorliegen, wird der Antrag inhaltlich in Bezug auf das Schutzbegehren geprüft.

Ein weiterer Asylantrag ist nur zulässig, wenn **Wiederaufgreifensgründe** gemäß § 51 136
VwVfG gegeben sind.

Diese liegen vor, wenn sich die **Sach- und Rechtslage nachträglich zugunsten des Be-** 137
troffenen geändert hat, § 51 Abs. 1 Nr. 1 VwVfG, also beispielsweise, wenn sich die
Sicherheitslage im Herkunftsland seit der ersten Entscheidung drastisch verschlechtert hat. Ein weiteres Beispiel für eine Änderung der persönlichen Situation kann die
Konversion zum Christentum sein, eine exilpolitische Tätigkeit oder eine nach Abschluss des Asylverfahrens auftretende schwere Erkrankung. Eine Änderung der
Sachlage liegt auch vor, wenn die Schutzsuchenden zunächst abgelehnt wurden, ein
Angehöriger der Kernfamilie aber später anerkannt wurde und dann ein Anspruch
auf Gewährung des Familienasyls gem. § 26 AsylG besteht.[115]

Außerdem kommt ein Folgeantrag in Betracht, wenn **neue Beweismittel** vorliegen, die 138
eine dem Betroffenen günstigere Entscheidung herbeiführen könnten, § 51 Abs. 1
Nr. 2 VwVfG. Dies ist etwa der Fall, wenn eine lebensbedrohliche Krankheit erst
nach der negativen Entscheidung durch das BAMF auftritt bzw. nachgewiesen werden kann oder wenn beweiskräftige Urkunden oder Dokumente aus dem Heimatland
noch beschafft werden können.

Außerdem können Wiederaufnahmegründe entsprechend § 580 ZPO vorliegen. 139

II. Verfahren

Der **Antrag** ist von den Schutzsuchenden grundsätzlich **persönlich** beim BAMF zu 140
stellen. Wenn lediglich medizinische Gründe vorgebracht werden sollen, genügt ein
schriftlicher Antrag und die Übersendung der Atteste an die Zentrale des BAMF in
Nürnberg, § 71 Abs. 2 AsylG.

---

115 Zum Familienasyl s. Kap. 6 Rn. 49 ff.

141 Der Antrag ist gem. § 51 Abs. 2 VwVfG nur zulässig, wenn der Wiederaufgreifensgrund **ohne grobes Verschulden** nicht im früheren Verfahren geltend gemacht werden konnte, § 51 Abs. 2 VwVfG.

142 § 71 Abs. 1 S. 1 AsylG verweist auch auf § 51 Abs. 3 S. 1 VwVfG, danach ist ein Antrag innerhalb von **drei Monaten ab der Kenntnis der neuen Gründe** zu stellen. Die Asylverfahrensrichtlinie,[116] welche den Folgeantrag in Art. 40 regelt, sieht hingegen keine Frist vor. Wann ein Folgeantrag gestellt werden muss, ist daher in jedem Einzelfall abzuwägen. Gerade Atteste sollten jedoch zeitnah vorgelegt werden.

143 Ein Asylfolgeverfahren muss gut vorbereitet werden, da das BAMF hohe Anforderungen stellt, um zu einer neuen Entscheidung zu kommen. Die antragstellende Person ist im Verfahren beweispflichtig, § 71 Abs. 3 S. 1 AsylG. Ein Antrag unmittelbar im Anschluss an das erste Verfahren ist daher wenig Erfolg versprechend.

144 Während des Verfahrens des BAMF über die Einleitung eines Folgeverfahrens sind die Schutzsuchenden weiterhin nur geduldet, die vollziehbare Ausreisepflicht besteht fort. Eine Abschiebung darf allerdings erst nach einer Mitteilung des BAMF vollzogen werden, dass die Voraussetzungen des § 51 Abs. 1–3 VwVfG nicht vorliegen.

K. Zweitantrag

145 Wenn die Schutzsuchenden ein **Asylverfahren in einem anderen Mitgliedstaat** oder sicheren Drittstaat bereits **erfolglos abgeschlossen** haben und in Deutschland einen weiteren Antrag stellen, für dessen Bearbeitung **Deutschland zuständig** ist, wird ein weiteres Asylverfahren nur durchgeführt, wenn die Voraussetzungen des § 51 Abs. 1–3 VwVfG (wie im Folgeverfahren) vorliegen, § 71 a Abs. 1 AsylG. Ein Zweitantrag kann also als unzulässig abgelehnt werden, wenn keine Wiederaufgreifensgründe gegeben sind.

146 Voraussetzung für einen Zweitantrag ist zunächst, dass Deutschland zuständig ist für die Durchführung des Verfahrens, weil z.B. ein Übernahmersuchen nach der Dublin III-VO abgelehnt wurde, die Überstellungsfrist abgelaufen ist oder das Selbsteintrittsrecht ausgeübt wurde.

147 Außerdem muss der Asylantrag im anderen Mitgliedstaat bereits **rechtskräftig abgelehnt** worden sein. Dies ist nicht der Fall, wenn der Antrag förmlich oder stillschweigend zurückgenommen wurde.[117] Der negative Ausgang muss feststehen, Vermutungen sind nicht ausreichend.[118] Das BAMF hat im Rahmen seiner Amtsermittlungspflicht festzustellen, ob der Asylantrag tatsächlich abgelehnt wurde, und ist dafür beweispflichtig.[119] Das BAMF muss außerdem Kenntnis von den Entscheidungsgründen der Ablehnung im anderen Mitgliedstaat haben. Wenn es auf die Beiziehung und Übersetzung der Akten verzichtet, muss es den Antrag wie einen Erstantrag behandeln.[120]

---

116 Kap. 1 Rn. 10 mit Fn. 4.
117 VG Hannover 3.12.2015 – 1 B 2993/15; VG Cottbus 12.1.2015 – 3 L 193/14.A.
118 OVG Münster 16.9.2015 – 13 A 2159/14.A.
119 BVerwG 18.2.2015 – 1 B 2.15.
120 *Marx* AsylG § 71 a Rn. 17.

In der Praxis geht das BAMF häufig davon aus, dass beim Verlassen des anderen 148
Mitgliedstaates eine stillschweigende Rücknahme des dort gestellten Antrages erfolgt
und damit das Asylverfahren dort negativ beendet ist. Wenn keine Wiederaufgreifensgründe vorliegen und ein weiteres Asylverfahren deshalb nicht durchgeführt
wird, wird der Antrag als unzulässig abgelehnt, §§ 71a Abs. 4, 34 AsylG.

Ein Zweitantrag liegt allerdings nicht vor, wenn der andere Mitgliedstaat das dort
ohne Sachentscheidung eingestellte Asylverfahren nach dortiger Rechtslage wieder
aufnehmen kann und den Asylantrag dann umfassend prüfen würde.[121] Der Asylantrag wird dann als Erstantrag bearbeitet.

L. Verlust der Statusgewährung

Die Zuerkennung von Asylberechtigung, Flüchtlingseigenschaft und subsidiärem 149
Schutz können kraft Gesetzes erlöschen, bei einer nachhaltigen Änderung der Sach-
oder Rechtslage widerrufen und bei ursprünglicher Rechtswidrigkeit zurückgenommen werden.

I. Erlöschen der Asylberechtigung und Flüchtlingseigenschaft

Die Anerkennung der Asylberechtigung und die Zuerkennung der Flüchtlingseigen- 150
schaft erlöschen gem. § 72 Abs. 1 AsylG in fünf Fällen:

1. Die Anerkannten unterstellen sich freiwillig durch **Annahme oder Erneuerung eines Nationalpasses** oder durch **sonstige Handlungen** erneut dem Schutz des Staates, dessen Staatsangehörigkeit sie besitzen, § 72 Abs. 1 Nr. 1 AsylG.
2. Die Anerkannten **kehren freiwillig** in das Land, das sie aus Furcht vor Verfolgung verlassen haben, **zurück und lassen sich dort nieder**, § 72 Abs. 1 Nr. 1a AsylG.
3. Die Anerkannten, die die **Staatsangehörigkeit** ihres Herkunftsstaates verloren haben, erlangen diese **freiwillig** wieder; § 72 Abs. 1 Nr. 2 AsylG.
4. Die Anerkannten erwerben auf Antrag eine **neue Staatsangehörigkeit** (werden also z.B. in Deutschland eingebürgert) und genießen den Schutz dieses Staates, dessen Staatsangehörigkeit sie erworben haben, § 72 Abs. 1 Nr. 3 AsylG, oder
5. die Anerkannten **verzichten** auf die Anerkennung oder **nehmen** ihren Asylantrag vor Eintritt der Unanfechtbarkeit der Entscheidung des BAMF **zurück**, § 72 Abs. 1 Nr. 4 AsylG.

Das automatische Erlöschen der Flüchtlingseigenschaft nach deutschem Recht ohne 151
Verwaltungsverfahren steht nicht im Einklang mit Art. 11 und 14 der Qualifikationsrichtlinie,[122] die bestimmen, dass vor einer Aberkennung oder Statusbeendigung oder
Versagung der Verlängerung eine Prüfung der Erlöschensgründe erfolgen muss. Wenn
§ 72 AsylG richtlinienkonform ausgelegt wird, muss vor einer Aberkennung ein behördliches Prüfungsverfahren durchgeführt werden.[123]

---

121 BVerwG 14.12.2016 – 1 C 4.16.
122 Kap. 1 Rn. 9 mit Fn. 3.
123 *Marx* AsylG § 72 Rn. 40.

II. Widerruf von Asylberechtigung und Flüchtlingseigenschaft

152 § 73 Abs. 1 AsylG enthält die Voraussetzungen für einen Widerruf der Anerkennung als Asylberechtigter bzw. Zuerkennung der Flüchtlingseigenschaft wegen einer **nachträglichen Änderung der Sach- und Rechtslage**.

153 Die Statusentscheidung muss widerrufen werden, wenn die Voraussetzungen für die Statusgewährung nicht mehr vorliegen. Dies ist insbesondere der Fall, wenn die Umstände wegfallen, die zur Anerkennung geführt haben, und wenn es nicht mehr abgelehnt werden kann, den Schutz des Landes der eigenen Staatsangehörigkeit in Anspruch zu nehmen, § 73 Abs. 1 Nr. 2 AsylG.[124] Dabei wird ein Vergleich der Verfolgungssituation vor und nach Erlass des Bescheides vorgenommen. Die Verhältnisse müssen sich erheblich und nicht nur vorübergehend geändert haben, Art. 11 Abs. 2 Qualifikationsrichtlinie.

154 § 73 Abs. 1 S. 3 enthält eine **humanitäre Klausel**: Danach darf der Widerruf nicht erfolgen, wenn sich die Anerkannten auf zwingende, auf früheren Verfolgungen beruhende Gründe berufen können, um eine Rückkehr abzulehnen. Die Härteklausel wird in der Regel dann angewendet, wenn aus der Verfolgung resultierende psychische Belastungen oder Traumatisierungen eine Rückkehr unzumutbar erscheinen lassen.[125]

III. Rücknahme von Asylberechtigung und der Flüchtlingseigenschaft

155 Die Anerkennung der Asylberechtigung und die Zuerkennung der Flüchtlingseigenschaft sind zurückzunehmen, wenn sie aufgrund unrichtiger Angaben oder infolge Verschweigens wesentlicher Tatsachen erteilt wurden und es keine anderen Anerkennungsgründe gibt, § 73 Abs. 2 AsylG. Die Statusentscheidung war also bereits ursprünglich rechtswidrig. Für die Rücknahme gelten auch die Bestimmungen über die Rücknahme im allgemeinen Verwaltungsrecht, § 48 VwVfG.

156 Die Rücknahme setzt voraus, dass **absichtlich zur Irreführung der Behörden falsche Angaben gemacht wurden**, die für die Anerkennung ursächlich waren, Art. 14 Abs. 3 Qualifikationsrichtlinie.[126]

IV. Widerruf und Rücknahme bei subsidiärem Schutz

157 Die Gewährung des subsidiären Schutzes ist zu widerrufen, wenn die Umstände, die zur Zuerkennung des Schutzes geführt haben, nicht mehr bestehen, oder sich in einem Maß verändert haben, dass ein solcher Schutz nicht mehr erforderlich ist, § 73 b Abs. 1 AsylG. Die Umstände müssen sich so wesentlich und nicht nur vorübergehend verändert haben, dass keine Gefahr mehr besteht, einen ernsthaften Schaden zu erleiden, § 73 b Abs. 2 AsylG.

158 Die Zuerkennung des subsidiären Schutzes ist zurückzunehmen, wenn gem. § 4 Abs. 2 AsylG ein Ausschlussgrund besteht oder eine falsche Darstellung oder das Ver-

---

[124] Hauptanwendungsfall: Regimewechsel im Herkunftsland.
[125] VG Göttingen 14.12.2004 – 1 A 26/04; VG Braunschweig 12.11.2004 – 6 A 58/04; Marx AsylG § 73 Rn. 58.
[126] Marx AsylG § 73 Rn. 77 ff.

schweigen von Tatsachen oder die Verwendung gefälschter Dokumente für die Zuerkennung des Schutzes ausschlaggebend war, § 73 Abs. 3 AsylG.

V. Widerruf und Rücknahme bei Abschiebungsverboten

Die Feststellung der Voraussetzungen des § 60 Abs. 5 oder 7 AufenthG sind zu widerrufen, wenn die Voraussetzungen nicht mehr vorliegen, § 73 c Abs. 1 AsylG. 159

Die Feststellung der Voraussetzungen ist zurückzunehmen, wenn sie fehlerhaft ist, § 73 c Abs. 1 AsylG. 160

Kapitel 5 Rechtsstellung während des Asylverfahrens

A. Die Wohnsituation im laufenden Asylverfahren
I. Verteilung auf die Bundesländer und Aufnahmeeinrichtungen

1   Nach der Einreise werden die Schutzsuchenden zunächst im Datensystem EASY (Erstverteilung der **Asyl**begehrenden) registriert (Näheres zur Einreise findet sich in Kap. 2 dieses Buches, dort → Kap. 2_Rn. 1 ff.). Dieses vom BAMF betriebene System dient dazu, jede einreisende schutzsuchende Person zu erfassen und nach der Länderquote zu verteilen. Die Zuweisung der Schutzsuchenden auf die Bundesländer erfolgt nach einer festen Quote, dem sogenannten **Königsteiner Schlüssel**. Rechtsgrundlage für diese Form der Verteilung ist § 45 AsylG. Der Königsteiner Schlüssel wird von einer gemeinsamen Länderkonferenz jährlich ermittelt und im Bundesanzeiger veröffentlicht.[127] Der Berechnung werden – vereinfacht – zu zwei Dritteln das Steueraufkommen eines Bundeslandes und zu einem Drittel die Einwohnerzahl zugrunde gelegt.[128]

2   Die Schutzsuchenden haben keine Wahl, in welches Bundesland und in welche Aufnahmeeinrichtung sie verteilt werden, § 22 Abs. 3 S. 1 AsylG. Es ist jedoch in jedem Fall zu empfehlen, begründete Wünsche anzubringen, da diese bei der Verteilung berücksichtigt werden können. Wer Familie, Verwandte oder Bekannte in einer bestimmten Stadt hat, sollte dies unbedingt schon im Rahmen einer ersten Befragung, etwa bei der Bundespolizei, erwähnen. Sollte eine Verteilung nicht an den gewünschten Ort erfolgen, kann eine Zusammenführung mit der Kernfamilie (Ehegatte und eigene Kinder) erst nach der Registrierung der asylsuchenden Person bei der für sie zuständigen Aufnahmeeinrichtung im Rahmen eines **Umverteilungsverfahrens** (zur Umverteilung → Kap. 5 Rn. 2) erfolgen. Für dieses Umverteilungsverfahren spielt es keine Rolle, ob sich die anderen Mitglieder der Kernfamilie noch im laufenden Asylverfahren befinden, bereits einen aufenthaltsrechtlichen Status in Deutschland erhalten haben oder sogar schon eingebürgert wurden.

3   Die Strukturierung, Gestaltung und Ausstattung der Aufnahmeeinrichtungen ist Sache und Aufgabe der Bundesländer, § 44 AsylG. Die meisten Bundesländer haben zu diesem Zweck Aufnahmegesetze[129] erlassen und große Aufnahmeeinrichtungen aufgebaut. In einigen der größeren Aufnahmeeinrichtungen finden sich fest installierte Außenstellen des BAMF. Dies soll helfen, die Asylanträge der Schutzsuchenden bereits in der Aufnahmeeinrichtung aufzunehmen und zeitnah zu bearbeiten.

---

127 Der Königsteiner Schlüssel für 2016 wurde durch Bekanntmachung der Gemeinsamen Wirtschaftskonferenz im Bundesanzeiger vom 6.6.2016 veröffentlicht, BAnz. AT 20.6.2016 B1.
128 Gegenwärtig nimmt NRW mit 21,14% die meisten, Bremen mit 0,95% die wenigsten Schutzsuchenden auf.
129 Vgl. etwa das bayerische Gesetz über die Aufnahme und Unterbringung der Leistungsberechtigten nach dem Asylbewerberleistungsgesetz – Aufnahmegesetz (AufnG), Gesetz- und Verordnungsblatt (GVBl.) 2002, S. 192, oder das nordrhein-westfälische Gesetz zur Zuweisung und Aufnahme ausländischer Flüchtlinge – Flüchtlingsaufnahmegesetz (FlüAG), Gesetz- und Verordnungsblatt NRW (GV NRW) 2003, S. 93. Eine Übersicht über aller entsprechenden Ländergesetze findet sich unter http://www.saarheim.de/Gesetze _Laender/lag_laender.htm.

A. Die Wohnsituation im laufenden Asylverfahren

Die Verpflichtung zum Aufenthalt in der Aufnahmeeinrichtung besteht gemäß § 47 Abs. 1 AsylG[130] bis zu längstens sechs Monaten. Schutzsuchende aus den sogenannten sicheren Herkunftsstaaten sind jedoch verpflichtet, bis zu einer Entscheidung des BAMF über den Asylantrag und im Falle einer Ablehnung als offensichtlich unbegründet oder unzulässig bis zur Ausreise bzw. bis zur Abschiebung in der Aufnahmeeinrichtung zu wohnen, § 47 Abs. 1 a AsylG. Dies führt in der Regel[131] dazu, dass diese Personen nicht mehr aus den Aufnahmeeinrichtungen heraus in andere Unterkünfte verteilt werden.[132]

▶ **Sichere Herkunftsstaaten und sichere Drittstaaten:**

Die Kategorie der **sicheren Herkunftsstaaten** wurden durch die Reform des Asylrechts 1993 in Art. 16 a GG eingeführt. Eine Definition der sicheren Herkunftsstaaten findet sich in § 29 a AsylG. Danach sind sichere Herkunftsstaaten alle Mitgliedstaaten der Europäischen Union sowie die in Anlage II zum AsylG genannten Staaten (Stand Herbst 2016: Albanien, Bosnien und Herzegowina, Kosovo, Mazedonien, Montenegro und Serbien – die sogenannte Westbalkanstaaten – sowie Senegal und Ghana).

Bei Staatsangehörigen der sogenannten sicheren Herkunftsstaaten wird vermutet, dass ihnen dort keine politische Verfolgung droht. Will der Schutzsuchende dennoch geltend machen, politisch verfolgt zu werden, so werden an die Darlegung des Verfolgungsschicksals im Rahmen des Asylverfahrens erhöhte Anforderungen gestellt.[133] Die Fluchtgründe müssen in diesen Fällen in besonderer Weise belegt und nachgewiesen werden.[134] Werden diese Anforderungen nicht erfüllt, so kann eine Ablehnung des Asylantrages als offensichtlich unbegründet[135] erfolgen, § 30 AsylG.

Der Begriff des sicheren Herkunftsstaates ist nicht zu verwechseln mit dem des **sicheren Drittstaates**. Letzterer wird in Art. 16 a Abs. 2 S. 1 GG erwähnt, eine weitergehende Erläuterung des Begriffs findet sich in § 26 a AsylG. Sichere Drittstaaten sind die Staaten, die ein funktionierendes Asylsystem unter Anerkennung der GFK, der Menschenrechte und Grundfreiheiten aufweisen. Sichere Drittsaaten sind die Mitgliedstaaten der Europäischen Union und die in der Anlage I zum AsylG aufgeführten Staaten. Im Herbst 2016 sind dies lediglich Norwegen und die Schweiz.

Sollte eine schutzsuchende Person über einen sicheren Drittstaat nach Deutschland einreisen und wäre ein Ersuchen um Schutz bereits in dem sicheren Drittstaat möglich gewesen, scheidet eine Gewährung von Asyl im Sinne des Grundgesetzes aus. Da die meisten schutzsuchenden Personen über den Landweg einreisen, spielt das Asyl im Sinne des Grundgesetzes deshalb nur noch eine sehr untergeordnete Rolle.[136] ◀

Nach § 49 Abs. 2 AsylG kann die Verpflichtung, in der Aufnahmeeinrichtung zu wohnen, vorzeitig beendet werden. Der zumindest vorübergehende Aufenthalt in einer Aufnahmeeinrichtung wird von den Landesbehörden jedoch als zwingend angesehen. Daher ist eine Ausnahme nur in sehr speziellen Einzelfällen denkbar, etwa bei

---

130 Eingeführt durch Art. 1 Nr. 15 des Asylverfahrensbeschleunigungsgesetzes vom 20.10.2015, BGBl. I 1722 ff.
131 § 47 Abs. 1 a S. 2 AsylG lässt die §§ 48–50 AsylG unberührt. Liegt eine entsprechende Ausnahme vor, können daher auch Personen aus den sogenannten sicheren Herkunftsländern aus den Aufnahmeeinrichtungen herausverteilt werden.
132 In Bayern gibt es inzwischen für diese Fälle besondere Aufnahmeeinrichtungen, die unter der Bezeichnung „Balkanlager" bekannt wurden. Aufgrund der schlechten Lebensbedingungen stehen diese Lager in der Kritik.
133 NK-AuslR/*Fränkel* AsylG § 26 a Rn. 13.
134 Zum Asylverfahren und den dortigen Anforderungen bei der Darlegung der Asylgründe, s. Kap. 4 Rn. 76 ff.
135 Zum Abschluss eines Asylverfahrens als offensichtlich unbegründet, s. Kap. 7 Rn. 21 ff.
136 Siehe zur daraus resultierenden Relevanz des Asyls im Rahmen der asylrechtlichen Schutzmöglichkeiten Kap. 7.

pflegebedürftigen Personen ohne Angehörige. Wie diese Personen in der Folge untergebracht werden, ist eine Frage des Einzelfalls.

7 Unbegleitete Minderjährige (UM) sollen nicht in den regulären Aufnahmeeinrichtungen untergebracht und nach dem Königsteiner Schlüssel verteilt werden. Für diese besonders zu schützende Personengruppe wurden durch das Gesetz zur Verbesserung der Unterbringung, Versorgung und Betreuung ausländischer Kinder und Jugendlicher[137] vom November 2015 zahlreiche Änderungen bezüglich der Unterbringung und Verteilung eingeführt. Die Verteilung der UM auf die Bundesländer, welche grob dem Königsteiner Schlüssel entspricht, ist nunmehr in § 42 c SGB VIII geregelt. Bei einer Verteilung sollen stets die besonderen Bedürfnisse und Interessen der UM berücksichtigt werden. Die Aufnahme in eine kindes- bzw. jugendgerechte Aufnahmeeinrichtung muss sichergestellt sein. Steht eine entsprechende Aufnahme nicht zur Verfügung, soll von einer Verteilung abgesehen und eine andere Möglichkeit außerhalb der quotenmäßigen Verteilung gefunden werden. Auf diese Weise soll sichergestellt werden, dass spezialisierte Jugendhilfeeinrichtungen sich den besonderen Bedürfnissen der UM annehmen können.

II. Räumliche Beschränkung und Residenzpflicht

8 Dieser Abschnitt befasst sich mit der **Verpflichtung der schutzsuchenden Personen, sich im laufenden Asylverfahren in einem bestimmten räumlichen Gebiet aufzuhalten** und dieses nicht zu verlassen. Diese Einschränkung der Bewegungsfreiheit wird umgangssprachlich Residenzpflicht genannt, was jedoch missverständlich ist. Denn es geht um die räumliche Beschränkung der Bewegungsfreiheit, nicht um eine Wohnsitzauflage. Letztere wird im nachfolgenden Abschnitt behandelt.

9 Während des **Aufenthalts in einer Aufnahmeeinrichtung** ist die Aufenthaltsgestattung räumlich beschränkt auf den Bezirk der Ausländerbehörde, in dem die Aufnahmeeinrichtung liegt, § 56 AsylG. Dies bedeutet praktisch, dass sich die Bewohner einer Aufnahmeeinrichtung nur im Bezirk der dafür zuständigen Ausländerbehörde aufhalten dürfen. Dies gilt auch, wenn für eine Person noch keine Aufenthaltsgestattung ausgestellt wurde, die diese Beschränkung vorsieht. Für das Verlassen dieses Bezirks kann eine Erlaubnis eingeholt werden, § 57 AsylG (**Verlassenserlaubnis**). Termine bei Behörden und Gerichten können erlaubnisfrei wahrgenommen werden. Diese Termine müssen dem BAMF und der Aufnahmeeinrichtung angezeigt werden, § 57 Abs. 3 AslyG. Es empfiehlt sich, die entsprechende Ladung zum Termin auf der Reise bei sich zu führen, um diese im Falle einer Kontrolle vorlegen zu können.

10 Ein Verlassen der Aufnahmeeinrichtung ohne Erlaubnis wird sanktioniert. Ein erster Verstoß gegen die Aufenthaltsbeschränkung kann als Ordnungswidrigkeit verfolgt werden, § 86 AsylG. Ein wiederholter Verstoß ist strafbar, § 85 Nr. 2 AsylG. Gemäß dem durch das Asylpaket II[138] neu gefassten § 33 AsylG wird vermutet, dass ein Ausländer sein Asylverfahren nicht betreibt, wenn er gegen die räumliche Beschränkung des § 56 AsylG verstoßen hat. Nach § 33 Abs. 5 S. 1 AsylG wird das Asylverfahren

---

137 BGBl. 2015 I 1802 ff.
138 Gesetz zur Einführung beschleunigter Asylverfahren, BGBl. 2016 I 390 ff.

A. Die Wohnsituation im laufenden Asylverfahren

dann durch das BAMF eingestellt. Eine Wiederaufnahme des Asylverfahrens kann zwar einmalig beantragt werden. Bei einem wiederholten Verstoß wird das Verfahren allerdings nur noch als Folgeverfahren iSv § 71 AsylG behandelt, § 33 Abs. 5 S. 2 AsylG. Im Falle einer Einstellung des Verfahrens oder im Rahmen eines Folgeverfahrens ist das Vorbringen relevanter Asylgründe erheblich erschwert.[139]

Auch **bei einem Auszug aus der Aufnahmeeinrichtung** gilt die räumliche Beschränkung grds. fort. Die Beschränkung erlischt allerdings gemäß § 59 a AsylG nach drei Monaten Aufenthalt in der Bundesrepublik, so dass sie beim Auszug aus der Aufnahmeeinrichtung zumeist bereits erloschen ist. Der Ablauf der Dreimonatsfrist nach § 59 a AsylG muss ggf. gegenüber der Ausländerbehörde durch das Ausstellungsdatum der BÜMA oder des Ankunftsnachweises nachgewiesen werden.[140] Die räumliche Beschränkung wird auf der Aufenthaltsgestattung, die bei Asylantragstellung ausgestellt wird, vermerkt. Die Beschränkung erlischt zwar automatisch durch Zeitablauf,[141] schutzsuchende Personen sollten sich dennoch nicht mit einer Aufenthaltsgestattung frei im Bundesgebiet bewegen, in der die räumliche Beschränkung trotz Ablauf der Frist noch vermerkt ist. Nach Ablauf der Frist kann die Löschung beantragt werden. Meist genügt dazu die Vorsprache bei der zuständigen Ausländerbehörde. 11

Nach **Ende der räumlichen Beschränkung** kann sich die schutzsuchende Person bis zur Entscheidung durch das BAMF frei in der Bundesrepublik bewegen. Dies bedeutet jedoch nicht, dass sie umziehen kann. Nur ein vorübergehendes Verlassen der zugewiesenen Unterkunft ist erlaubt, vgl. § 60 Abs. 1 S. 3 AsylG. Längere Abwesenheiten sollten zumindest bei der Heimleitung bzw. dem Ausländeramt angezeigt werden. Es ist anzuraten, für eine zuverlässige Weiterleitung der Post zu sorgen, etwa durch einen Postbevollmächtigten, damit eine zeitnahe Kenntnisnahme behördlicher Schreiben gewährleistet werden kann. In asylrechtlichen Verfahren sind gerade die Rechtsmittelfristen sehr kurz und werden bei längerer Abwesenheit leicht versäumt.[142] Besuche und Reisen dürfen nicht einem Untertauchen oder einem faktischen Wohnortwechsel gleichkommen. Den Behörden sollte im Falle einer längeren Abwesenheit stets mitgeteilt werden, wo die schutzsuchende Person zu erreichen ist. Als Faustregel sollte dies zumindest bei einer ununterbrochenen Abwesenheit von mehr als zwei Wochen im Monat gelten. 12

Unabhängig von der gesetzlichen räumlichen Beschränkung innerhalb der ersten drei Monate des Aufenthaltes kann eine räumliche Beschränkung in bestimmten Fällen nach § 59 b AsylG durch die zuständige Ausländerbehörde angeordnet werden. Dies ist der Fall bei einer rechtskräftigen Verurteilung wegen einer Straftat, bei Tatsachen, die die Schlussfolgerung rechtfertigen, dass die schutzsuchende Person gegen Vorschriften des Betäubungsmittelgesetzes verstoßen hat oder wenn konkrete Maßnahmen zur Aufenthaltsbeendigung bevorstehen. 13

---

139 Siehe Näheres zum Wiederaufnahme- und zum Folgeverfahren in Kap. 4 Rn. 134 ff.
140 Siehe zur BÜMA und zum Ankunftsnachweis Kap. 4 Rn. 18.
141 NK-AuslR/*Stahmann* AsylG § 59 a Rn. 2.
142 Siehe zu Rechtsmitteln im Asylverfahren Kap. 7.

III. Die Unterbringung nach Verlassen der Aufnahmeeinrichtung

14 Spätestens nach sechs Monaten soll – außer bei Schutzsuchenden aus sicheren Herkunftsstaaten – eine Verteilung aus der Aufnahmeeinrichtung heraus in eine andere Unterkunft erfolgen.

1. Zuweisung aus der Aufnahmeeinrichtung heraus

15 Die Verteilung der Schutzsuchenden aus den Aufnahmeeinrichtungen heraus erfolgt über einen **Zuweisungsbescheid** der zuständigen Landesbehörde, § 50 Abs. 4 AsylG. Durch diesen wird die schutzsuchende Person verpflichtet, in dem Bezirk einer bestimmten Ausländerbehörde Wohnung zu nehmen, § 50 Abs. 3 AsylG. Bei der Verteilung hat die Behörde freies Ermessen. Ein Wahlrecht hinsichtlich des Ortes steht dem Einzelnen nicht zu. Familiäre Gründe für eine bestimmte Zuweisung, etwa an den Wohnsitz von sich bereits hier aufhaltenden Familienmitgliedern, werden idR nur für die Kernfamilie (Ehegatten und minderjährige Kinder) berücksichtigt. Auch medizinische Gründe können bei der Zuweisung berücksichtigt werden, etwa der Behandlungsbedarf in einer Spezialklinik. Etwaige Gründe sollten bereits frühzeitig gegenüber der zuständigen Landesbehörde angegeben werden, möglichst unter Vorlage entsprechender Nachweise (z.B. Heiratsurkunde, ärztliches Attest).

16 Mit der Zuweisung wird nicht nur die Zuständigkeit der Ausländerbehörde, in deren Bezirk die schutzsuchende Person zu wohnen verpflichtet wird, begründet, sondern mittelbar auch die Zuständigkeit sonstiger Behörden, etwa des Jobcenters, des Sozialamts oder des Jugendamts.

2. Wohnsitzauflage

17 Der **Zuweisungsbescheid** enthält regelmäßig bereits die Zuweisung zu einer bestimmten Unterkunft, § 60 Abs. 1 S. 1 und Abs. 2 AsylG. Durch diese sogenannte **Wohnsitzauflage** wird die schutzsuchende Person verpflichtet, **an einem bestimmten Ort behördlich gemeldet zu sein und dort zu wohnen**.

18 Asylsuchende sollen idR in Gemeinschaftsunterkünften untergebracht werden, § 53 AsylG. Es obliegt jedoch den Bundesländern zu entscheiden, welche Formen der Unterbringung sie für die Schutzsuchenden schaffen wollen. Mittlerweile haben sich viele unterschiedliche Unterbringungsmodelle entwickelt. Das Spektrum reicht von den Gemeinschaftsunterkünften für Schutzsuchende über die Unterbringung in Ferienhäusern, spezialisierten Einrichtungen für traumatisierte Frauen, Turnhallen, in denen den Schutzsuchenden nur ein Feldbett hinter einem Vorhang zur Verfügung steht, bis hin zur Bereitstellung von Privatwohnungen. Eine bundeseinheitliche Regelung von Mindeststandards bei der Unterbringung Schutzsuchender existiert nicht. Welche Art der Unterbringung im Einzelfall gewährt wird, richtet sich nach dem jeweiligen Landesrecht. In einigen Bundesländern, etwa in Bayern, werden deshalb grds. alle Schutzsuchenden in staatlichen Einrichtungen untergebracht, in anderen Bundesländern, etwa in Rheinland-Pfalz, erfolgt die Unterbringung indes überwiegend in Privatwohnungen.

Gegen den Zuweisungsbescheid kann innerhalb der Rechtsmittelfrist Anfechtungsklage erhoben werden. Ist der Zuweisungsbescheid bereits bestandskräftig geworden, kann die in der Aufenthaltsgestattung enthaltene Wohnsitzauflage als selbstständig anfechtbare Nebenbestimmung ebenfalls mit einer Anfechtungsklage angegriffen werden (vgl. § 36 Abs. 1, Abs. 2 Nr. 4 VwVfG bzw. die entsprechenden landesrechtlichen Vorschriften).[143]

3. Umverteilung und Streichung der Wohnsitzauflage

Aufgrund der Zuweisung und der Wohnsitzauflage sind schutzsuchende Personen nicht frei in ihrer Entscheidung, an welchem Ort sie leben wollen. Es kann jedoch berechtigte Interessen geben, die den Wunsch einer Person begründen, an einem bestimmten Ort zu leben. Eine Umverteilung in eine andere Unterkunft oder ein Umzug in eine Privatwohnung an einem bestimmten Ort sind unter bestimmten Voraussetzungen möglich.

a) Landesinterne Umverteilung

Eine landesinterne Umverteilung meint einen Umzug oder eine behördlich angeordnete Verteilung von einer staatlichen Unterkunft in eine andere innerhalb eines Bundeslandes. Begehrt eine schutzsuchende Person eine solche, muss sie einen entsprechenden Antrag bei der zuständigen Landesbehörde stellen und möglichst genau begründen.

b) Länderübergreifende Umverteilung

Aufgrund der quotenmäßigen Verteilung nach dem Königsteiner Schlüssel ist ein Umzug in ein anderes Bundesland nur ausnahmsweise möglich. Ein entsprechender Antrag nach § 51 AsylG **kann erst gestellt werden, wenn sich die betroffene Person bei der ihr zugewiesenen Unterkunft angemeldet hat** und klar ist, welche Ausländerbehörde zuständig ist. Ein Antrag auf länderübergreifende Umverteilung muss bei der Landesbehörde gestellt werden, die für das Bundesland zuständig ist, in welches die Person zuziehen möchte, § 51 Abs. 2 AsylG. Die Voraussetzungen sind dabei höher angesetzt als im Falle einer landesinternen Umverteilung. Erfolg versprechend sind meist nur Anträge zur Zusammenführung der Kernfamilie (Ehegatten und minderjährige Kinder) oder aus zwingenden medizinischen Gründen, wenn etwa eine Krankenbehandlung nur an einem bestimmten Ort vorgenommen werden kann und die regelmäßige Anfahrt unzumutbar wäre. Auch andere Fälle sind denkbar, wenn das Bestehen einer außergewöhnlichen Härte nachgewiesen wird. Die zuständige Landesbehörde wird die Ausländerbehörde des aktuellen Wohnsitzes meist um eine Stellungnahme und deren Zustimmung ersuchen. Daher kann es empfehlenswert sein, die Ausländerbehörde gleich bei Antragstellung in Kenntnis zu setzen und um eine Unterstützung des Antrages zu bitten.

c) Streichung der Wohnsitzauflage

Nach § 60 Abs. 1 S. 1, Abs. 2 AsylG darf eine Wohnsitzauflage nur solchen Personen gegenüber ausgesprochen werden, deren Lebensunterhalt nicht vollständig gesichert

---

143 NK-AuslR/*Schröder* AsylG § 60 Rn. 19.

ist. Wann dies der Fall ist, ergibt sich aus § 2 Abs. 3 AufenthG. Danach ist der **Lebensunterhalt gesichert**, wenn die betroffene Person nicht auf die Inanspruchnahme öffentlicher Mittel angewiesen ist.[144] Dies bedeutet, dass von der schutzsuchenden Person ein Einkommen nachzuweisen ist, das zumindest den geltenden SGB II-Sätzen (Hartz IV) entspricht und zur Deckung der Miet-, Versicherungs- und Lebenshaltungskosten ausreicht.[145] Das hierzu erforderliche Einkommen kann von Fall zu Fall divergieren, da Wohn- und Lebenshaltungskosten regional sehr unterschiedlich sind.

24 Ist der Lebensunterhalt gesichert, kann bei der für die Unterbringung zuständigen Landesbehörde ein Antrag auf Streichung der Wohnsitzauflage gestellt werden. Dieser kann auch als **Antrag auf Auszug aus der Gemeinschaftsunterkunft und private Wohnsitznahme** bezeichnet werden. Die jeweiligen Formalitäten und genauen Voraussetzungen sind landesrechtlich geregelt.[146] Die zuständigen Landesbehörden verlangen zumeist den Nachweis, dass der Lebensunterhalt auf absehbare Zeit gesichert ist.

25 Wenige Schutzsuchende haben ein Vermögen, das es ihnen erlaubt, gänzlich ohne staatliche Unterstützung auszukommen. Ist die schutzsuchende Person für die Sicherung ihres Lebensunterhalts auf regelmäßiges Einkommen angewiesen, so wird einem Antrag auf Streichung der Wohnsitzauflage auf Grundlage eines befristeten Arbeitsverhältnisses oder in der Probezeit oft nicht stattgegeben. Auch ein noch nicht bestehendes Arbeitsverhältnis, welches erst im Falle eines Umzugs zur Arbeitsstelle entstehen könnte, wird häufig als nicht ausreichend angesehen, um den Lebensunterhalt zu sichern. In solchen Fällen wird von der schutzsuchenden Person daher verlangt, die Arbeit zunächst aufzunehmen und zu pendeln oder sich am Arbeitsort eine Wohnung anzumieten (zur vorübergehenden Abwesenheit von der zugewiesenen Unterkunft im Rahmen des Asylverfahrens → Rn. 12), bevor der Zuzug zur Arbeitsstelle durch Streichung der Wohnsitzauflage ermöglicht wird (die betroffene Person muss dann damit rechnen, neben den Kosten für die angemietete Wohnung zusätzlich Kosten für die Unterbringung in der staatlichen Unterkunft zu bezahlen).

26 Eine Streichung der Wohnsitzauflage unabhängig von der Lebensunterhaltsicherung ist zudem möglich auf Grundlage verschiedener **landesrechtlicher Härtefallklauseln,** die bei unzumutbarer Härte einen Auszug aus der zugewiesenen Unterkunft erlauben, z.B. im Falle einer nachgewiesenen Erkrankung, die eine andere Form der Unterbringung nötig macht oder auch zum Schutz vor Gewalt in der bislang zugewiesenen Unterkunft.[147] Voraussetzung ist dabei stets, dass die unzumutbare Härte durch ausreichende Nachweise oder Atteste belegt wird.

27 Bei der Entscheidung über die Streichung der Wohnsitzauflage kann die zuständige Landesbehörde der Umverteilung in eine andere Unterkunft den Vorrang vor einem Auszug in eine Privatwohnung geben. Sollte dem Antrag nicht stattgegeben werden,

---

144 Bei Familien bedeutet dies in der Regel, dass der Lebensunterhalt jedes einzelnen Familienmitglieds gesichert sein muss, da eine Trennung der Familie durch Auszug einzelner Familienmitglieder aus der Unterkunft gegen den Grundsatz der Familieneinheit, Art. 6 GG, verstieße.
145 Als Richtwert werden zum Teil für eine alleinstehende erwachsene Person 712 EUR genannt.
146 Vgl. dazu die Landesaufnahmegesetze, eine Übersicht findet sich unter http://www.saarheim.de/Gesetze_Laender/lag_laender.htm.
147 NK-AuslR/*Schröder* AsylG § 60 Rn. 9 ff.

so kann Verpflichtungsklage erhoben werden, wenn die Voraussetzung der Lebensunterhaltssicherung gegeben oder das Ermessen der Behörde in einem Härtefall auf Null reduziert ist.

Besteht eine Wohnsitzauflage und reichen die vorliegenden Gründe nicht aus, um eine Streichung der Auflage zu rechtfertigen, kann auch eine **landesinterne Umverteilung** beantragt werden. Eine landesinterne Umverteilung, von einem Heim in ein anderes, kann unter Umständen eine Kompromisslösung sein, etwa bei Konflikten oder Streitigkeiten innerhalb einer Unterkunft oder im Falle eines größeren Raumbedarfs, wenn etwa noch weitere Kinder geboren werden. 28

Umverteilungsanträge oder eine Streichung der Wohnsitzauflage sollten nicht aufgrund bloßer Unzufriedenheit mit der aktuellen Unterbringung gestellt werden, wenn die Lebensunterhaltssicherung oder ein Härtefall offensichtlich nicht vorliegen. Einige Bundesländer gestalten die Unterbringung Asylsuchender bewusst unattraktiv, um eine freiwillige Heimreise zu befördern.[148] 29

B. Arbeit, Ausbildung, Schule und Studium im laufenden Asylverfahren

Die Untätigkeit, mit der schutzsuchende Personen während der Wartezeiten im Laufe ihres Asylverfahrens konfrontiert werden, wird von den Betroffenen regelmäßig als große Belastung empfunden. Der Zugang zu Schule, Ausbildung, Studium oder Beruf ist in dieser Zeit zwar möglich, jedoch mit erheblichen rechtlichen Hürden versehen und oftmals – insbesondere aufgrund der erforderlichen Sprachkenntnisse – nur schwierig zu realisieren. 30

I. Arbeit und Ausbildung

Aus § 4 Abs. 3 S. 1 und 2 iVm Abs. 2 S. 1 AufenthG ergibt sich, dass eine ausländische Person, die in Deutschland erwerbstätig sein möchte, stets einen Aufenthaltstitel benötigt, der dies gestattet. Solche Aufenthaltstitel zum Zweck der Erwerbstätigkeit sind im vierten Abschnitt des AufenthG geregelt, etwa die Aufenthaltserlaubnis für Forschung nach § 20 AufenthG. Bei Vorliegen eines anderen Aufenthaltstitels kann gemäß § 4 Abs. 2 S. 3 AufenthG die Aufnahme einer Beschäftigung gesondert erlaubt werden. 31

Bei der Aufenthaltsgestattung,[149] die schutzsuchenden Personen während des Asylverfahrens ausgestellt wird, handelt es sich nicht um einen Aufenthaltstitel,[150] so dass die Voraussetzungen des § 4 Abs. 2 S. 3 AufenthG nicht vorliegen. Nach § 61 Abs. 2 S. 1 AsylG besteht jedoch die Möglichkeit, dass auch schutzsuchenden Personen im laufenden Asylverfahren eine Beschäftigung erlaubt werden kann (**Beschäftigungserlaubnis**). 32

---

148 So kündigte etwa *Horst Seehofer*, Bayerischer Ministerpräsident, am 18.6.2015 beim Parteitag der CSU in Niederbayern an, er wolle zukünftig nur noch Mindeststandards erfüllen und möglichst unattraktiv auf Asylbewerber wirken, um keine falschen Anreize zu schaffen (Süddeutsche Zeitung v. 18.6.2015, CSU verschärft Asylkurs, von *Wolfgang Wittl*).
149 Kap. 4 Rn. 37 f.
150 Bergmann/Dienelt/*Sußmann* Kommentar Ausländerrecht AufenthG § 4 Rn. 38 oder NK-AuslR/*Stahmann* AufenthG § 4 Rn. 48.

1. Arbeitserlaubnis

33 Solange eine schutzsuchende Person in einer Aufnahmeeinrichtung wohnt, unterliegt sie nach § 61 Abs. 1 AsylG einem generellen **Arbeitsverbot**. Während dieser Zeit ist ihr die Ausübung einer Erwerbstätigkeit nicht gestattet. Die Möglichkeit, schutzsuchenden Personen eine Beschäftigungserlaubnis zu erteilen, besteht nach § 61 Abs. 2 AufenthG frühestens **nach einem dreimonatigen Aufenthalt** im Bundesgebiet. Ob die Dreimonatsfrist mit der Stellung des Asylgesuchs bei der Grenzbehörde oder Polizei oder erst mit der förmlichen Asylantragstellung beim BAMF beginnt, ist umstritten.[151]

34 Ein längerer Aufenthalt in einer Aufnahmeeinrichtung, welcher nach § 47 Abs. 1 S. 1 AsylG bis zu sechs Monaten möglich ist, führt zugleich zu einer Verlängerung des Arbeitsverbotes. Für schutzsuchende Personen aus **sicheren Herkunftsstaaten** (→ Rn. 5) gemäß § 29a AsylG, die nach dem 31.8.2015 einen Asylantrag gestellt haben, besteht nach § 61 Abs. 2 S. 4 AsylG ein Arbeitsverbot während des gesamten Asylverfahrens.

35 Unterliegt eine schutzsuchende Person keinem Arbeitsverbot, so erlangt sie eine allgemeine **Arbeitserlaubnis**. Diese sollte in der Aufenthaltsgestattung kenntlich gemacht werden, etwa durch den folgenden Vermerk:

> Beschäftigung nur nach vorheriger Zustimmung durch die Ausländerbehörde gestattet.

36 Oftmals findet sich jedoch auch nach Ende des Arbeitsverbotes in der Aufenthaltsgestattung lediglich der Vermerk, dass eine Erwerbstätigkeit nicht gestattet ist. In diesem Fall sind bei der zuständigen Ausländerbehörde die Löschung des entsprechenden Eintrags und die Eintragung der Arbeitserlaubnis zu verlangen. Eines schriftlichen Antrags bedarf es hierfür aufgrund der klaren gesetzlichen Regelungen zumeist nicht.

2. Beschäftigung und selbstständige Tätigkeit

37 Besteht eine Arbeitserlaubnis, ist streng zu unterscheiden zwischen unselbstständigen Beschäftigungen und selbstständigen Tätigkeiten. Im laufenden Asylverfahren werden nach § 61 Abs. 2 S. 1 AsylG nur unselbstständige **Beschäftigungen** erlaubt. Beschäftigung meint dabei jede Form der abhängigen Tätigkeit in einem Anstellungsverhältnis und ist weit zu verstehen. Darunter fallen etwa auch betriebliche Ausbildungsverhältnisse und Praktika.

38 Die Ausübung einer **selbstständigen Tätigkeit**, wie etwa die Eröffnung eines eigenen Geschäftes oder die Gründung eines Unternehmens, ist im Umkehrschluss nur auf Grundlage eines entsprechenden Aufenthaltstitels iSd § 4 Abs. 3 S. 1 AufenthG mög-

---

[151] Das BAMF geht von der förmlichen Asylantragstellung aus: Information „Zugang zum Arbeitsmarkt für geflüchtete Menschen", Stand Januar 2016, www.bamf.de/FAQ-Arbeitsmarktzugang-gefluechtete-Menschen. Eine für Schutzsuchende günstigere Annahme des früheren Zeitpunktes lassen viele Bundesländer bereits zu.

lich.[152] Für schutzsuchende Personen im laufenden Asylverfahren ist diese Form der Erwerbstätigkeit nicht zugänglich.

Ist in den asylrechtlich relevanten Gesetzen und Vorschriften von Erwerbstätigkeit die Rede, so ist damit nur eine abhängige Tätigkeit, eine Beschäftigung, gemeint. 39

3. Beschäftigungserlaubnis

Schutzsuchende Personen, die über eine Arbeitserlaubnis verfügen, benötigen grundsätzlich während der gesamten Dauer des Asylverfahrens zur Aufnahme einer Beschäftigung die **vorherige Zustimmung durch die Ausländerbehörde** nach § 61 Abs. 2 S. 1 AsylG (**Beschäftigungserlaubnis**). Diese bezieht sich jeweils auf ein konkretes Beschäftigungsverhältnis. Für jeden neuen Arbeitsplatz oder im Falle eines Arbeitsplatzwechsels ist deshalb eine neue Beschäftigungserlaubnis einzuholen. Die Zuständigkeit der Ausländerbehörde ergibt sich aus § 71 Abs. 1 S. 1 AufenthG. 40

Die Beschäftigungserlaubnis ist in der Aufenthaltsgestattung der schutzsuchenden Person zu vermerken. Unter den Nebenbestimmungen findet sich dann der folgende oder ein ähnlich lautender Vermerk: 41

Selbstständige Tätigkeit nicht gestattet.
Beschäftigung als ... bei ... vom... bis ... gestattet.

Es können auch noch weitere Regelungen, etwa zur erlaubten maximalen Arbeitszeit, getroffen und vermerkt werden. 42

Die Erteilung einer Beschäftigungserlaubnis steht im Ermessen der Ausländerbehörde.[153] Bei der Ausübung des Ermessens hat die Ausländerbehörde zwischen dem effektiven Zugang zum Arbeitsmarkt, welchen Art. 15 Abs. 2 der Aufnahmerichtline[154] vorsieht, und dem öffentlichen Interesse abzuwägen. Dies führt dazu, dass im laufenden Asylverfahren zumeist im Rahmen eines fehlerfreien Ermessens eine Beschäftigungserlaubnis erteilt werden muss, wenn die sonstigen Voraussetzungen vorliegen. Wird die Erteilung abgelehnt, kann Verpflichtungsklage erhoben werden, um die ordnungsgemäße Ausübung des Ermessens zu überprüfen.[155] 43

a) Zustimmungserfordernis durch die Bundesagentur für Arbeit

Für die Erteilung einer Beschäftigungserlaubnis durch die Ausländerbehörde ist grds. die **Zustimmung der Bundesagentur für Arbeit** erforderlich, § 61 Abs. 2 S. 1 AsylG. Diese Zustimmung wird nicht von den betroffenen Personen selbst eingeholt, vielmehr leitet die jeweilige Ausländerbehörde die entsprechende Anfrage an die Bundesagentur weiter. Hinsichtlich des Verfahrens zur Erteilung der Zustimmung durch die Bundesagentur verweist § 61 Abs. 2 S. 3 AsylG auf das in den §§ 39–42 AufenthG geregelte Verfahren. Durch das Integrationsgesetz[156] entfällt das Zustimmungserfordernis in weiten Teilen (sogleich → Rn. 53 ff.). Inwieweit sich diese neue Regelung in 44

---

152 Ein solcher Titel, der auch eine selbstständige Tätigkeit erlaubt, ist etwa die Aufenthaltserlaubnis nach § 21 AufenthG.
153 NK-AuslR/*Schröder* AsylG § 61 Rn. 9.
154 RL 2013/33/EU des Europäischen Parlaments und des Rates vom 26.6.2013 zur Festlegung von Normen für die Aufnahme von Personen, die internationalen Schutz beantragen.
155 Bergmann/Dienelt/*Bergmann* Kommentar zum Ausländerrecht AsylG § 61 Rn. 7.
156 Integrationsgesetz v. 31.7.2016, BGBl. I 1939, und Verordnung zum Integrationsgesetz, BGBl. I 1950.

der Praxis auf die Erteilung von Beschäftigungserlaubnissen auswirkt, ist momentan noch nicht absehbar.

45 Inhaltlich setzt sich die Prüfung der Bundesagentur für Arbeit aus zwei Teilen zusammen. Zum einen werden die **Arbeitsplatzbedingungen** überprüft. Dabei muss der potenzielle Arbeitgeber insbesondere über Arbeitszeiten und Entlohnung Auskunft geben, § 39 Abs. 2 S. 3 AufenthG. Die schutzsuchende Person soll so vor Ausbeutung und ungünstigen Arbeitsbedingungen bewahrt werden.[157] Gleichzeitig soll eine Verdrängung zulasten bevorrechtigter Arbeitssuchender aus Deutschland oder anderen EU-Staaten durch billige Arbeitskräfte vermieden werden.[158]

46 Zum anderen prüft die Bundesagentur für Arbeit, ob der Arbeitsplatz nicht vorrangig einer Person aus Deutschland oder einer ihr gleichgestellten Person zur Verfügung gestellt werden sollte, vgl. § 39 Abs. 2 S. 1 Nr. 1 lit. b AufenthG. Dieser Teil des Verfahrens wird **Vorrangprüfung** genannt. Da dieser den Hauptbestandteil der Prüfung durch die Arbeitsagentur einnimmt, wird oft allgemein von der Vorrangprüfung gesprochen, wenn vom Zustimmungserfordernis der Bundesagentur für Arbeit die Rede ist. Im Rahmen der Vorrangprüfung wird von der Bundesagentur für Arbeit auch geklärt, ob die Stellenbesetzung keine nachteiligen Auswirkungen auf den Arbeitsmarkt insgesamt hat und ob die Besetzung der Stelle arbeitsmarkt- und integrationspolitisch verantwortbar ist. Faktisch beschränkt sich die Überprüfung der Agentur zumeist auf die Frage, ob ein anderer Arbeitnehmer vorrangig eingestellt werden könnte.

b) Ausnahmen von der Vorrangprüfung

47 Die Vorrangprüfung durch die Bundesagentur für Arbeit hat in den vergangenen Jahren stetig an Bedeutung verloren und wurde durch das Integrationsgesetz erneut eingeschränkt.

48 Eine Vorrangprüfung entfällt, wenn sich die betreffende schutzsuchende Person bereits **seit 15 Monaten im Bundesgebiet** aufhält, § 32 Abs. 5 Nr. 2 BeschV.

49 Darüber hinaus wird die Vorrangprüfung durch das Integrationsgesetz und die dazugehörige Verordnung in den meisten Bezirken der Bundesagentur für Arbeit bis August 2019 **ausgesetzt, § 32 Abs. 5 Nr. 3 BeschV**. Die 133 der 156 Bezirke, in denen eine Vorrangprüfung entfällt, finden sich in der neuen Anlage zu § 32 Abs. 5 Nr. 3 BeschV. Weiterhin erforderlich ist die Durchführung der Vorrangprüfung im Winter 2016 für ganz Mecklenburg-Vorpommern sowie in vielen Agenturbezirken in Bayern (Aschaffenburg, Bayreuth-Hof, Bamberg-Coburg, Fürth, Nürnberg, Schweinfurt, Weiden, Augsburg, München, Passau und Traunstein) und in Teilen von Nordrhein-Westfalen (Bochum, Dortmund, Duisburg, Essen, Gelsenkirchen, Oberhausen und Recklinghausen).

50 Neben diesen weitreichenden Ausnahmen vom Erfordernis einer Vorrangprüfung lässt **§ 32 Abs. 5 Nr. 1 BeschV** in Verbindung mit den § 2 Abs. 2, § 6 und § 8 BeschV die Vorrangprüfung im Hinblick auf bestimmte Berufsgruppen entfallen.[159]

---

157 BeckOK AuslR/*Breidenbach* AufenthG § 39 Rn. 12.
158 NK-AuslR/*Stiegler* AufenthG § 39 Rn. 22.
159 Offer/Mävers/*Lutz* Kommentar BeschV § 32 Rn. 25.

B. Arbeit, Ausbildung, Schule und Studium im laufenden Asylverfahren

Nach § 2 Abs. 2 BeschV soll die Vorrangprüfung insbesondere für bestimmte **Mangelberufe** entfallen, etwa Naturwissenschaftler, Mathematiker, Ingenieure und Ärzte. Zudem bedarf keiner Vorrangprüfung, wer in Deutschland bereits eine schulische oder betriebliche **Ausbildung abgeschlossen** hat und in diesem Beruf arbeiten will, § 6 Abs. 1 BeschV. Wer hingegen eine Ausbildung im Ausland abgeschlossen hat, muss zunächst deren Gleichwertigkeit mit einer deutschen Ausbildung feststellen lassen, § 6 Abs. 2 BeschV. Nach der erfolgten Feststellung ist auch hier eine Arbeitsaufnahme ohne vorherige Vorrangprüfung möglich. Ist für die Feststellung der Gleichwertigkeit zunächst eine betriebliche Weiterbildung oder eine befristete praktische Tätigkeit nötig, so kann diese nach § 8 BeschV ohne Vorrangprüfung begonnen werden.

51

§ 32 Abs. 3 BeschV ermöglicht eine Beschäftigung in der **Leiharbeit**, wenn nach § 32 Abs. 5 AufenthG auch ansonsten keine Vorrangprüfung nötig wäre. Gemeint ist hier insbesondere der Bereich der **Zeitarbeit**. Nach einem 15-monatigen Aufenthalt kann eine schutzsuchende Person folglich in der Leiharbeit tätig werden.[160]

52

c) Ausnahmen vom Zustimmungserfordernis

In bestimmten Fällen sieht das Gesetz ausdrücklich Ausnahmen vom Erfordernis der Zustimmung durch die Bundesagentur für Arbeit vor. Der Zugang zur Beschäftigung hängt dann nur noch von der Zustimmung der Ausländerbehörde ab. Nach § 32 Abs. 2 BeschV bedarf die Erteilung einer Beschäftigungserlaubnis für bestimmte Arten der Beschäftigung keiner Zustimmung durch die Bundesagentur für Arbeit. Zwar bezieht sich § 32 Abs. 2 BeschV auf Personen mit einer Duldung. Auf Personen mit einer Aufenthaltsgestattung findet er jedoch gemäß § 32 Abs. 4 BeschV entsprechende Anwendung, so dass die Regelungen auch für schutzsuchende Personen während des laufenden Asylverfahrens gelten.

53

aa) § 32 Abs. 2 Nr. 1 BeschV:

Diese Verordnung gewährt Zugang zu, auch unbezahlten, **Praktika**. Ein Praktikum ermöglicht es, innerhalb begrenzter Zeit, praktische Kenntnisse und Erfahrungen zu sammeln, ohne dass dabei bereits ein weiterreichendes Beschäftigungsverhältnis entstehen muss.[161] Im Vordergrund steht die Vorbereitung auf eine mögliche spätere Tätigkeit. Nicht unter § 32 Abs. 2 Nr. 1 BeschV fallen Pflicht- und Orientierungspraktika. Wer ein Pflichtpraktikum im Rahmen einer Ausbildung oder eines Studiums ableistet, fällt unter die Regelung des § 22 Abs. 1 Nr. 1 oder 3 MiLoG und ist deshalb bereits von der Vorrangprüfung befreit. Nach § 22 Abs. 1 Nr. 2 MiLoG sind auch sogenannte Orientierungspraktika ohne Zustimmung der Bundesagentur für Arbeit möglich, wobei eine Dauer von drei Monaten nicht überschritten werden darf. Ein **Probearbeiten** oder ein Arbeiten im Rahmen einer Probezeit ist hingegen weder von § 32 Abs. 2 Nr. 1 BeschV noch von § 22 Abs. 1 MiLoG erfasst. Hier muss der gesetzliche Mindestlohn bezahlt werden, und es bleibt in den ersten 15 Monaten des Aufenthaltes bei der Vorrangprüfung nach § 61 Abs. 2 S. 3 AufenthG.

54

---

160 Offer/Mävers/*Lutz* Kommentar BeschV § 32 Rn. 21.
161 Offer/Mävers/*Lutz* Kommentar BeschV § 32 Rn. 7.

55 Die Abgrenzung zwischen zustimmungsfreien Praktika und zustimmungsbedürftiger Probearbeit fällt oft schwer. Es empfiehlt sich daher, sich mit der Praktikumsstelle abzusprechen und sich an eine gemeinsame Sprachregelung zu halten, um Missverständnisse von vornherein zu vermeiden. Soll eine Entlohnung bezahlt werden, so ist dies regelmäßig ein Indiz für das Vorliegen einer zustimmungsbedürftigen Probearbeit. Schwierig ist auch die Abgrenzung zu sogenannten Einstiegsqualifizierungen (§ 54a SGB III) oder Berufsausbildungsvorbereitungen (§§ 68–70 BBiG).[162] Diese Maßnahmen können von staatlicher Seite gefördert werden und sollen den Berufseinstieg erleichtern. Nach § 22 Abs. 1 Nr. 4 MiLoG gelten entsprechende Maßnahmen als Praktika, daher sind auch sie nach § 32 Abs. 2 Nr. 1 BeschV zustimmungsfrei.

bb) § 32 Abs. 2 Nr. 2 BeschV:

56 Die in der Praxis relevanteste Ausnahme vom Zustimmungserfordernis ist § 32 Abs. 2 Nr. 2 BeschV. Danach ist die Aufnahme einer **Ausbildung** ohne Zustimmung durch die Bundesagentur für Arbeit möglich. Eine Unterscheidung zwischen betrieblichen und schulischen Ausbildungen trifft das Gesetz hier nicht. Eine schutzsuchende Person, die einen Ausbildungsplatz findet, kann demnach unmittelbar mit Erlangung der allgemeinen Arbeitserlaubnis, frühestens also bereits nach einem dreimonatigen Aufenthalt in der Bundesrepublik, mit einer Ausbildung beginnen. Die Ausländerbehörde erteilt in diesen Fällen im Rahmen ihres Ermessens die dafür notwendige Beschäftigungserlaubnis.

57 Die deutsche Besonderheit des dualen Ausbildungssystems, in dem neben der betrieblichen Ausbildung der erfolgreiche Besuch einer Berufsschule erforderlich ist, ist den schutzsuchenden Personen regelmäßig unbekannt. Der zwingende Besuch einer Berufsschule stellt für viele Schutzsuchende die größere Herausforderung im Rahmen der dualen Ausbildung dar, da der schulische Teil weitreichende Fachsprachkenntnisse und selbstständiges Lernen voraussetzt. Meist ist der erfolgreiche Abschluss einer Ausbildung daher nur mit guter Vorbereitung und Unterstützung möglich.

58 Streng von der betrieblichen Ausbildung zu trennen ist die Möglichkeit einer **schulischen Ausbildung** (z.B. Fachschulen für Altenpflege, Fremdsprachenkorrespondenz oder Physiotherapie). Bei dieser handelt es sich nicht um ein Beschäftigungsverhältnis, da für den Unterricht in der Regel bezahlt werden muss und kein Arbeitsverhältnis, sondern ein Dienstleistungsverhältnis zur Schule besteht. Damit bedürfen an Fach- und Berufsfachschulen angebotene Ausbildungen bereits **keiner Beschäftigungserlaubnis durch die Ausländerbehörde**. Sie sind auch dann möglich, wenn die schutzsuchende Person einem Arbeits- oder Beschäftigungsverbot unterliegt,[163] also auch bereits vor Ablauf der dreimonatigen Frist des § 61 Abs. 2 S. 1 AsylG. Hürden für die Aufnahme einer schulischen Ausbildung sind deshalb in erster Linie die damit verbundenen Kosten und die dafür erforderlichen sprachlichen und fachlichen Qualifikationen.

---

162 BBiG = Berufsausbildungsgesetz vom 23.3.2005, BGBl. 2005 I 931 ff..
163 Siehe dazu auch Kap. 8 – Möglichkeiten der Aufenthaltssicherung nach Ablehnung. Ausbildungsduldung nach § 60a AufenthG. Wenn eine Beschäftigungserlaubnis wegen fehlender Mitwirkung nicht erteilt wird, ist eine schulische Ausbildung oft die einzige Option, um einem Geduldeten eine Ausbildung zu ermöglichen.

B. Arbeit, Ausbildung, Schule und Studium im laufenden Asylverfahren

Die Bundesagentur für Arbeit kann nunmehr auch schutzsuchende Personen in schulischer oder betrieblicher Ausbildung mit sogenannten **Ausbildungshilfen** fördern, § 132 SGB III.[164] Asylsuchende mit guter Bleibeperspektive, die sich seit drei Monaten in der Bundesrepublik aufhalten, können von berufsvorbereitenden Bildungsmaßnahmen, ausbildungsbegleitenden Hilfen und assistierten Ausbildungen profitieren. Hat eine schutzsuchende Person bereits seit mindestens 15 Monaten eine Aufenthaltsgestattung, hat sie zudem die Möglichkeit **Berufsausbildungsbeihilfe** (BAB) und Ausbildungsgeld zu erhalten. Die Förderungsmöglichkeit ist momentan bis zum 31.12.2018 befristet, § 132 IV SGB III.

▶ **Gute Bleibeperspektive:**

Eine gute Bleibeperspektive haben die Schutzsuchenden, bei denen zu erwarten ist, dass sie sich rechtmäßig und dauerhaft in der Bundesrepublik aufhalten werden. Für welche Personengruppen dies angenommen wird, wird durch die Bundesagentur für Arbeit jährlich neu entschieden.[165] Im Herbst 2016 waren dies Personen aus den Herkunftsländern Syrien, Eritrea, Irak, Iran und Somalia.[166]

Als Richtlinie für das Vorliegen einer guten Bleibeperspektive dient eine Schutzquote für die betreffende Personengruppe von mindestens 50 %.[167] Entscheidend ist damit der Anteil positiver Entscheidungen des BAMF im Asylverfahren im Hinblick auf schutzsuchende Personen aus demselben Herkunftsland. Indes erfolgt bislang keine verlässliche Umsetzung dieses Kriteriums. So lag die bereinigte Schutzquote,[168] welche nur die inhaltlichen Entscheidungen des BAMF berücksichtigt, für schutzsuchende Personen aus Afghanistan 2015 bei 77,6 %.[169] Dennoch gehört Afghanistan nach wie vor nicht zu den Herkunftsländern, die eine gute Bleibeperspektive eröffnen.[170] ◀

Zu beachten ist, dass die Aufnahme einer schulischen oder betrieblichen Ausbildung nicht unmittelbar zur **Sicherung des Aufenthaltes** führt. Insbesondere erhalten schutzsuchende Personen, die während des laufenden Asylverfahrens eine Ausbildung aufnehmen, nicht etwa eine Aufenthaltserlaubnis zum Zwecke der Ausbildung nach § 17

---

164 Die Förderung wurde ermöglicht durch das sogenannte Integrationsgesetz vom 31.7.2016, BGBl. I 1939 und die Verordnung zum Integrationsgesetz, BGBl. I 1950.
165 Eine Rechtsgrundlage, die festlegt, wie das Verfahren abläuft und welche Kriterien genau angewandt werden ist nicht vorhanden: *Oberhäuser* „Somalia nun auch Herkunftsland mit guter Bleibeperspektive", ANA-ZAR 2016, S. 44.
166 Information der Bundesagentur für Arbeit, abrufbar unter: https://www3.arbeitsagentur.de/web/content/DE/Institutionen/Traeger/Einstiegskurse/Detail/index.htm?dfContentId=L6019022DSTBAI782320; kritisch dazu etwa Pro Asyl unter: https://www.proasyl.de/news/die-einstufung-nach-bleibeperspektive-ist-bewusste-integrationsverhinderung/.
167 Antwort des Bundesministeriums des Inneren vom 12.10.2015 auf die schriftliche Anfrage der Bundestagsabgeordneten *Brigitte Pothmer*, Arbeitsnummer 10/26.
168 Definition der sogenannten bereinigten Schutzquote: Im Unterschied zu den regelmäßigen statistischen Veröffentlichungen von BAMF und BMI werden bei der Berechnung der bereinigten Schutzquote nur die inhaltlichen Entscheidungen berücksichtigt. Asylanträge, die aus unterschiedlichsten Gründen zurückgenommen werden, sowie Entscheidungen in Dublin-Verfahren, bei denen keine inhaltliche Prüfung des Asylantrags erfolgt, sondern lediglich die Zuständigkeit eines anderen Dublin-Staates festgestellt wird, werden entsprechen herausgerechnet. (Quelle Flüchtlingsrat Niedersachsen, http://www.nds-fluerat.org/19551/aktuelles/bereinigte-schutzquoten-fuer-ausgewaehlte-herkunftslaender-von-fluechtlingen/).
169 *Flüchtlingsrat Niedersachsen*, „Bereinigte Schutzquote für ausgewählte Herkunftsländer von Flüchtlingen", abgerufen unter http://www.nds-fluerat.org/19551/aktuelles/bereinigte-schutzquoten-fuer-ausgewaehlte-herkunftslaender-von-fluechtlingen/.
170 Diese pauschale Differenzierung zwischen schutzsuchenden Personen allein aufgrund derer Herkunft aus bestimmten Staaten ist unter integrationspolitischen Gesichtspunkten durchaus fragwürdig. Die Regelung schafft unter den asylsuchenden Personen eine Zweiklassengesellschaft, was zu internen Konflikten und großer Verunsicherung einzelner Flüchtlingsgruppen führt.
Wichtig ist der Status auch beim Zugang zu Integrations- und Sprachkursen während des laufenden Asylverfahrens, s. dazu in diesem Kap. Rn. 82 ff.

AufenthG. Dies ist wegen § 10 Abs. 1 AufenthG nicht möglich, der die Erteilung eines Aufenthaltstitels während eines laufenden Asylverfahrens grds. ausschließt. Auch nach einem negativen Abschluss des Asylverfahrens schließt § 10 Abs. 3 S. 1 AufenthG einen Wechsel zu einer Aufenthaltserlaubnis nach § 17 AufenthG aus, da es sich dabei nicht um einen Aufenthaltstitel aus humanitären Gründen handelt.[171]

62 Die Aufnahme einer schulischen oder betrieblichen Ausbildung ist dennoch besonders relevant, da eine Ausbildung über die Vorschrift des **§ 60a Abs. 2 S. 3 ff.** AufenthG im Falle einer negativen Entscheidung im Asylverfahren den Aufenthalt bis zum Abschluss der Ausbildung sichern kann. Wer bereits eine Ausbildung begonnen hat und im Asylverfahren eine ablehnende Entscheidung erhält, muss bis zum Abschluss der Ausbildung eine Duldung erhalten. Gerade bei Schutzsuchenden mit unsicherer Bleibeperspektive ist die Aufnahme einer Ausbildung daher ein Weg, den Aufenthalt unabhängig vom Asylverfahren zu sichern. Wer seine Ausbildung in Deutschland abschließt oder bereits abgeschlossen hat, dem eröffnet sich die Option, einen vom Asylverfahren unabhängigen Aufenthaltstitel nach § 18a AufenthG zu erhalten. § 18a Abs. 3 AufenthG sieht vor, dass diese Aufenthaltserlaubnis gerade auch nach einem negativ abgeschlossenen Asylverfahren erteilt werden darf und § 10 Abs. 3 S. 1 AufenthG insoweit keine Anwendung findet.[172]

cc) § 32 Abs. 2 Nr. 3 BeschV:

63 Diese Verordnung sieht eine Ausnahme vom Erfordernis der Zustimmung durch die Bundesagentur für Arbeit für bestimmte Berufsgruppen vor. Erfasst werden Berufsfelder, welche ein **hohes Qualifikationsniveau** erfordern oder den **lokalen Arbeitsmarkt nicht tangieren**.[173] Die Vorschrift bezieht sich etwa auf Hochqualifizierte (§ 2 Abs. 1 BeschV), Führungskräfte (§ 3 Nr. 1–3 BeschV), Wissenschaftlerinnen und Wissenschaftler (§ 5 BeschV), angestellte Priesterinnen und Priester (§ 14 Abs. 1 BeschV), Teilnehmende an Erasmusplus (§ 15 Nr. 2 BeschV), Berufssportlerinnen und -sportler, Modells (§ 22 Nr. 3 bis 5 BeschV) oder auch auf Teilnehmende an internationalen Sportveranstaltungen (§ 23 BeschV). Diese Personengruppen reisen idR jedoch bereits mit einem entsprechenden Visum zur Berufsausübung ein. Sollte aus dem Aufenthalt mit einem Visum heraus ein Asylantrag gestellt werden, so muss die Ausländerbehörde im laufenden Asylverfahren prüfen, ob die ausgeübte Tätigkeit noch der einer Beschäftigung im Rahmen des § 32 Abs. 2 Nr. 3 BeschV entspricht, oder ob ein Beschäftigungswechsel vorliegt, der die erneute Erteilung einer Beschäftigungserlaubnis nötig werden lässt.

dd) § 32 Abs. 2 Nr. 4 BeschV:

64 Diese Verordnung privilegiert die **Beschäftigung** einer schutzsuchenden Person **bei** einem nahen **Angehörigen**, wenn beide in einer häuslichen Gemeinschaft wohnen. Die Regelung ist indes nur von untergeordneter praktischer Relevanz, da schutzsuchende Personen grundsätzlich zum Wohnen in einer Gemeinschaftsunterkunft verpflichtet sind. Ein Auszug aus der zugewiesenen Unterkunft ist nur möglich, wenn die

---

171 NK-AuslR/*Stahmann* AufenthG § 17 Rn. 14.
172 Dazu finden sich weitere Ausführungen in Kap. 8 Rn. 56 ff.
173 Offer/Mävers/*Lutz* Kommentar BeschV § 32 Rn. 18.

Beschäftigung dazu geeignet ist, den Lebensunterhalt vollständig zu sichern, vgl. § 60 Abs. 1 S. 1 AsylG. Verfügt eine schutzsuchende Person jedoch über entsprechende familiäre Kontakte, kann ein Auszug aus der zugewiesenen Unterkunft und die Aufnahme einer Beschäftigung ohne Zustimmung der Bundesagentur für Arbeit erreicht werden.

ee) § 32 Abs. 2 Nr. 5 BeschV:
Nach dieser Verordnung entfällt das Erfordernis einer Zustimmung durch die Bundesagentur für Arbeit **nach einem vierjährigen Aufenthalt**. Für Personen, die sich über einen längeren Zeitraum im Bundesgebiet aufgehalten haben, soll dadurch die Integration erleichtert werden. Dies ist integrationspolitisch sinnvoll und hilft, den Sozialleistungsbezug über einen unangemessen langen Zeitraum hinweg zu vermeiden.[174] In der Regel sollte ein Asylverfahren jedoch bereits vor Ablauf dieser Frist abgeschlossen sein.

65

d) Verfahren zur Erlangung einer Beschäftigungserlaubnis
Für die Erteilung einer Beschäftigungserlaubnis bedarf es zunächst eines Antrags bei der zuständigen Ausländerbehörde am Wohnort der schutzsuchenden Person. Dieser Antrag auf Beschäftigungserlaubnis[175] ist von der schutzsuchenden Person und ihrem potenziellen Arbeitgeber auszufüllen. Einige Ausländerbehörden stellen dafür auch eigene Vorlagen bereit. Die Ausländerbehörde leitet die Anfrage zur Zustimmung an die Bundesagentur für Arbeit weiter. Diese führt ihre Prüfung durch – in einigen Bundesländern geschieht dies durch zentrale Stellen – und erteilt dann ihre Zustimmung oder verweigert diese. Die Entscheidung der Bundesagentur ist kein Verwaltungsakt, sondern ein Verwaltungsinternum, das mit verwaltungsrechtlichen Rechtsmitteln nicht gesondert angegriffen werden kann. Die Ausländerbehörde wird über das Ergebnis der Prüfung informiert und erteilt daraufhin die Beschäftigungserlaubnis oder lehnt den Antrag ab. Die Ausländerbehörde ist an die Entscheidung der Bundesagentur gebunden.

66

Von großer praktischer Bedeutung im Zusammenhang mit dem Erfordernis der Zustimmung durch die Bundesagentur für Arbeit ist § **36 Abs. 2 BeschV**. Danach gilt die Zustimmung zur Ausübung einer Beschäftigung als erteilt, wenn die Bundesagentur für Arbeit der Ausländerbehörde nicht binnen zwei Wochen nach Übermittlung der Zustimmungsanfrage mitteilt, dass die übermittelten Informationen entweder nicht ausreichen oder der Arbeitgeber die erforderlichen Auskünfte nicht erteilt hat. Es tritt dann also eine **Zustimmungsfiktion** ein. Daher kann nach Ablauf von zwei Wochen nach Übermittlung der Zustimmungsfrage von der Ausländerbehörde verlangt werden, die Beschäftigungserlaubnis zu erteilen, wenn zu diesem Zeitpunkt noch keine Ablehnung der Zustimmung seitens der Bundesagentur für Arbeit vorliegt.

67

Lehnt die Ausländerbehörde die Erteilung der Beschäftigungserlaubnis ab, so bleibt nur der Gang zum Verwaltungsgericht, um gegen die Entscheidung der Ausländerbehörde zu klagen. Im Rahmen einer Verpflichtungsklage kann das Gericht die erfor-

68

---
174 Offer/Mävers/*Lutz* Kommentar BeschV § 32 Rn. 20.
175 Ein Muster findet sich in Kap. 12.

derliche Zustimmung der Bundesagentur für Arbeit ersetzen oder diese zur nochmaligen Entscheidung über die Erteilung der Zustimmung verpflichten.[176]

69 ▶ **Hinweis:**

Folgendes **Vorgehen** empfiehlt sich, um bei der Erteilung einer Beschäftigungserlaubnis lange Wartezeiten aufgrund des Erfordernisses der Zustimmung durch die Bundesagentur für Arbeit zu vermeiden:

Bei Abgabe des vollständig ausgefüllten Antrags auf Erteilung der Beschäftigungserlaubnis sollte bei der Ausländerbehörde ein Eingangsstempel verlangt oder zumindest das Abgabedatum notiert werden. Nach etwa drei Tagen kann bei der Ausländerbehörde angerufen und erfragt werden, ob und wann die Unterlagen zur Zustimmungsanfrage an die Bundesagentur für Arbeit versandt wurden. Das Eingangsdatum bei der Bundesagentur für Arbeit sollte dabei nach Möglichkeit erfragt und notiert werden. Ist ein solches nicht bekannt, kann man davon ausgehen, dass die Anfrage drei Tage nach Versand durch die Ausländerbehörde bei der Bundesagentur für Arbeit eingegangen ist. Zwei Wochen nach der Übermittlung der Unterlagen an die Bundesagentur sollte bei der Ausländerbehörde angerufen und erfragt werden, ob eine Mitteilung der Bundesagentur eingegangen ist. Falls nicht, sollte unter Hinweis auf § 36 Abs. 2 BeschV umgehend die Erteilung der Beschäftigungserlaubnis verlangt werden. Das Verfahren kann so innerhalb von etwa 18 Tagen abgeschlossen werden. ◀

4. Arbeitsgelegenheiten § 5 AsylbLG

70 In den Aufnahmeeinrichtungen und Gemeinschaftsunterkünften für schutzsuchende Personen sollen kleinere Hilfsarbeiten vergeben werden, die dort lebende Schutzsuchende übernehmen sollen. Dabei geht es zumeist um Hausmeister- oder Gärtnertätigkeiten. Schutzsuchende können im Rahmen ihrer Leistungsfähigkeit auch zu entsprechenden Arbeiten verpflichtet werden, § 5 Abs. 4 S. 1 AsylbLG. Bei einer Weigerung können die Leistungen nach dem AsylbLG gekürzt werden.

71 Für die geleistete Arbeit wird eine Aufwandsentschädigung von grds. 0,80 EUR pro Stunde bezahlt, § 5 Abs. 2 AsylbLG.

II. Studium

72 Anders als für die Aufnahme einer Erwerbstätigkeit bedarf es für die Aufnahme eines Studiums während des laufenden Asylverfahrens keiner besonderen Erlaubnis. Schutzsuchende Personen, die ein Studium an einer deutschen Hochschule aufnehmen möchten, unterliegen damit den allgemein an potenzielle Studierende gestellten Anforderungen. In räumlicher Hinsicht sind der Aufnahme eines Studiums durch Residenzpflicht und Wohnsitzauflage Grenzen gesetzt (→ Rn. 8), ein Zuzug zur Wunschuniversität ist insoweit nicht ohne Weiteres möglich.

73 Eine erste Hürde stellt die **Hochschulzugangsberechtigung** dar. Ob ein im Heimatland erworbener Schul- oder Studienabschluss eine schutzsuchende Person zur Aufnahme eines Studiums an einer deutschen Hochschule befähigt, bedarf einer Einzelfallprüfung. Eine erste Einschätzung erlaubt die von der Kultusministerkonferenz der Länder geführte Datenbank unter www.**anabin.kmk.org**. Die Datenbank umfasst naturgemäß zwar nicht alle Studienabschlüsse und Universitäten weltweit. Dennoch können auch Angaben über vergleichbare Abschlüsse aus demselben Herkunftsland

---

176 NK-AuslR/*Stiegler* AufenthG § 39 Rn. 8.

als Anhaltspunkt für eine mögliche Anerkennungsfähigkeit dienen. Ggf. ist eine individuelle Anfrage zu stellen. Reichen die bereits erworbenen Abschlüsse für einen Hochschulzugang nicht aus oder können die entsprechenden Abschlüsse nicht in ausreichender Weise nachgewiesen werden, so bieten viele Universitäten die Möglichkeit, eine Zugangsberechtigung über den Besuch eines Vorbereitungskurses zu erwerben.[177]

Die Aufnahme eines Studiums setzt idR bereits fortgeschrittene **Deutschkenntnisse** voraus. So wird oftmals das Bestehen der Deutschen Sprachprüfung für den Hochschulzugang (DSH) verlangt, die an den meisten Hochschulen kostenpflichtig angeboten wird.

74

Für schutzsuchende Personen stellt insbesondere die Finanzierung eines Studiums ein erhebliches Problem dar. Einen Anspruch auf Förderung nach dem Bundesausbildungsförderungsgesetz (**BAföG**) haben schutzsuchende Personen im laufenden Asylverfahren üblicherweise nicht, da Leistungsansprüche von Ausländern nach § 8 Abs. 2 BAföG regelmäßig an das Bestehen bestimmter Aufenthaltserlaubnisse geknüpft sind. Die in § 8 Abs. 3 Nr. 1 BAföG vorgesehene Förderung von Ausländern setzt voraus, dass die zu fördernde Person sich insgesamt bereits fünf Jahre im Inland aufgehalten hat und rechtmäßig erwerbstätig gewesen ist. Diese Frist wird im Asylverfahren regelmäßig nicht erreicht. In den ersten 15 Monaten des Aufenthaltes werden schutzsuchenden Personen Leistungen nach §§ 3–7 AsylbLG bezahlt. Eine Regelung darüber, dass diese Sozialleistungen mit Aufnahme eines Studiums entfallen, findet sich im AsylbLG nicht,[178] so dass diese auch zur Finanzierung eines Studiums genutzt werden können. Nach Verstreichen dieses Zeitraums erhalten schutzsuchende Personen nach § 2 AsylbLG indes Leistungen entsprechend dem SGB XII. § 22 Abs. 1 S. 1 SGB XII schließt Leistungen für Studierende aus, da diese grds. nach dem BAföG förderungsfähig sind. § 22 Abs. 1 S. 2 SGB XII sieht zwar eine Ausnahme für Härtefälle vor; diese greift etwa, wenn der Abschluss des Studiums unmittelbar bevorsteht.[179] In der Regel liegt ein solcher Härtefall nicht vor. Die Finanzierung des Studiums muss daher von anderer Seite gesichert werden, etwa durch Verwandte, ein Stipendium oder eigenes Vermögen.

75

Sollte aufgrund der genannten Schwierigkeiten die Aufnahme eines Studiums erst nach Abschluss des Asylverfahrens angestrebt werden, so ist ratsam, den Studienbeginn bereits während des Asylverfahrens vorzubereiten. Den meisten Hochschulen ist die schwierige Situation schutzsuchender Personen bewusst. Vielerorts wurden daher Programme ins Leben gerufen, um schutzsuchende Personen auch schon während des laufenden Asylverfahrens zu unterstützen. In Zusammenarbeit mit den Universitäten und Fachhochschulen wird so der Studienbeginn oder aber die Vorbereitung darauf bereits während des laufenden Asylverfahrens möglich.

76

---

177 Bspw.: „Refugee Programme: Intensivprogramm für studierfähige Geflüchtete" der Universität Passau oder die Angebote für Geflüchtete der Humboldt-Universität zu Berlin.
178 Vgl. OVG Nordrhein-Westfalen 15.6.2001 – 12 B 795/00.
179 BSG 6.9.2007 – B 14/7 b AS 36/06 R.

III. Kindergarten und Schule

77 Die Gesetzgebungskompetenz im Bereich der Kinderbetreuung und Schule liegt in weiten Bereichen bei den 16 deutschen Bundesländern. Ein deutschlandweites einheitliches Bildungskonzept für Flüchtlinge gibt es nicht. Ob die Kinder Asylsuchender Zugang zu Kindergärten und allgemeinen Schulen finden, liegt daher oft an deren jeweiligem Aufenthaltsort. Viele Städte und Kommunen sorgen selbst für entsprechende Plätze und Möglichkeiten.

1. Kindergarten

78 Kinder ab drei Jahren haben nach § 24 Abs. 3 SGB VIII, dem Sozialgesetzbuch zur Kinder- und Jugendhilfe, einen Anspruch auf Förderung in einer Tageseinrichtung. Nach § 6 Abs. 2 SGB VIII können sich auch Ausländer*innen auf Leistungen des SGB VIII berufen, wenn sie rechtmäßig ihren gewöhnlichen Aufenthalt im Bundesgebiet haben. Dies trifft zumindest auf asylsuchende Personen zu, die im Besitz einer Aufenthaltsgestattung sind und die Aufnahmeeinrichtung bereits verlassen konnten.[180] Der Zugang zum Kindergarten scheitert – wenn überhaupt – meist an den fehlenden Kapazitäten vor Ort und nicht an verwaltungsrechtlichen Problemen im Asylverfahren. Bei mit eingereisten Kindern läuft das Asylverfahren parallel zu dem der Eltern, § 14 a Abs. 1 AsylG. Das Kind erhält in diesen Fällen meist keine eigene Aufenthaltsgestattung, sondern ist in den Papieren der Eltern eingetragen. Reist ein Kind nachträglich ein oder wird hier geboren,[181] so erhält es ein eigenes Asylverfahren beim BAMF unter eigenem Aktenzeichen, vgl. § 14 a Abs. 2 AsylG. Das BAMF führt das Verfahren des Kindes, teilweise aber auch im Verfahren der Eltern oder der Mutter unter deren Aktenzeichen mit, → Kap. 4 Rn. 34.

2. Schule

79 Ein Recht auf Bildung, auch für Kinder die sich im laufenden Asylverfahren befinden, begründet schon das Grundgesetz in Art. 1 Abs. 1 und Art. 2 Abs. 1 iVm Art. 3 Abs. 1 GG. Zudem ergibt sich das Recht auf Bildung auch aus Art. 28 UN-Kinderrechtskonvention der UN-Generalversammlung vom 20.11.1990, welche die Teilhabe an Bildung für alle Kinder vorsieht. Ebenso eröffnet Art. 14 der Aufnahmerichtlinie[182] für Minderjährige den Zugang zu den Bildungssystemen der Mitgliedstaaten. Nach Art. 14 Abs. 2 der Aufnahmerichtlinie muss der Zugang nach maximal drei Monaten gewährt werden. Dieser Anspruch gilt für alle minderjährigen Asylsuchenden, egal ob sie allein oder mit Angehörigen eingereist sind oder leben.

80 Die genaue Ausformung dieses Bildungsanspruches unterliegt den Regelungen des jeweils zuständigen Bundeslandes. Die Schulgesetze der Bundesländer sehen unterschiedliche Voraussetzungen und Förderungsmodalitäten vor. Einige Bundesländer haben die Schulpflicht für Kinder mit Aufenthaltsgestattung explizit normiert, so et-

---

180 Vgl. BVerwG 24.6.1999 – 5 C 25.98 und NK-AuslR/*Keßler* AufenthG Anhang 1 Rn. 82.
181 S. zum Asylverfahren in Deutschland geborener Kinder schutzsuchender Kap. 4 Rn. 34.
182 Kap. 1 Rn. 10 mit Fn. 5.

wa Berlin.¹⁸³ Andere Bundesländer hingegen sehen keine speziellen Regelungen für Flüchtlinge in ihren Schulgesetzen vor. Ein einheitliches, bundesweit gültiges Beschulungskonzept fehlt. Auch die Frage der Finanzierung von zusätzlichen Lehrkräften oder gesondertem Sprachunterricht ist zwischen Bund und Ländern noch nicht geklärt.

Sollte es zu Schwierigkeiten beim Zugang zu allgemeinen Schulen kommen, ist auf die unmittelbar geltende Aufnahmerichtlinie als höherrangiges Recht zu verweisen. 81

C. Sprach- und Integrationskurse im laufenden Asylverfahren
I. Durch Sprache zur Integration

Der Erwerb deutscher Sprachkenntnisse wird vom Gesetzgeber seit Jahren als Schlüssel zur Integration gesehen. Einen entsprechend hohen Stellenwert hat der Erwerb der deutschen Sprache als Integrationsleistung und -forderung. 82

Bereits jetzt bieten zahlreiche Träger entsprechende Kurse für Ausländer an. Die Kurse sind jedoch sehr teuer. Besteht kein Zugang zu den staatlich geförderten Kursen, bleibt meist nur die Möglichkeit, in von Ehrenamtlichen angebotenen Deutschkursen oder durch Gratisprogramme Deutsch zu lernen.¹⁸⁴ 83

Nachfolgend wird dargestellt, unter welchen Voraussetzungen asylsuchende Personen Zugang zu **staatlich geförderten Kursen** erhalten können. Diese Kurse sind auch nach Beendigung des Asylverfahrens wichtig, da ihr Besuch als Nachweis einer gelungenen Integration verlangt wird, etwa wenn es um die Verfestigung eines Aufenthaltes geht. So können etwa Grundkenntnisse der deutschen Rechts- und Gesellschaftsordnung, welche bei der Erteilung einer **Niederlassungserlaubnis (unbefristeter Aufenthaltstitel)** nach § 9 Abs. 2 S. 1 Nr. 8 AufenthG verlangt werden, durch die erfolgreiche Teilnahme an einem Orientierungskurs nachgewiesen werden.¹⁸⁵ Dieser Kurs ist Teil der vom BAMF zertifizierten Integrationskurse. 84

II. Integrationskurs

Das BAMF zertifiziert bestimmte Kurse von privaten und öffentlichen Sprachschulen oder Bildungseinrichtungen als Integrationskurse. Geregelt sind die Kurse in der Verordnung über die Durchführung von Integrationskursen für Ausländer und Spätaussiedler (IntV).¹⁸⁶ Der Kurs beinhaltet zunächst einen Sprachkurs, welcher mit derzeit 600 Unterrichtsstunden den weit intensiveren Teil des 700-stündigen Kurses einnimmt, vgl. §§ 10, 11 ff IntV. Der im Anschluss stattfindende Orientierungskurs, § 12 85

---

183 Vgl. § 41 Abs. 2 SchulG des Landes Berlin, zuletzt geändert durch das Gesetz zur Änderung des Schulgesetzes und des Allgemeinen Zuständigkeitsgesetzes vom 4.2.2016, welches eine allgemeine Schulpflicht für Kinder und Jugendliche mit Aufenthaltsgestattung vorsieht.
184 Etwa über die Vokabel-App des Goethe Instituts unter https://www.goethe.de/de/spr/ueb/vok.html.
185 Ein weiteres Beispiel dafür, wann entsprechende Kenntnisse nachgewiesen werden müssen, ist auch die Einbürgerung nach § 10 StAG.
186 Integrationskursverordnung vom 13.12.2004, BGBl. I 3370, zuletzt geändert mit Verordnung vom 31.7.2016, BGBl. I 1950 ff.

IntV, soll Grundkenntnisse der deutschen Geschichte und Kultur vermitteln.[187] Dieser Teil des Kurses wurde durch das Integrationsgesetz auf 100 Stunden aufgestockt.

86 Das BAMF beschreibt den Integrationskurs wie folgt: „Wer als ausländischer Mitbürger in Deutschland leben möchte, sollte Deutsch sprechen. Das ist wichtig, um Arbeit zu finden, Anträge ausfüllen zu können oder einfach nur neue Menschen kennenzulernen. Außerdem sollten auch ausländische Bürger einige Dinge über das Land, in dem sie leben, wissen: Geschichte, Kultur und Rechtsordnung gehören dazu. All das und vieles mehr wird im Integrationskurs vermittelt."[188]

87 Neben den regulären Kursen sieht § 13 IntV spezielle Kurse vor, etwa für Frauen, Eltern, Analphabeten oder auch kürzere Kurse, wenn bereits Sprachkurse besucht wurden.

88 Einen Überblick über alle angebotenen Kurse bietet die Internetseite http://webgis.bamf.de.[189]

89 Ein Anspruch auf die Teilnahme an diesen Sprach- und Orientierungskursen besteht grundsätzlich erst nach einer Anerkennung im Asylverfahren, § 44 Abs. 1 AufenthG. Dann besteht meist auch zugleich eine Teilnahmepflicht nach § 44a Abs. 1 S. 1 AufenthG. Seit November 2015 können jedoch auch Personen, die sich im laufenden Asylverfahren befinden, an einem Integrationskurs teilnehmen, wenn sie eine Aufenthaltsgestattung besitzen und ein rechtmäßiger und dauerhafter Aufenthalt zu erwarten ist, § 44 Abs. 4 Nr. 1 AufenthG. Die Teilnahmemöglichkeit erstreckt sich jedoch lediglich auf verfügbare Restplätze, also jene Plätze, die nach einer Belegung durch anspruchsberechtigte bereits anerkannte Ausländer iSd § 44 Abs. 1 AufenthG noch verfügbar sind. Ein einklagbarer Rechtsanspruch auf eine Teilnahme besteht nicht. Zudem setzt § 44 Abs. 4 Nr. 1 AufenthG eine sogenannte **gute Bleibeperspektive** (→ Rn. 5) voraus. Der Gesetzeswortlaut schließt Schutzsuchende aus anderen Herkunftsländern nicht von dem Versuch aus, eine Teilnahme zu beantragen, da jedoch nur wenige Plätze verfügbar sind, werden entsprechende Anträge meist vom BAMF abgelehnt. Gesetzlich von einer Teilnahme ausgeschlossen sind Personen aus den sogenannten sicheren Herkunftsstaaten iSd § 29a AsylG, vgl. Anlage II zum AsylG und → Rn. 5. Hier wird vermutet, dass ein dauerhafter Aufenthalt nicht zu erwarten ist, § 44 Abs. 4 S. 3 AufenthG.

90 Die Zulassung zu den Kursen regelt § 5 IntV. Danach sind die Teilnahme und die Befreiung von den Kosten des Kurses **schriftlich beim BAMF zu beantragen**. Das BAMF stellt auf seiner Internetseite die entsprechenden Anträge zur Verfügung.[190] Der Antrag ist an die zuständige Regionalstelle zu richten, welche sich am Wohnort der asyl-

---

[187] Vgl. Information des BAMF zum Integrationskurs unter: http://www.bamf.de/DE/Willkommen/DeutschLernen/Integrationskurse/InhaltAblauf/inhaltablauf-node.html.
[188] FAQ des BAMF unter: http://www.bamf.de/DE/Willkommen/DeutschLernen/Integrationskurse/InhaltAblauf/inhaltablauf-node.html.
[189] Direkte Suche nach Kursen am Wohnort unter: http://www.bamf.de/DE/Willkommen/DeutschLernen/Integrationskurse/KurstraegerNaehe/kurstraegernaehe-node.html.
[190] Anträge für eine Zulassung zum Integrationskurs nach § 44 Abs. 4 AufenthG finden sich unter: http://www.bamf.de/DE/Willkommen/DeutschLernen/Integrationskurse/Formulare/formulare-node.html;jsessionid=29351D016D8457F2C26FECAF4EF33ACA.1_cid294.

C. Sprach- und Integrationskurse im laufenden Asylverfahren

suchenden Person orientiert.[191] Dies führt dazu, dass die Außenstelle des BAMF, welche den Asylantrag bearbeitet, nicht zwingend die Regionalstelle sein muss, welche über die Teilnahme an einem Integrationskurs entscheidet. Auch die örtlichen Anbieter informieren idR über die für sie zuständige Regionalstelle.

III. Sprachförderung zur Integration auf dem Arbeitsmarkt

Neben den Integrationskursen besteht die Möglichkeit des Spracherwerbs durch die sogenannte berufsbezogene Deutschsprachförderung. Die Kurse sind nach § 45 a Abs. 2 S. 3 AufenthG auch für Personen mit einer Aufenthaltsgestattung zugänglich, bei denen ein dauerhafter und rechtmäßiger Aufenthalt zu erwarten ist, also jene, die die Voraussetzungen einer guten Bleibeperspektive erfüllen. § 45 a Abs. 2 S. 4 AufenthG stellt klar, dass dies bei Personen aus den sogenannten sicheren Herkunftsländern iSd § 29 a AsylG, → Rn. 5. 91

Die Kurse sollen auf die im Integrationskurs erworbenen Kenntnisse aufbauen, vgl. § 45 a Abs. 1 S. 2 AufenthG. Das BAMF setzt somit voraus, dass ein Integrationskurs bereits erfolgreich besucht wurde oder Sprachkenntnisse auf B1-Niveau[192] oder höher – iSd gemeinsamen europäischen Referenzrahmens – vorhanden sind.[193] Ziel ist es, bereits erworbene **Deutschkenntnisse zu spezialisieren und zu vertiefen**, um die Person für den Arbeitsmarkt vorzubereiten. Hat die asylsuchende Person bereits entsprechende Deutschkenntnisse und befindet sich bereits in einem Ausbildungsverhältnis, arbeitet oder ist arbeitsuchend gemeldet, kann das Jobcenter oder die Kommune die Person zur Kursteilnahme vorschlagen. Da die Regelung erst durch das Asylpaket II[194] eingeführt wurde, gibt es noch keine Erfahrungswerte. Die ersten Kurse haben am 1.7.2016 begonnen und es bleibt abzuwarten, inwieweit diese Möglichkeit der Sprachförderung Personen mit einer Aufenthaltsgestattung zugutekommen wird. 92

Auch **§ 421 SBG III** wurde durch das Asylpaket II eingeführt. Asylsuchenden mit guter Bleibeperspektive soll danach die Möglichkeit gegeben werden, an Maßnahmen zur **Erlangung erster Kenntnisse der deutschen Sprache** teilzunehmen. Diese werden als Maßnahmen der Arbeitsförderung getragen von der Bundesagentur für Arbeit und dort **Einstiegskurse** genannt.[195] Diese Kurse unterlagen jedoch einer kurzen Laufzeit. So wurden nur Maßnahmen gefördert, die nach Inkrafttreten des Gesetzes am 24.10.2015 und vor dem 31.12.2015 angetreten wurden.[196] 93

---

191 Ermittlung der jeweiligen Regionalstelle unter: http://www.bamf.de/SiteGlobals/Functions/WebGIS/DE/WebGIS_Regionalstelle.html?nn=4261610.
192 Definition des B1-Niveaus: Kann die Hauptpunkte verstehen, wenn klare Standardsprache verwendet wird und wenn es um vertraute Dinge aus Arbeit, Schule, Freizeit usw. geht. Kann die meisten Situationen bewältigen, denen man auf Reisen im Sprachgebiet begegnet. Kann sich einfach und zusammenhängend über vertraute Themen und persönliche Interessengebiete äußern. Kann über Erfahrungen und Ereignisse berichten, Träume, Hoffnungen und Ziele beschreiben und zu Plänen und Ansichten kurze Begründungen oder Erklärungen geben. (http://www.europaeischer-referenzrahmen.de/).
193 BAMF über die Teilnahmevoraussetzungen zur Teilnahme an einem Sprachkurs nach § 45 a AufenthG unter: http://www.bamf.de/DE/Infothek/BerufsbezogeneFoerderung/Deutschfoerderung45a/deutschfoerderung45a-node.html.
194 BGBl. I 1722, in Kraft seit dem 24.10.2015.
195 https://www.arbeitsagentur.de/web/content/DE/Institutionen/Traeger/Einstiegskurse/index.htm.
196 Ob diese Form der Kurse nochmals angeboten wird, ist derzeit, im Frühjahr 2017, noch nicht klar.

IV. Asylantrag und Integration

94 Es ist wichtig, klarzustellen, dass eine Beschäftigung, Ausbildung, Sprachkenntnisse, neue familiäre Beziehungen oder sonstige Integrationsleistungen für die Entscheidung des BAMF im Asylverfahren **keine Rolle spielen**. Im Hinblick auf die Frage, ob ein asylrechtlicher Schutz gewährt werden kann, wird lediglich auf das **Verfolgungsschicksal der betroffenen Person im Herkunftsland** abgestellt.

95 Die Förderung der frühzeitigen und nachhaltigen Integration sollte dennoch das Ziel nachhaltiger Flüchtlingsarbeit sein. Im Jahr 2015 lag die Anerkennungsquote, ohne Entscheidungen nach einem gerichtlichen Verfahren, bei 49,8 %.[197] Es verbleiben daher viele Asylsuchende in Deutschland. Hinzu kommen auch die Personen, die zwar keinen asylrechtlichen Schutz erhalten, aber dennoch mit einer Duldung in Deutschland leben. Es kann daher davon ausgegangen werden, dass mehr als die Hälfte aller Schutzsuchenden langfristig in Deutschland bleibt.

96 Asylsuchenden Personen sollte daher möglichst ab Beginn ihres Aufenthaltes Integration ermöglicht werden, auch um ihnen wieder Halt und Hoffnung zu geben. Viele asylsuchende Personen sind vor traumatischen Ereignissen geflohen oder haben auf ihrer Flucht Entsprechendes erlebt.

97 Zahlreiche asylsuchende Personen berichten zudem, das Schlimmste an den Asylverfahren sei das Nichtstun in der zum Teil langen Wartezeit. Auf der Flucht werden viele Menschen zu Objekten von Schleusern oder verlieren in Flüchtlingscamps ihr Selbstbestimmungsrecht. Hier können schon niedrigschwellige Angebote bewirken, dass sich eine Person wieder wertgeschätzt fühlt.

98 Eine in einem bereits laufenden Asylverfahren beginnende Integration kann darüber hinaus eine **Bleibeperspektive** für Schutzsuchende vermitteln. Diese ist dann unabhängig vom Ausgang des Asylverfahrens und insbesondere wichtig für Personen, deren Anerkennungschancen im Asylverfahren gering sind. Ein Aufenthaltsrecht kann auch außerhalb des Asylrechtes begründet werden. Siehe dazu Kap. 8.

D. Leistungen nach dem Asylbewerberleistungsgesetz

99 „Art. 1 Abs. 1 GG in Verbindung mit dem Sozialstaatsprinzip des Art. 20 Abs. 1 GG garantiert ein Grundrecht auf Gewährleistung eines menschenwürdigen Existenzminimums (vgl. BVerfGE 125, 175). Art. 1 Abs. 1 GG begründet diesen Anspruch als Menschenrecht. Er umfasst sowohl die physische Existenz des Menschen als auch die Sicherung der Möglichkeit zur Pflege zwischenmenschlicher Beziehungen und ein Mindestmaß an Teilhabe am gesellschaftlichen, kulturellen und politischen Leben. Das Grundrecht steht deutschen und ausländischen Staatsangehörigen, die sich in der Bundesrepublik Deutschland aufhalten, gleichermaßen zu."[198]

100 Auf diesen Grundsatz gründet sich die Verpflichtung des Staates, den hilfebedürftigen und schutzsuchenden Personen ein Leben am Rande des Existenzminimums zu er-

---

[197] Asylgeschäftsstatistik des BAMF vom Januar 2016, abrufbar auf der Homepage des BAMF unter: http://www.bamf.de/DE/Infothek/Statistiken/statistiken-node.html.
[198] So das Bundesverfassungsgericht in den Leitsätzen seines Urteils vom 18.7.2012 – 1 BvL 10/10 und 1 BvL 2/11.

möglichen. Dazu gehört neben einer Versorgung von lebenswichtigen Grundbedürfnissen auch die Ermöglichung der sozialen Teilhabe.

Diese Leistungen für Asylsuchende sind im Asylbewerberleistungsgesetz (AsylbLG)[199] geregelt. Dieses Gesetz regelt den Anspruch der schutzsuchenden Personen auf Sozialleistungen. 101

I. Leistungsberechtigung im Asylverfahren

§ 11 Abs. 2 a AsylbLG regelt einen Sonderfall. Solange schutzsuchende Personen noch **keinen Ankunftsnachweis**, → Kap. 4 Rn. 18, erhalten haben, der ihnen von der zuständigen Aufnahmebehörde ausgestellt wird, besteht kein Anspruch auf Grundleistungen nach dem AsylbLG. Dies betrifft also schutzsuchende Personen, die noch nicht zu der Aufnahmeeinrichtung gereist sind, die nach der Verteilung gemäß des Königsteiner Schlüssels für sie zuständig geworden ist.[200] Personen in dieser Situation erhalten nur die unabwendbaren Leistungen (Ernährung, Unterkunft, Heizung, Körper- und Gesundheitspflege, umgangssprachlich: „Bett, Brot, Seife"). Zweck dieser Vorschrift ist es, Schutzsuchende dazu anzuhalten, sich zügig an den Ort ihrer Zuweisung zu begeben. Auch sollen so mehrfache Registrierungen verhindert werden, da der Ankunftsnachweis bereits eine gewisse Erfassung von Datensätzen beinhaltet.[201] Nur wer diese Registrierung bereits durchlaufen hat, soll Grundleistungen nach dem AsylbLG erhalten. 102

Leistungsberechtigte nach dem AsylbLG sind unter anderem Personen, die eine **Aufenthaltsgestattung** besitzen, § 1 Abs. 1 Nummer 1 AsylbLG. Diese erhalten idR **Grundleistungen nach dem AsylbLG**. Die Aufenthaltsgestattung nach § 55 Abs. 1 AsylG gestattet den Aufenthalt einer Person in Deutschland während eines laufenden Asylverfahrens.[202] Die Aufenthaltsgestattung ist dabei nicht iSd behördlichen Dokuments zu verstehen, sondern als Rechtsstatus, welchen eine schutzsuchende Person innehat, sobald sie zum Ausdruck gebracht hat, in Deutschland Asyl zu begehren (Anbringen eines Schutzgesuchs).[203] Auf die tatsächliche Inhaberschaft des als Aufenthaltsgestattung bezeichneten Papieres kommt es damit nicht an. 103

Befindet sich eine Person im laufenden Asylverfahren, spielt es für die Leistungsberechtigung keine Rolle, ob es sich um ein Erst- oder Folgeverfahren handelt.[204] 104

II. Leistungsumfang

Im Rahmen der Leistungen für schutzsuchende Personen im laufenden Asylverfahren wird zwischen dem **notwendigen Bedarf** für Ernährung, Kleidung, Unterkunft und Heizung, Hausrat und Gesundheitspflege und dem **notwendigen persönlichen Bedarf** 105

---

199 Asylbewerberleistungsgesetz vom 5.8.1997, BGBl. I 2022, zuletzt geändert durch Art. 8 Abs. 4 des Integrationsgesetzes vom 31.7.2016, BGBl. I 1939.
200 S. zur Verteilung nach dem Königsteiner Schlüssel Kap. 5 Rn. 1.
201 Auf diese Weise soll auch der Missbrauch verhindert werden, sollte sich eine Person mehrfach registrieren, um an verschiedenen Orten Leistungen erhalten zu wollen.
202 Näheres zur Aufenthaltsgestattung findet sich in Kap. 4 Rn. 37 ff.
203 NK-AuslR/*Schröder* AsylG § 55 Rn. 3.
204 Vgl. dazu auch § 1 Abs. 1 Nr. 7 AsylbLG, welcher Personen als Leistungsberechtigte aufzählt, die einen Folgeantrag stellen.

zur Deckung der persönlichen Bedürfnisse (Taschengeld) unterschieden, vgl. § 3 Abs. 1 AsylbLG.

106 Während des laufenden Asylverfahrens werden Leistungen nach §§ 3 ff. AsylbLG gewährt (**Grundleistungen nach dem AsylbLG**). Das **Existenzminimum** umfasst den Bedarf, der unerlässlich ist, um die physische Existenz und ein Mindestmaß an Teilhabe am gesellschaftlichen, kulturellen und politischen Leben zu sichern.[205] Die Leistungen nach dem AsylbLG sind gegenüber dem vom Bundesverfassungsgericht festgelegten Existenzminimum, welches dem Hartz IV-Satz entspricht, eingeschränkt. Welche Leistungen eine Person im Rahmen des SBG II[206] erhält, bestimmt § 20 Abs. 5 SBG II. Von dem danach jährlich zu ermittelnden Existenzminimum werden für Asylsuchende noch Abzüge vorgenommen, da etwa der Anteil für die Ansparungen für langlebige Gebrauchsgegenstände – wie etwa Campingausrüstung oder Ski – ausgenommen sind. Auch Ausgaben für Fernseh- und Videogeräte sind nicht vorgesehen.

107 Insbesondere die **Leistungen im Krankheitsfall** sind eingeschränkt. Anders als bei gesetzlich Versicherten beinhaltet § 4 AsylbLG nur Leistungen zur Behandlung von akuten Erkrankungen und Schmerzzuständen. Gerade im Falle psychischer Erkrankungen stellt dies ein Problem dar, da sich deren akuter Behandlungsbedarf oft nicht nach außen hin feststellen lässt.

108 ▶ Behandlung psychischer Krankheiten:
Sollte eine asylsuchende Person psychiatrische oder neurologische Hilfe benötigen, so wird der Behandlungsbedarf durch die Sozialleistungsträger oftmals abgelehnt. Sollte gegen die Entscheidung der Behörde Widerspruch eingelegt werden, kommt die dann meist durchgeführte Begutachtung durch einen Amtsarzt zu keinem besseren Ergebnis. Dies liegt zum einen daran, dass viele Amtsärzte nicht speziell in psychologischer Hinsicht ausgebildet sind und zum anderem am fehlenden Verständnis und Einfühlungsvermögen für die Situation asylsuchender Menschen.

Gerade eine Posttraumatische Belastungsstörung (PTBS), unter der viele von Flucht betroffene Personen leiden, lässt sich oft nur im Rahmen eines langfristigen Vertrauensverhältnisses zuverlässig diagnostizieren.

Viele Asylsuchende sind daher auf die Behandlung durch ehrenamtliche oder öffentlich geförderte Stellen angewiesen. Dort sind die Plätze jedoch oft langfristig ausgebucht.

Sollte eine Behandlung durch einen Facharzt gewünscht sein, empfiehlt es sich daher zunächst, eigene – möglichst fachärztliche – Gutachten zu besorgen. Werden entsprechende Atteste bei den Sozialleistungsträgern vorgelegt, ist die Bewilligung einer entsprechenden Therapie meist leichter zu erreichen.

Sollte eine Behandlung dennoch abgelehnt werden, kann es teilweise auch ratsam sein, einen Behandlungsplatz zu suchen und mit der Behandlung zu beginnen, wenn sich die betroffene Person seit 15 Monaten im Bundesgebiet aufhält. Ab diesem Zeitpunkt besteht ein Anspruch auf eine sogenannte Gesundheitskarte, sogleich → Rn. 112. Im Rahmen der Leistungen, die über diese Karte zunächst vom Arzt mit einer Krankenkasse abgerechnet werden, ist eine Therapie zumeist leichter zu realisieren. ◀

109 In den Aufnahmeeinrichtungen soll der gesamte Bedarf nach Möglichkeit durch Sachleistungen gedeckt werden, § 3 Abs. 1 S. 1, 5 AsylbLG. Dies bedeutet in der Pra-

---

[205] BVerfG 9.2.2010 – 1 BvL 1/09, 1 BvL 3/09, 1 BvL 4/09.
[206] SGB II = Sozialgesetzbuch II; dort sind die sogenannten Harzt IV-Leistungen geregelt, BGBl. 2011 I 850, 2094 ff.

xis meist eine Verpflegung durch eine öffentlich betriebene Kantine und Versorgungspakete mit Hygieneartikeln.

Die genauen Leistungssätze und die hierfür zu leistenden Geldbeträge finden sich in § 3 Abs. 1 (notwendiger persönlicher Bedarf) und Abs. 2 (notwendiger Bedarf) AsylbLG.

Anders als das SGB II für Arbeitssuchende sieht das AsylbLG keine **Mehrbedarfszuschläge** vor. Diese in § 21 SBG II geregelten Leistungen sollen die Ausgaben abdecken, die Personen in besonderen Lebenssituationen finanziell besonders herausfordern, etwa Alleinerziehende oder Schwangere, da es diesen Personen besonders schwerfällt, ihre verhältnismäßig höheren Ausgaben mit dem Regelbedarf zu decken. Befindet sich ein Asylsuchender in einer entsprechenden Situation, können zusätzliche Leistungen allenfalls als unabweisbarer Bedarf im Rahmen des § 6 AsylbLG geltend gemacht werden.[207] Die sodann getätigten Ausgaben müssen idR konkret nachgewiesen werden, um den Bedarf zu rechtfertigen.

Nachdem sich eine schutzsuchende Person 15 Monate im Bundesgebiet aufgehalten hat, erhält sie idR sogenannte **Analogleistungen** gemäß § 2 AsylbLG. Diese Leistungen entsprechen denen des SGB XII,[208] welches die Sozialhilfe regelt. Die Leistungen sind unwesentlich höher als Grundleistungen nach dem AsylbLG. Ein wesentlicher Unterschied ist, dass ab diesem Zeitpunkt die asylsuchende Person eine sogenannte **Gesundheitskarte** erhält. Diese Karte, die von einer gesetzlichen Krankenversicherung ausgestellt wird, beinhaltet den Zugang zu regulären Kassenleistungen. Die Gesundheitskarte gibt es je nach Bundesland von Anfang an oder erst nach 15 Monaten mit Beginn der Analogleistungen. Nach § 264 Abs. 1 SGB V besteht zwar die Möglichkeit für die Länder, schutzsuchenden Personen ab ihrer Zuweisung in ein bestimmtes Bundesland eine Gesundheitskarte zugänglich zu machen, jedoch nutzen nicht alle Bundesländer diese Möglichkeit.

III. Einschränkungen

Das Asylverfahrensbeschleunigungsgesetz[209] regelte in seinem Art. 2 Nr. 2 im Oktober 2015 den § 1 a AsylbLG neu. Diese Vorschrift sieht weitgehende Einschränkungen der Leistungen für Personen vor, die leistungsberechtigt nach dem AsylbLG sind. Von diesen Kürzungen sind auch schutzsuchende Personen im laufenden Asylverfahren betroffen, die nach § 1 Abs. 1 Nummer 1 AsylbLG leistungsberechtigt sind. Die Kürzungen iSd § 1 a Abs. 5 iVm Abs. 2 S. 2 AsylbLG können dazu führen, dass nur noch Leistungen erbracht werden, die unabwendbar sind (Ernährung, Unterkunft, Heizung, Körper- und Gesundheitspflege, umgangssprachlich: „**Bett, Brot, Seife**").

---

[207] Beispiele für Sonderleistungen: besonderer Hygienebedarf, etwa von Wöchnerinnen (BT-Drs.12/4451, 10 und BT-Drs. 13/2746, 16) sowie Fahrtkosten zur Ausübung des Umgangsrechtes, Umzugskosten beim Wechsel der Gemeinschaftsunterkunft (Grube/Wahrendorf/*Wahrendorf* Kommentar SGB XII AsylbLG § 6 Rn. 10).
[208] Das Zwölfte Buch Sozialgesetzbuch – Sozialhilfe – Art. 1 des Gesetzes vom 27.12.2003, BGBl. I 3022 (3023), das zuletzt geändert wurde durch Art. 3 des Integrationsgesetzes vom 31.7.2016, BGBl. I 1939.
[209] Asylverfahrensbeschleunigungsgesetz vom 20.10.2015, BGBl. I 1722 ff.

114 Die **Verfassungsmäßigkeit** der gekürzten Leistungen ist fraglich, da das Bundesverfassungsgericht bereits ausdrücklich entschieden hat, dass migrationspolitische Erwägungen keine Absenkungen der Leistungen unter das Existenzminimum rechtfertigen können.[210] Über die Verfassungsmäßigkeit der beschriebenen Kürzungen wurde noch nicht entschieden.

115 ▶ **Vorgehen bei Leistungskürzungen nach § 1a AsylbLG:**

Gegen Bescheide, die eine Leistungskürzung nach § 1a AsylbLG verfügen, kann Widerspruch bei der zuständigen Sozialleistungsbehörde (zumeist das Ausländer- oder Sozialamt) erhoben und beim Sozialgericht ein Antrag auf einstweilige Anordnung gestellt werden.

Ist die Widerspruchsfrist gegen den leistungskürzenden Bescheid bereits verstrichen, so kann ein Überprüfungsantrag iSd § 44 SBG X gestellt werden, dieser ist nach § 9 Abs. 4 Nr. 1 AsylbLG auch im Rahmen des Anwendungsbereichs des AsylbLG zulässig. Über den Überprüfungsantrag wird durch Bescheid entschieden. Gegen diesen kann dann gegebenenfalls vorgegangen werden. ◀

IV. Leistungen nach dem AsylbLG bei Arbeit und eigenem Vermögen

116 Wie in allen Bereichen der existenzsichernden Leistungen soll diese vom Staat nur erhalten, wer hilfebedürftig ist. Der Zusammenhang von Asylrecht und Armut wird von vielen Personen unbewusst hergestellt, ist aber nicht immer zutreffend.[211] Schutzsuchende Personen können durchaus über eigenes Vermögen verfügen oder in Deutschland durch Arbeit wieder zu einem Einkommen und Vermögen kommen. In diesen Fällen gilt es, § 7 AsylbLG zu beachten.

117 Wer über **eigenes Vermögen** verfügt, muss dieses zunächst aufbrauchen, § 7 Abs. 1 S. 1 AsylbLG. Dabei wird auf das Vermögen der Gemeinschaft der zusammenlebenden Personen abgestellt, es ist also auch das Vermögen des Ehegatten oder Partners oder der Partnerin in einer eheähnlichen Lebensgemeinschaft mit einzubeziehen.[212] § 7 Abs. 5 AsylbLG sieht jedoch pro Person einen Freibetrag von 200,- EUR vor.[213] Auch wer über seine Beschäftigung **Einkommen** erzielt, muss mit Abschlägen rechnen, § 7 Abs. 3 AsylbLG.

118 Da die Leistungen nach dem AsylbLG gemäß § 3 Abs. 1 S. 1 AsylbLG auch die Bereitstellung einer Unterkunft umfassen, kann es im Falle eigenen Vermögens oder Einkommens dazu kommen, dass für die Unterbringung in einer staatlichen Unterkunft bezahlt werden muss. Dies bedeutet, dass eine schutzsuchende Person ver-

---

210 So das Bundesverfassungsgericht in den Leitsätzen seines Urteils vom 18.7.2012 – 1 BvL 10/10 und 1 BvL 2/11.
211 Zahlreiche Flüchtende berichten, in ihren Herkunftsländern zumindest zum Mittelstand gehört zu haben, erst die Flucht habe sie arm gemacht. Die Kosten einer Flucht umfassen dabei oft zunächst die Kosten einer Unterbringung in der Nähe der Heimat, wo auf eine baldige Rückkehr gehofft wird. Dann kommen häufig immense Kosten einer Schleusung und Bestechungsgelder hinzu. Das Vermögen eines ganzen Lebens kann sich so im Laufe der Flucht in wenigen Wochen aufbrauchen.
212 Lebt also bspw. der vermögenslose afghanische Flüchtling während seines laufenden Asylverfahrens bei seiner äußerst wohlhabenden deutschen Freundin und dem gemeinsamen Kind, hat er regelmäßig keinen Anspruch auf Leistungen nach dem AsylbLG.
213 Persönliche Wertgegenstände werden von den Behörden zumeist nicht als Vermögen erfasst. Die Länder können entsprechende Anweisungen treffen, wie etwa die Stadt Hamburg, welche in diesen Fällen von einem tatsächlichen Hinderungsgrund ausgeht, vgl. Arbeitshilfe zum AsylbLG zur Fachanweisung vom 1.4.2012 (Gz. SI 22/507.13-7-0-1), Stand 10.10.2016, unter http://www.hamburg.de/basfi/ah-asylblg/373 3118/ah-asylblg-bverfg2012/.

pflichtet werden kann, für die Unterbringung in einer staatlichen Unterkunft eine **Unterbringungsgebühr**, entsprechend eines Mietzinses, zu bezahlen. Dies ist insbesondere auch dann der Fall, wenn diese Person zur Wohnsitznahme verpflichtet bleibt, da das eigene Einkommen oder Vermögen nicht zur vollständigen Lebensunterhaltssicherung genügt.[214] Dies ist für viele Betroffene oft nur schwer hinnehmbar, insbesondere, wenn es um mehrere hundert Euro für ein Bett im Sechsmannzimmer geht. In entsprechenden Extremfällen kann die Angemessenheit der Gebühr gerichtlich beim Verwaltungsgericht überprüft werden, dieses Verfahren ist jedoch nicht gerichtskostenfrei. Ob und in welcher Höhe eine Gebühr für die Unterkunft verlangt wird, ist Ländersache, ebenso, welche Behörde diese erhebt.

§ 7 Abs. 2 AsylbLG sieht Einkünfte vor, die als solche nicht anrechenbar iSd § 7 Abs. 1 AsylbLG sind, also Einnahmen, die der schutzsuchenden Person nicht als Vermögen oder Einkünfte angerechnet werden dürfen. Diese Ausnahmen sind zumeist andere staatliche Leistungen, wie etwa Renten oder Entschädigungen, etwa eine Fahrtkostenerstattung zum Integrationskurs.

119

---

214 Siehe zur Möglichkeit eines Auszuges aus einer staatlichen Unterkunft Kap. 5 Rn. 17 ff.

Kapitel 6 Materielles Flüchtlingsrecht, Positive Entscheidungen des BAMF

A. Die Entscheidung im Asylverfahren und die allgemeinen Folgen

1 Das BAMF ist für die Durchführung aller Asylverfahren in Deutschland zuständig, § 5 AsylG. Das BAMF ist eine Behörde des Bundes, hat jedoch zahlreiche Außenstellen in den Bundesländern. Die Zentrale des BAMF befindet sich in Nürnberg (Bundesamt für Migration und Flüchtlinge, Frankenstr. 210, 90461 Nürnberg). Sollte daher die zuständige Außenstelle nicht bekannt sein, sind Schreiben an die Zentrale zu richten.

2 Das BAMF führt das Asylverfahren durch, in dessen Rahmen geprüft wird, ob einer Person ein asylrechtlicher Schutz und damit ein Aufenthaltsrecht in Deutschland gewährt werden kann. Das BAMF führt dazu insbesondere die Anhörungen iSd § 25 AsylG durch, in denen die Schutzsuchenden ihre Asylgründe darlegen können.

3 Nach der Entscheidung durch das BAMF ist es Sache der örtlich zuständigen Ausländerbehörden, die rechtlichen Folgen der Entscheidung umzusetzen. Die Ausländerämter prüfen, ob ein Aufenthaltstitel ausgestellt werden kann oder ob etwa noch Sicherheitsbedenken vorliegen. Sie beantragen die elektronischen Aufenthaltskarten bei der Bundesdruckerei und sind für die Ausstellung der Dokumente zuständig, die auf eine Aufenthaltsgestattung folgen.

4 Die verschiedenen Akteure im Rahmen des Asylverfahrens und die verschiedenen Arten der Schutzgewährung sollen in diesem Kapitel erläutert werden. Im Anschluss an die Erklärung der einzelnen Schutzmöglichkeiten sind die Rechtsfolgen einer positiven Entscheidung des BAMF dargestellt, die sich für die Schutzsuchenden aus den Statusentscheidungen ergeben.

I. Entscheidungsgrundlagen des BAMF in Asylverfahren

5 Für die Entscheidung des BAMF darüber, ob ein asylrechtliches Aufenthaltsrecht gewährt werden kann, ist **lediglich die Situation im Herkunftsland relevant**. Das BAMF prüft also nur, warum ein Mensch aus seinem Herkunftsland fliehen musste, warum die Person dort keinen Schutz erhalten konnte und warum sie jetzt nicht dorthin zurückkehren kann. Integrationsleistungen, die von Schutzsuchenden in Deutschland erbracht werden, spielen für die Entscheidung des BAMF keine Rolle. So werden bereits erlangte Sprachkenntnisse, eine Arbeitsstelle oder Ausbildung im Asylverfahren nicht berücksichtigt.

6 Sollte das BAMF zu dem Ergebnis gelangen, dass ein asylrechtlicher Schutz gewährt werden muss, da eine Rückkehr des Antragstellenden in sein Herkunftsland ausscheidet, so muss das BAMF sich festlegen, auf welcher rechtlichen Grundlage dieser Schutz gewährt wird.

7 Zu unterscheiden ist hierbei zwischen internationalem und nationalem Schutz. Als **internationaler Schutz**, Abschn. 2 UAbschn. 2 des AsylG, werden die Zuerkennung des Flüchtlingsstatus nach der Genfer Flüchtlingskonvention (GFK) und die Zuerken-

nung des subsidiären Schutzes bezeichnet. Diese beiden Möglichkeiten beruhen auf internationalem Recht, der GFK[215] und der europäischen Gesetzgebung[216] und werden daher als internationaler Schutz bezeichnet. **Nationaler Schutz** wird durch die Gewährung von Asyl nach dem Grundgesetz gewährt, § 2 AsylG. Außerdem gibt es **nationale Abschiebungsverbote**, § 60 Abs. 5 bzw. Abs. 7 AufenthG.

Die verschiedenen Formen der Schutzgewährung stehen in einem Stufenverhältnis und in Konkurrenz zueinander. Das BAMF prüft daher zunächst, ob Asyl gewährt werden kann, dann das Vorliegen der Flüchtlingseigenschaft und im Anschluss das Vorliegen der Voraussetzungen zur Gewährung des subsidiären Schutzes. Kann kein Schutz auf Grundlage dieser Regelungen erteilt werden, bleibt ein Abschiebungsverbot als letzte Möglichkeit. 8

II. Maßnahmen der Ausländerbehörde im Anschluss an das Asylverfahren

Sobald das Asylverfahren durch rechtskräftigen Bescheid des BAMF abgeschlossen wurde, geht die Kompetenz zur weiteren Bearbeitung und Verwaltung auf die jeweils zuständige Ausländerbehörde am Wohnort des Antragstellenden über. Diese ist nach § 71 Abs. 1 S. 1 AufenthG für alle aufenthaltsrechtlichen Maßnahmen zuständig, die sich an das Asylverfahren anschließen. Der Bescheid des Bundesamtes wird der zuständigen Ausländerbehörde in Kopie übersandt. 9

Das BAMF entscheidet also darüber, welche Form des Schutzes gewährt wird. Ob der betroffenen Person eine Aufenthaltserlaubnis erteilt wird, ist Sache der Ausländerbehörde. 10

Bei ihrer Entscheidung wird die Ausländerbehörde immer auch die **allgemeinen Erteilungsvoraussetzungen für einen Aufenthaltstitel nach § 5 AufenthG** berücksichtigen und prüfen, ob der Erteilung einer Aufenthaltserlaubnis trotz Zuerkennung eines Schutzes durch das BAMF Gründe entgegenstehen könnten, etwa wenn die Sicherheitsüberprüfung zulasten des Antragstellenden ausfällt. 11

Liegen die Erteilungsvoraussetzungen vor, stellt die Ausländerbehörde zunächst eine **Fiktionsbescheinigung** aus, § 81 Abs. 5 AufenthG. Die Fiktionsbescheinigung erlaubt den Aufenthalt in der Bundesrepublik bis zur Erteilung des Aufenthaltstitels. Die Ausstellung eines Aufenthaltstitels erfolgt in Form eines sogenannten **elektronischen Aufenthaltstitels**.[217] Dieser scheckkartengroße Bildausweis wird von der Bundesdruckerei erstellt. Er enthält neben den Personalien Angaben über die Rechtsgrundlage des Titels und ist in seiner Funktion mit einem deutschen Personalausweis vergleichbar. 12

---

215 Kap. 1 Rn. 7 mit Fn. 7.
216 RL 2011/95/EU des Europäischen Parlaments und des Rates vom 13.12.2011 über Normen für die Anerkennung von Drittstaatsangehörigen oder Staatenlosen als Personen mit Anspruch auf internationalen Schutz, für einen einheitlichen Status für Flüchtlinge oder für Personen mit Anspruch auf subsidiären Schutz und für den Inhalt des zu gewährenden Schutzes, ABl. EU 2011 L 337, 9 ff.
217 Das Gesetz spricht insoweit von einem „Dokument mit elektronischem Speicher- und Verarbeitungsmedium", vgl. § 78 Abs. 1 S. 1 AufenthG.

B. Asyl

13   Art. 16a Abs. 1 GG besagt: „Politisch Verfolgte genießen Asylrecht." Auf eine präzisere Konturierung des Asylrechts verzichtet das Grundgesetz, insbesondere lässt es offen, welche Umstände als politische Verfolgung zu verstehen sind. Der Parlamentarische Rat charakterisierte das Asylrecht als Recht, „das dem Ausländer gewährt wird, der in seinem eigenen Land nicht mehr leben kann, weil er durch das politische System seiner Freiheit, seines Lebens oder seiner Güter beraubt wird".[218] Daraus lässt sich der Schluss ziehen, dass ein Asylrecht nur dann besteht, wenn dem Betroffenen akute staatliche Verfolgung droht.[219]

14   Das ursprünglich in Art. 16 Abs. 2 S. 2 GG geregelte Asylrecht wurde im Rahmen des sogenannten Asylkompromisses aus dem Jahr 1993[220] in den neuen Art. 16a GG überführt und durch die zugleich ergänzten Abs. 2–5 weitgehenden Einschränkungen unterworfen. Eine weitreichende Einschränkung hat das Asylrecht durch die Einführung des Art. 16a Abs. 2 S. 1 GG erfahren. Ein Anspruch auf Asyl ist danach ausgeschlossen, wenn die schutzsuchende Person aus einem Mitgliedstaat der Europäischen Gemeinschaft[221] oder einem anderen sicheren Drittstaat einreist.[222] Dabei genügt nach der Ansicht einiger Behörden bereits ein kurzer Zwischenstopp auf dem Flug in die Bundesrepublik Deutschland, um das Asylrecht auszuschließen.[223]

15   Art. 16a Abs. 2 S. 1 GG definiert sichere Drittstaaten als Staaten, in denen „die Anwendung des Abkommens über die Rechtsstellung der Flüchtlinge[224] und der Konvention zum Schutz der Menschenrechte und Grundfreiheiten[225] sichergestellt" ist. Sichere Drittstaaten iSd Art. 16a Abs. 2 S. 1 GG sind damit die Länder, die zumindest die Verpflichtungen gegenüber schutzsuchenden Menschen nach der Genfer Flüchtlingskonvention und der Europäischen Menschenrechtskonvention erfüllen.[226] Art. 16a Abs. 2 S. 2 sieht vor, dass ein Gesetz diese Staaten näher bestimmt. Diese erweiterte Regelung findet sich in § 26a Abs. 2 AsylG, welche auf die Mitgliedsstaaten der Europäischen Union und die in Anlage I zum AsylG aufgeführten Länder verweist. Zurzeit sind dort Norwegen und die Schweiz verzeichnet.[227]

16   Aufgrund der europäischen Regelungen, insbesondere durch die sogenannten Dublin-Verordnungen,[228] welche grds. ein Asylverfahren im ersten Einreiseland vorsehen, und der häufig üblichen Einreise über den Landweg hat das Grundrecht auf Asyl sei-

---

218 NK-AuslR/*Möller* Teil 5 GG Art. 16a Rn 3.
219 Bergmann/Dienelt/*Bergmann* Ausländerrecht Kommentar Teil 5, GG Art. 16a Rn. 34.
220 Gesetz zur Änderung des Grundgesetzes vom 28.6.1993, BGBl. 1993 I 31, 1002 ff v. 29.6.1993.
221 Seit dem 1.7.2013 sind dies 28 Mitgliedstaaten der Europäischen Union: Belgien, Bulgarien, Dänemark, Deutschland, Estland, Finnland, Frankreich, Griechenland, Irland, Italien, Kroatien, Lettland, Litauen, Luxemburg, Malta, Niederlande, Österreich, Polen, Portugal, Rumänien, Schweden, Slowakei, Slowenien, Spanien, Tschechien, Ungarn, das Vereinigte Königreich und Zypern.
222 NK-AuslR/*Möller* Teil 5 GG Art. 16a Rn 23.
223 NK-AuslR/*Möller* Teil 5 GG Art. 16a Rn. 23, oder etwa VGH Hessen 6.11.2000 – 10 ZU 4042/98.A.
224 *GFK*, Abkommen über die Rechtsstellung der Flüchtlinge vom 28.7.1951, BGBl. 1969 II 46, 1293 ff. v. 17.7.1969.
225 *EMRK*, Konvention zum Schutz der Menschenrechte und Grundfreiheiten, BGBl. 1952 II 685 ff.
226 BVerfG 14.5.1996 – 2 BvR 1938/93, 2 BvR 2315/93.
227 Der Begriff des sicheren Drittstaates darf nicht mit demjenigen des sicheren Herkunftslandes verwechselt werden, dazu Infokasten Kap. 5 Rn. 5.
228 Kap. 1 Rn. 11 und zum Dublin-Verfahren Kap. 3.

ne Bedeutung in der Praxis verloren. Im Jahr 2015 erhielten lediglich 0,7 % der Antragstellenden Asyl iSd Art. 16 a GG.[229]

Ein Beispielsfall für einen Schutzsuchenden, der Asyl nach Art. 16 a Abs. 1 GG beanspruchen kann, wäre eine bekennende christliche Person aus dem Iran, die mit dem Flugzeug direkt von Teheran nach Berlin einreist. 17

Der Tenor einer entsprechenden Entscheidung des BAMF lautet sinngemäß: 18

▶ Der Person wird Asyl zuerkannt. ◀

Die meisten Schutzsuchenden, die aufgrund der Regelung des Art. 16 a Abs. 2 GG keinen asylrechtlichen Schutz erhalten können, erhalten eine Anerkennung als Flüchtling nach der GFK. Die Rechtsfolgen einer Zuerkennung von Asyl oder der Flüchtlingseigenschaft unterscheiden sich nicht. 19

Trotz der geringen quantitativen Bedeutung des Asylrechts iSd Grundgesetzes wird der Begriff nach wie vor als Oberbegriff für alle Arten von zu gewährendem Schutz verwendet. Der Begriff „Asylrecht" kann daher umfassend auch all diejenigen Normen bezeichnen, die von der Einreise bis zur Entscheidung durch das BAMF auf Schutzsuchende anzuwenden sind. Ebenso werden alle einreisenden Schutzsuchenden als Asylbewerberinnen und Asylbewerber bezeichnet, da bis zum Abschluss des Asylverfahrens noch nicht feststeht, welchen Schutzstatus die Person erhalten wird. 20

C. Flüchtlingsschutz

Das Abkommen über die Rechtsstellung der Flüchtlinge,[230] besser bekannt als **Genfer Flüchtlingskonvention (GFK)**, fängt viele Fälle auf, die vor der Reform im Jahre 1993 noch unter den grundgesetzlichen Asylbegriff gefallen wären. Im deutschen Recht sind die GFK und die in der Qualifikationsrichtlinie[231] vorgesehenen Voraussetzungen in den **§§ 3–3 e AsylG** normiert. § 3 AsylG stellt zunächst klar, dass **Flüchtling** nur sein kann, wer aus begründeter Furcht vor Verfolgung wegen Rasse, Religion, Nationalität, politischer Überzeugung oder Zugehörigkeit zu einer bestimmten sozialen Gruppe in ein anderes Land geflohen ist.[232] In den folgenden §§ 3 a–3 e AsylG wird auf die Merkmale genauer eingegangen. 21

Auf die möglichen **Verfolgungshandlungen**, die Schutzsuchende zu einer Flucht bewegt haben können, geht § 3 a AsylG ein. Nicht jede Rechtsverletzung oder Bedrohung reicht aus, um als Flüchtling anerkannt zu werden. § 3 a AsylG verlangt das Erreichen einer gewissen Erheblichkeit der Verfolgung. Es muss sich um eine schwerwiegende Verletzung grundlegender Menschenrechte handeln. In § 3 a Abs. 2 AsylG finden sich einige Regelbeispiele für Verfolgungshandlungen. Auch eine Kumulation verschiedener Verfolgungshandlung ist denkbar, wenn erst deren Zusammenspiel die Grenze der Erheblichkeit erreicht, § 3 a Abs. 1 Nr. 2 AsylG. 22

---

229 Asylgeschäftsstatistik des BAMF für den Monat Dezember 2015, S. 2.
230 BGBl. 1953 II 560 ff.
231 Kap. 1 Rn. 9 mit Fn. 3.
232 Bergmann/Dienelt/*Bergmann* Ausländerrecht Kommentar Teil 6 AsylG § 3 Rn. 5.

23 Neben der Verfolgungshandlung sind die **Verfolgungsgründe** zu beachten, § 3 b AsylG. Die Verfolgung muss demnach über eine bloß zufällige Betroffenheit hinausgehen. Es ist dabei auf die subjektive Furcht und Bedrohung der Schutzsuchenden abzustellen, nicht auf eine objektive Einschätzung der Lage.[233] Nur wer aufgrund seiner Rasse, Religion, Nationalität, als Mitglied einer bestimmten sozialen Gruppe oder aufgrund seiner politischen Überzeugung Verfolgungshandlungen ausgesetzt ist, kann als Flüchtling anerkannt werden. Die Flucht aufgrund der Angst vor einem Bürgerkrieg genügt folglich nicht. Mit dem Oberbegriff der **Rasse** ist die ethnische Herkunft gemeint, diese spielt auch im Rahmen der Zugehörigkeit zu einer bestimmten sozialen Gruppe eine Rolle, eine Abgrenzung kann hier nur schwer getroffen werden. Es geht in diesen Fällen meist um die Verfolgung aufgrund der Zugehörigkeit der Schutzsuchenden zu einer Minderheit im Herkunftsland, etwa der Ethnie der Rohingya in Myanmar. Wer aufgrund seiner **Religion** verfolgt wird, wie etwa Christen im Iran, fällt ebenso unter § 3 b Abs. 1 Nr. 2 AsylG wie eine Person, die aufgrund ihres Nicht- oder atheistischen Glaubens verfolgt wird. Schutzsuchenden, die aufgrund ihrer Religion als Flüchtlinge anerkannt werden wollen, können seit dem Urteil des BVerwG v. 20.2.2013 – 10 C 23.12 nicht mehr darauf verwiesen werden, ihre Religion im Stillen und ausschließlich nicht öffentlich zu leben. Das Urteil trägt damit dem in Art. 10 Abs. 1 lit. b der Qualifikationsrichtlinie aufgegriffenen Recht auf öffentliche Religionsausübung Rechnung. Der Verfolgungsgrund der **Nationalität** ist weiter zu fassen als die bloße Staatsangehörigkeit. Gemeint ist die Zugehörigkeit zu einer Gruppe, die durch ihre kulturelle, ethnische, sprachliche, geografische oder politische Herkunft geprägt wird.[234] Auch hier ist die Abgrenzung **zur Zugehörigkeit zu einer bestimmten sozialen Gruppe** iSd § 3 b Abs. 1 Nr. 4 AsylG schwierig. Überschneidungen sind jedoch unschädlich. Merkmale können etwa das Geschlecht oder die sexuelle Orientierung sein. Inwieweit eine Person als einer bestimmten Gruppe zugehörig bezeichnet werden kann, ist oft schwierig. Wichtig ist vor allem, ob die schutzsuchende Person von den Verfolgern als Mitglied einer bestimmten Gruppe definiert und angesehen wird. Ein Beispielfall für eine Verfolgung aufgrund der Zugehörigkeit zu einer bestimmten Gruppe wären etwa Frauen und Mädchen aus Somalia, denen im Herkunftsland Genitalverstümmelung droht. Letztlich kann auch Flüchtling sein, wer aufgrund seiner **politischen Überzeugung** verfolgt wird. Die Verfolgung knüpft in diesen Fällen an die Weltanschauung oder Gesinnung einer Person an.

24 § 3 c AsylG geht ein auf die **Akteure, von denen Verfolgung ausgehen kann**. Hier werden drei Gruppen unterschieden. Zum einen ist ein möglicher Akteur ein Staat. Eine **staatliche Verfolgung** kann auch mittelbar gegeben sein, wenn der Staat durch seine Organe oder Dritte handelt. Versagt ein Staat Schutz in Kenntnis der Verfolgung, so ist diese ihm zuzurechnen. Dies ist etwa der Fall, wenn staatliche Organe einer Menschenrechtsverletzung ohne jegliche Gegenwehr zusehen. Ein Beispiel sind Polizisten, die einer Plünderung tatenlos beiwohnen. Des Weiteren können Verfolgungshandlungen von Parteien oder Organisationen vorgenommen werden, die den Staat oder einen wesentlichen Teil des Staatsgebietes beherrschen, § 3 c Nr. 2 AsylG. In diesem

---

233 NK-AuslR/*Keßler* Teil 6 AsylG § 3 Rn. 7.
234 NK-AuslR/*Möller* AsylG § 3 b Rn 9.

Fall ersetzen diese Strukturen den Staat in seiner Rolle als Hüterin der Menschenrechte. In Anbetracht von § 3 c Nr. 3 AsylG ist diese Regelung jedoch kaum noch relevant.[235] § 3 c Nr. 3 AsylG nennt die **nichtstaatlichen Akteure**. Dabei kann es sich sowohl um organisierte Personengruppen als auch um Einzelpersonen handeln. Eine Verfolgung liegt hier jedoch nur vor, sofern erwiesenermaßen kein Staat, anderer Akteur oder eine andere Organisation in der Lage oder Willens ist, Schutz vor der Verfolgung zu bieten, wenn also Personen den nichtstaatlichen Akteuren schutzlos ausgeliefert sind. Dies ist etwa der Fall, wenn der Staat aufgrund eines Krieges zerfallen ist, keinerlei öffentliche Strukturen mehr bestehen und Guerillatruppen die Bevölkerung terrorisieren. § 3 d AsylG beschreibt näher, von welchen Akteuren Schutz gewährt werden sollte. Dies sind zum einen die Staaten selbst und zum anderen Parteien, staatliche und nichtstaatliche Organisationen, sofern diese Willens und in der Lage sind, Schutz zu bieten. Dieser Schutz muss wirksam und von Dauer sein, ein Daueraufenthalt in einem Flüchtlingslager ist nicht als Schutz zu verstehen. Es wird jedoch zumeist als zumutbar angesehen, sich vor einer Flucht an die Polizei zu wenden. Von Schutzsuchenden wird idR verlangt, dass sie zunächst vor Ort versucht haben, Hilfe in Anspruch zu nehmen. Die Flucht und die Anerkennung als Flüchtling soll das letzte Mittel bleiben, um Schutz zu erhalten.

Als Flüchtling anerkannt wird nicht, wer eine sogenannte **innerstaatliche Fluchtalternative** (**interner Schutz**) hat. Wer also in einem anderen Teil des Landes Zuflucht finden kann, muss zunächst versuchen, als Binnenflüchtling Schutz zu finden. Gerade bei großflächigen Herkunftsländern wird oft ein solcher Schutzraum innerhalb des Staates anzunehmen sein.[236] Dieser muss für die Schutzsuchenden jedoch auch zugänglich sein; so gelten etwa Teile Somalias als relativ sicher, die Reise dorthin jedoch nicht. Schutz bieten zudem nur Gegenden, die den Schutzsuchenden ausreichende Existenzbedingungen bieten. Ein Niederlassen iSd Vorschrift umfasst die Garantie, dass die Grundbedürfnisse, wie Sicherheit, Nahrung, aber auch Schule und Arbeit, verfügbar sind. Nur wenn ein interner Schutz zugänglich ist und sich Schutzsuchende dort auch dauerhaft niederlassen können, kann auf diesen internen Schutz als Fluchtalternative verwiesen werden.

25

In den Jahren 2015 und 2016 wurde in überwiegender Mehrzahl der positiv beschiedenen Asylverfahren eine Flüchtlingsanerkennung nach der GFK getroffen. Etwa 48,5 % aller Entscheidungen in Asylverfahren führten zu einer Anerkennung nach der GFK.[237]

26

Der Tenor des Bescheides des BAMF im Asylverfahren lautet in diesen Fällen:

27

▶ 1. Die Flüchtlingseigenschaft wird **zuerkannt**.

2. Der Antrag auf Asylanerkennung wird **abgelehnt**. ◀

---

235 NK-AuslR/*Möller* AsylG § 3 c Rn 6.
236 Innerstaatliche Fluchtalternativen werden im Winter 2016 etwa angenommen im kurdischen Nordirak für den Irak und für Tschetschenien in weiten Teilen der Russischen Föderation.
237 Asylgeschäftsstatistik des BAMF für den Monat Dezember 2015, S. 2, vgl. Fn. 63.

28 § 3 AsylG schließt in seinen Abs. 2, 3 und 4 AsylG eine Flüchtlingsanerkennung für bestimmte Personen aus, die schwerste Straftaten begangen haben oder Terroristen sind.

▶ **Syrien – Flüchtlings- oder subsidiärer Schutz:**
Eine **individuelle Verfolgung** durch den Herkunftsstaat **im Falle einer Rückkehr** wird dann angenommen, wenn zu den Fluchtgründen besondere Voraussetzungen hinzutreten, die annehmen lassen, dass die schutzsuchende Person im Falle ihrer Rückkehr individuellen Repressionen ausgesetzt würde, etwa weil der Herkunftsstaat schon allein die Flucht und Asylantragstellung in einem anderen Staat als strafbewährten Volks- und Landesverrat ansieht. In diesen Fällen wird von der Rechtsprechung auch ohne vorherige individuelle Verfolgung eine individuelle Bedrohung angenommen.[238] Das BAMF gewährte aufgrund dieser Rechtsprechung Personen aus Syrien und Eritrea seit Mitte 2015 von sich aus Flüchtlingsschutz. Anfang 2016 änderte das BAMF seine Praxis. Seitdem erhalten viele schutzsuchende Personen lediglich subsidiären Schutz (zum subsidiären Schutz → Rn. 29 ff.), wenn sie in ihrer Anhörung nichts zu einer individuellen Gefährdung vortragen.

Wie die Rechtsprechung diese geänderte Praxis bewerten wird, ist noch nicht höchstrichterlich geklärt. Zahlreiche sogenannte „**Aufstockungsklagen**" von subsidiären Geschützten, die eine Flüchtlingsanerkennung begehren, sind im Winter 2016 noch anhängig. ◀

D. Subsidiärer Schutz

29 Kann ein Schutz nach der GFK nicht gewährt werden, bleibt der **subsidiäre Schutz** iSd § 4 AsylG. Dieser wird als subsidiärer bezeichnet, da ein entsprechender Schutz nur gewährt wird, wenn andere Schutzmechanismen nicht greifen. Somit kommt der auf der Qualifikationsrichtlinie[239] basierende Schutz nur als Auffangtatbestand in Betracht. Eine klare Trennung zum Flüchtlingsschutz fällt schwer und es lässt sich oft nicht vorhersagen, welcher Schutzstatus einer Person gewährt wird. Das BAMF hat bestimmte Vorgaben, die sogenannten Herkunftsländerleitlinien. Diese sind nicht öffentlich und können sich je nach politischer Einschätzung ändern.

30 § 4 AsylG setzt die Qualifikationsrichtlinie um. Subsidiären Schutz erhalten Personen, denen in ihrem Herkunftsstaat ein ernsthafter Schaden droht. Als ernsthaften Schaden bezeichnet § 4 Abs. 1 S. 2 AsylG die Gefahr der Verhängung oder Vollstreckung der Todesstrafe (Nr. 1), Folter, eine unmenschliche oder erniedrigende Behandlung oder Bestrafung (Nr. 2) oder eine ernsthafte, individuelle Bedrohung des Lebens oder der Unversehrtheit einer Zivilperson im Rahmen eines internationalen oder innerstaatlichen bewaffneten Konflikts (Nr. 3). Diese Aufzählung ist abschließend, die unklaren Rechtsbegriffe lassen Auslegungsspielräume.

31 Für eine drohende **Todesstrafe** müssen konkrete Anhaltspunkte gegeben sein, die abstrakte Gefahr der Verhängung genügt nicht. Die schutzsuchende Person muss darlegen, warum ihr die Todesstrafe im Falle einer Rückkehr droht. **Folter** wird in Art. 1

---

238 Etwa VG Saarland 16.9.2014 – 3 K 930/14 und VG Trier 13.3.2012 – 1 K 12/12.TR.
239 Kap. 1 Rn. 9 mit Fn. 3.

Abs. 1 der UN-Folterverbotskonvention[240] definiert.[241] Sie liegt vor bei vorsätzlichem staatlichen und zweckgerichtetem Handeln, das physisches oder psychisches Leiden von besonderer Intensität verursacht. Auch hier wird ein Handeln dem Staat zugerechnet, wenn er mögliche Schutzmaßnahmen unterlassen hat. Eine **unmenschliche oder erniedrigende Behandlung** kann auch Folter sein, welche nicht einem Staat zugerechnet werden kann. Sie muss in ihrer Ausführung oder Folge geeignet sein, die Würde des Opfers zu verletzen und von einer gewissen Intensität sein. Unmenschlich und erniedrigend sind Handlungen insbesondere dann, wenn sie die Verursachung schwerer psychischer oder physischer Leiden zum Ziel haben.[242] Als Beispiele können etwa extrem schlechte Haftbedingungen, unverhältnismäßige Arbeits- oder körperliche Strafen genannt werden. In Einzelfällen kann eine drohende Abschiebung als menschenunwürdig gelten, wenn sie etwa in ein Herkunftsland erfolgen soll, in dem kein Zugang zu medizinischer Versorgung besteht.[243] § 4 Abs. 1 S. 2 Nr. 3 AsylG schließlich stellt die **willkürliche Gewalt im Rahmen internationaler oder innerstaatlicher Konflikte** in den Fokus. Gewährt wird subsidiärer Schutz danach vor allem zivilen Bürgerkriegsflüchtlingen, die, ohne individuell verfolgt zu werden, Zufallsopfer eines Krieges geworden sind. Es gibt keine genauen Anhaltspunkte, ab wann in einem Land oder einem Gebiet die Gefahr droht, Opfer willkürlicher Gewalt zu werden. Der UNHCR nennt als Maßstab neben den Zahlen über Tote und Verletzte die allgemeine Sicherheitslage und die Art der vorkommenden Gewalthandlungen, das Ausmaß der Kämpfe und der Vertreibung, die sozio-ökonomische, politische und sicherheitsrelevante Lage, der Zugang zu Schutz durch den Staat oder Organisationen sowie die Möglichkeit, trotz des Konfliktes das Überleben zu sichern.[244] Die Schutzsuchenden müssen nicht individuell von der drohenden willkürlichen Gewalt betroffen sein, um subsidiären Schutz zu erhalten, eine abstrakte Gefährdung als Zivilperson genügt hier.

Der Entscheidungstenor einer entsprechenden Entscheidung durch das BAMF lautet: 32

▶ 1. Die Flüchtlingseigenschaft wird **abgelehnt**.
2. Der Antrag auf Asylanerkennung wird **abgelehnt**.
3. Der subsidiäre Schutzstatus wird **zuerkannt**. ◀

---

240 Übereinkommen der Vereinten Nationen gegen Folter und andere grausame, unmenschliche oder erniedrigende Behandlung oder Strafe vom 10.12.1984.
241 Folter ist danach „jede Handlung, durch die einer Person vorsätzlich große körperliche oder seelische Schmerzen oder Leiden zugefügt werden, zum Beispiel um von ihr oder einem Dritten eine Aussage oder ein Geständnis zu erlangen, um sie für eine tatsächlich oder mutmaßlich von ihr oder einem Dritten begangene Tat zu bestrafen, um sie oder einen Dritten einzuschüchtern oder zu nötigen oder aus einem anderen, auf irgendeiner Art von Diskriminierung beruhenden Grund, wenn diese Schmerzen oder Leiden von einem Angehörigen des öffentlichen Dienstes oder einer anderen in amtlicher Eigenschaft handelnden Person, auf deren Veranlassung oder mit deren ausdrücklichem oder stillschweigendem Einverständnis verursacht werden. Der Ausdruck umfasst nicht Schmerzen oder Leiden, die sich lediglich aus gesetzlich zulässigen Sanktionen ergeben, dazu gehören oder damit verbunden sind."
242 NK-AuslR/*Keßler* Teil 6 AsylG § 4 Rn. 11.
243 NK-AuslR/*Keßler* Teil 6 AsylG § 4 Rn. 11 a.E.
244 UNHCR-Bericht „Safe at Last? Law and Practice in Selected EU Member States with Respect to Asylum-Seekers Fleeing Indiscriminate Violence" v. 27.7.2011, abrufbar unter: http://www.refworld.org/docid/4e2ee0022.html.

33 Im Jahr 2015 wurden von 282.726 Entscheidungen 1.707 in dieser Form getroffen. Dies entspricht einer Quote von etwa 0,6 %.[245] 2016 wurden bis November bei 615.527 Entscheidungen 136.119 als subsidiärer Schutz getroffen. Die Quote hat sich damit auf 22 % erhöht.[246] Dies erklärt sich vor allem durch die Entscheidungspraxis des BAMF bezüglich der aus Syrien stammenden Schutzsuchenden, → Rn. 28.

34 Wie die Flüchtlingsanerkennung ist subsidiärer Schutz ausgeschlossen, wenn interner Schutz im Herkunftsland möglich ist, § 4 Abs. 3 iVm § 3 e AsylG. Auch § 4 Abs. 2 AsylG sieht Ausschlussgründe vor. Diese greifen jedoch lediglich bei besonders schweren Straftaten oder einem Terrorismusverdacht.

E. Feststellung nationaler Abschiebungsverbote

35 Liegen die Voraussetzungen für die Gewährung von Asyl, Flüchtlingsschutz oder subsidiärem Schutz nicht vor, können noch die Abschiebungsverbote nach § 60 Abs. 5 oder 7 AufenthG eingreifen.

36 Wird ein Abschiebungsschutz gewährt, dürfen Schutzsuchende nicht in ihr Herkunftsland abgeschoben werden. In den Bescheiden des BAMF ist die Zuerkennung eines Abschiebungsverbotes nicht so offensichtlich zu erkennen wie die Gewährung eines anderen Schutzes, da er oft nicht in Fettdruck hervorgehoben wird. Der Tenor der Entscheidung sollte daher aufmerksam und vor allem vollständig gelesen werden.

I. § 60 Abs. 5 AufenthG wegen einer drohenden unmenschlichen Behandlung

37 Ein Abschiebungsverbot nach § 60 Abs. 5 AufenthG liegt vor, wenn die Abschiebung einen Verstoß gegen die **Europäische Menschenrechtskonvention (EMRK)**[247] oder eines ihrer Zusatzprotokolle darstellen würde. Letztere Verstöße sind jedenfalls dann relevant, wenn die Bundesrepublik die Protokolle ratifiziert hat, anderenfalls kann mit der Einheitlichkeit des europäischen Rechts argumentiert werden.[248]

38 Die EMRK gewährt zahlreiche individuelle Rechte und den Schutz von Grundfreiheiten, wie etwa das Recht auf Sicherheit in Art. 5. Um aus diesem weitreichenden Katalog keine ausufernden Aufenthaltsrechte abzuleiten, wurde durch zahlreiche Entscheidungen des BVerwG der Schutzbereich des § 60 Abs. 5 AufenthG eingegrenzt.[249] Dabei handelt es sich jedoch um Einzelfallentscheidungen, eine eindeutige Definition und klare Kriterien für den Anwendungsbereich des § 60 Abs. 5 AufenthG wurden nicht entwickelt.[250] Als Grundsatz hat sich herausgeprägt, dass ein Abschiebungsschutz nur gewährt wird, wenn von allen Vertragsstaaten als grundlegend anerkannte Menschenrechtsgarantien in ihrem Kern bedroht sind und die drohende Verletzung erheblich ist.[251]

---

245 Asylgeschäftsstatistik des BAMF für den Monat Dezember 2015, S. 2, vgl. Fn. 63.
246 Asylgeschäftsstatistik des BAMF für den Monat November 2016, S. 2, vgl. Fn. 178.
247 Kap. 1 Rn. 7.
248 NK-AuslR/*Stiegeler* Teil 1 AufenthG § 60 Rn. 21.
249 Vgl. etwa BVerwG 11.11.1997 – 9 C 13/96, noch zur Vorgängervorschrift des § 60 Abs. 5 AufenthG, § 53 Abs. 4 AuslG von 1990.
250 NK-AuslR/*Stiegeler* Teil 1 AufenthG § 60 Rn. 22.
251 NK-AuslR/*Stiegeler* Teil 1 AufenthG § 60 Rn. 22 aA.

Es muss daher eine Verletzung von erheblicher Schwere vorliegen, die einer Verletzung des Art. 3 EMRK entspricht.[252] Dort wird eine drohende unmenschliche oder erniedrigende Behandlung vorausgesetzt. Dieser Maßstab gilt als Richtlinie für die Gewährung eines Abschiebungsverbotes nach § 60 Abs. 5 AufenthG. Dies ist etwa der Fall, wenn den Betroffenen im Herkunftsland aufgrund der dort allgemein herrschenden Gewalt oder den schlechten humanitären Verhältnissen ein menschenunwürdiges Leben droht.[253] Dazu gehört auch, wenn eine Familie in ein Land zurückkehren soll und von vornherein feststeht, dass sie dort ihren ausreichenden Lebensunterhalt nicht sichern kann. Dies trifft nach Auffassung einiger Verwaltungsgerichte auf afghanische Familien oder Alleinerziehende mit minderjährigen Kindern zu.[254]

Der **Tenor** einer entsprechenden Entscheidung durch das BAMF lautet:

▶ 1. Die Flüchtlingseigenschaft wird **nicht zuerkannt**.
2. Der Antrag auf Asylanerkennung wird **abgelehnt**.
3. Der subsidiäre Schutzstatus wird **nicht zuerkannt**.
4. Das Abschiebungsverbot des § 60 Abs. 5 des Aufenthaltsgesetzes liegt vor. ◀

II. § 60 Abs. 7 AufenthG wegen der Bedrohung von Leib, Leben oder Freiheit

In Fällen, in denen eine erhebliche individuelle konkrete Gefahr für Leib, Leben oder Freiheit besteht, kann ein Abschiebungsverbot nach § 60 Abs. 7 S. 1 AufenthG gewährt werden. Die Gefahr muss auch hier auf das Herkunftsland bezogen sein (zielstaatsbezogen).

Der Hauptanwendungsfall des § 60 Abs. 7 AufenthG sind **Erkrankungen**, die der Abschiebung entgegenstehen. Es kommt in diesen Fällen darauf an, zu ermitteln, ob die Krankheit auch im Herkunftsland angemessen behandelt werden kann und ob die Behandlung für die betroffene Person auch zugänglich ist. So gibt es etwa in Nigeria zwar Therapien gegen HIV, die Mehrzahl der Bevölkerung kann sich diese jedoch nicht leisten, da öffentliche Krankenversicherungssysteme nicht gegeben oder unzureichend sind.

Die Gefährdung durch eine fehlende Behandlung muss erheblich sein und mit einer beachtlichen Wahrscheinlichkeit eintreten. Eine erhebliche konkrete Gefahr ist nur anzunehmen, wenn der Gesundheitszustand des Betroffenen sich im Zielstaat wesentlich oder sogar lebensbedrohlich verschlechtern würde.[255] Einen Anspruch auf eine vollumfängliche Gesundheitsversorgung nach westlichem Standard gibt es nicht.

Eine entsprechende Gefährdung kann auch eine drohenden Retraumatisierung im Falle einer psychischen Erkrankung sein. Besonders relevant, aber auch problematisch, sind Fälle im Zusammenhang mit einer posttraumatischen Belastungsstörung (**PTBS**). Die Behörden und viele Verwaltungsgerichte, aber auch Teile der Politik,[256]

---

252 BVerwG 31.1.2013 – 10 C 15.12.
253 EGMR 17.12.1996 – 25964/94 – Ahmed/Österreich.
254 Etwa BayVGH 21.11.2014 – 13 a B 14.30284.
255 NK-AuslR/*Stiegeler* Teil 1 AufenthG § 60 Rn. 34.
256 Etwa der Bundesinnenminister *Thomas De Maizière* 2016; krit. zu dessen Äußerungen etwa das Ärzteblatt (http://www.aerzteblatt.de/archiv/175428/Gesundheitsbedingte-Abschiebungshindernisse-Asylpaket-II-

sehen diese Erkrankung als Mittel vieler Schutzsuchender, um einer Abschiebung durch die Vorlage von Gefälligkeitsgutachten zu entgehen. Dieser Annahme stehen die Meinungen der behandelnden Fachärzte entgegen.[257]

45 Um ein Abschiebungsverbot nach § 60 Abs. 7 AufenthG zu erhalten, bedarf es daher möglichst bereits vor der Anhörung im Asylverfahren eines fachärztlichen und ausführlichen Attestes (s. dazu auch den Infokasten zur Behandlung psychischer Krankheiten → Kap. 5 Rn. 108). Das BVerwG hat Mindeststandards entwickelt, die ein solches **Attest** beinhalten muss.[258] Es ist daher ratsam, die behandelnde Ärztin, den Arzt, die Psychologin, den behandelnden Psychologen vor Ausstellung des Attestes auf diese Standards hinzuweisen.[259] Ein entsprechendes Attest muss insbesondere darüber Aufschluss geben, auf welcher Grundlage die Diagnose erstellt wurde und wie sich die Krankheit im konkreten Fall äußert. Die Behandlung, deren Ablauf und Häufigkeit muss dargelegt werden und auch, ob diese den Befund bestätigen konnte. Die Erkrankung ist möglichst genau zu beschreiben, es sollte auf die genaue Medikation, Therapie und Heilungsaussichten eingegangen werden. Liegt eine PTBS vor und wird diese auf traumatisierende Erlebnisse im Heimatland gestützt und die Symptome der PTBS erst längere Zeit nach der Ausreise aus dem Heimatland vorgetragen, muss auch begründet werden, warum die Erkrankung nicht früher geltend gemacht wurde. Häufig hängt dies damit zusammen, dass sich die Schutzsuchenden erst in der relativen Sicherheit im Fluchtstaat mit ihren traumatischen Erlebnissen auseinandersetzen können. Im Attest sollte außerdem darüber Auskunft gegeben werden, ob und wie die Erkrankung im Heimatland der schutzsuchenden Person behandelt werden kann. Das Muster eines entsprechenden Informationsschreibens findet sich in → Kap. 8 Rn. 21 und in → Kap. 12.

46 Die Kosten eines solchen Attestes sind von den betroffenen Personen selbst zu tragen (s. dazu auch den Infokasten zur Behandlung psychischer Krankheiten → Kap. 5 Rn. 108). In einem gerichtlichen Verfahren kann das Verwaltungsgericht zur Bewertung des Gesundheitszustandes einer Person ein Sachverständigengutachten einholen. Die Kosten werden in diesen Fällen von der Staatskasse getragen.

47 Das Argument, die erkrankte Person könne die benötigten Medikamente von Deutschland aus ins Herkunftsland mitnehmen, steht einem Abschiebungsverbot nicht entgegen. Zum einen kann eine dauerhafte Versorgung nicht garantiert werden, zum anderen ist neben der Medikamenteneinnahme regelmäßig eine fortlaufende ärztliche Betreuung notwendig.[260] Ebenso greift der Einwand der Behörden nicht, die betroffene Person könne im Herkunftsland auf finanzielle Hilfen von Nichtregierungsorganisationen oder auf die Unterstützung durch Familienangehörige zurückgreifen. Hier fehlen zumeist verlässliche Informationen und verbindliche Zusagen.[261]

---

schafft-hoehere-Huerden)oder die Bundesärztekammer (http://www.bundesaerztekammer.de/presse/pressemitteilungen/news-detail/baek-weist-vorwuerfe-von-gefaelligkeitsgutachten-zurueck/).
257 Etwa die BundesPsychotherapeutenKammer, die von einer Traumatisierung bei über der Hälfte aller Flüchtlinge ausgeht, vgl. http://www.bptk.de/aktuell/einzelseite/artikel/mindestens-d.html.
258 BVerwG 11.9.2007 – 10 C 8.07.
259 Vgl. auch *Heinhold* ANA-ZAR Heft 2 2013, 13 f.
260 So etwa auch BVerwG 17.10.2006 – 1 C 18.05.
261 *Müller* Asylmagazin 5/2009, 4 ff.

Bei guter Dokumentation einer im Herkunftsland nicht behandelbaren Krankheit besteht damit die Möglichkeit eines Abschiebungsverbotes iSd § 60 Abs. 7 AufenthG. Der **Tenor** einer entsprechenden Entscheidung durch das BAMF lautet dann: 48

▶ 1. Die Flüchtlingseigenschaft wird **nicht zuerkannt**.
2. Der Antrag auf Asylanerkennung wird **abgelehnt**.
3. Der subsidiäre Schutzstatus wird **nicht zuerkannt**.
4. Das Abschiebungsverbot des § 60 Abs. 7 S. 1 des Aufenthaltsgesetzes liegt vor. ◀

F. Familienasyl und internationaler Schutz für Familienangehörige

Erhalten Schutzsuchende Asyl, eine Flüchtlingsanerkennung oder einen subsidiären Schutz, so können ihre Angehörigen – Ehegatte, Lebenspartner und minderjährige Kinder (Kernfamilie) – den gleichen Schutzstatus beantragen. **§ 26 AsylG** regelt dieses **Familienasyl**. 49

Ziel der Vorschrift ist eine Entlastung des BAMF und der Gerichte. Allein aufgrund der Tatsache der engen Verwandtschaft mit einer anerkannten Person wird für die Kernfamilie angenommen, dass für sie das gleiche Schutzbedürfnis besteht.[262] Wird in einer Kernfamilie eine Entscheidung für eine Person getroffen, ist eine weitere Einzelfallentscheidung für die Angehörigen dann nicht mehr nötig. Zu den privilegierten Familienangehörigen zählen bei UM hier ausnahmsweise auch die minderjährigen **Geschwister**, die in § 26 Abs. 3 S. 2 AsylG mit in das Familienasyl einbezogen werden. 50

Die Anerkennung des Stammberechtigten muss zum Zeitpunkt eines entsprechenden Antrages der Familienangehörigen bestandskräftig sein. 51

Relevant wird diese Vorschrift insbesondere im Rahmen des **Familiennachzuges**. Nach § 26 AsylG haben die nachziehenden Familienangehörigen die Möglichkeit einer Anerkennung durch das BAMF entsprechend der Anerkennung ihres Stammberechtigten. Reist also die Kernfamilie der stammberechtigten Person mit einem Visum zum Familiennachzug nach Deutschland ein, kann ein Antrag auf Familienasyl nach § 26 AsylG beim BAMF gestellt werden. Auf die Verpflichtung zum Aufenthalt in der Aufnahmeeinrichtung wird in diesen Fällen idR verzichtet, da die Angehörigen bereits bei ihrem stammberechtigte Familienmitglied wohnen.[263] 52

Die Berechtigung eines Aufenthaltes gemäß § 26 AsylG besteht stets nur als Annex zum Recht der stammberechtigten Person. Verliert diese ihren asylrechtlichen Status, wird auch das Familienasyl beendet. Es kann daher ratsam sein, ein separates Asylverfahren durzuführen, um ein eigenständiges Aufenthaltsrecht zu erhalten, von dem sich wiederum Familienasyl ableiten lässt. 53

Dies ist insbesondere dann anzuraten, wenn noch weitere Familienangehörige nachziehen sollen, wenn etwa nur ein Teil der Familie im Rahmen eines Familiennachzuges einreist und die restliche Familie folgen soll. Im Falle eines UM erhalten bspw. regelmäßig nur die Eltern Visa im Rahmen eines Familiennachzuges, nicht jedoch die 54

---

262 NK-AuslR/*Schröder* Teil 6 AsylG § 26 Rn. 1.
263 NK-AuslR/*Schröder* Teil 6 AsylG § 26 Rn. 38.

minderjährigen Geschwister des UM. Reist nur ein Elternteil ein und erhält Familienasyl, entsteht aus diesem abgeleiteten Recht kein Anspruch auf einen weiteren Familiennachzug. Wird im Rahmen eines eigenständigen Asylverfahrens jedoch auch dem nachgezogenen Elternteil ein eigener Schutzstatus zuerkannt, kann ein Anspruch auf Familiennachzug für die Kernfamilie entstehen. Dieser umfasst neben dem Ehepartner dann auch die weiteren minderjährigen Kinder.

G. Rechtsfolgen einer positiven Entscheidung

55 Ergeht eine positive Entscheidung des BAMF, hat dies zahlreiche Konsequenzen. Diese unterscheiden sich je nach getroffener Entscheidung – Asyl, Flüchtlingsanerkennung, subsidiärer Schutz oder Abschiebungsverbot – mehr oder weniger. Das Asyl nach dem Grundgesetz hat, wie dargestellt, keine große praktische Relevanz, die Rechtsfolgen unterscheiden sich nicht von denen einer Flüchtlingsanerkennung.

I. Aufenthaltserlaubnis, Pass und Reiseausweis

56 Das AsylG, welches lediglich das Asylverfahren regelt, findet für die Rechtsfolgen nach Anerkennung keine Anwendung mehr, der weitere Aufenthalt der anerkannten Personen wird durch die Vorschriften des AufenthG geregelt. Nach § 4 Abs. 1 S. 1 AufenthG benötigen Ausländer für ihren Aufenthalt in der Bundesrepublik grundsätzlich einen Aufenthaltstitel. Nach Abschluss des Asylverfahrens verlieren Schutzsuchende ihre Aufenthaltsgestattung, vgl. § 55 Abs. 1 S. 1 AsylG. Sie unterfallen danach nicht mehr der Ausnahme des § 64 Abs. 1 AsylG und müssen sich anderweitig ausweisen. Wer eine positive Entscheidung des BAMF erhalten hat, erhält grundsätzlich eine **Aufenthaltserlaubnis** im Sinne des § 7 AufenthG. Eine Aufenthaltserlaubnis ist ein befristeter Aufenthaltstitel, im Gegensatz zur **Niederlassungserlaubnis** nach § 9 AufenthG, welche ein unbefristetes Aufenthaltsrecht vermittelt.

57 Aufenthaltserlaubnisse werden als sogenannte **elektronische Aufenthaltstitel** erteilt. Diese scheckkartengroßen, dem deutschen Personalausweis ähnlichen Karten, enthalten die in § 78 AufenthG aufgeführten Daten und persönlichen Angaben. Neben einem Foto, dem Namen, dem Geburtsdatum und der Adresse ist der Grund der Aufenthaltserlaubnis zu vermerken. Dieser ist abhängig von der Entscheidung des BAMF.

58 Wurde eine **Asylanerkennung** ausgesprochen (§ 2 AsylG), wird eine Aufenthaltserlaubnis gemäß **§ 25 Abs. 1 S. 1 AufenthG** erteilt, wenn die sonstigen Erteilungsvoraussetzungen vorliegen. Insbesondere sieht § 25 Abs. 1 S. 2 AufenthG vor, dass eine Aufenthaltserlaubnis bei Vorliegen schwerwiegender Gründe der öffentlichen Sicherheit und Ordnung – etwa dem Verdacht auf eine Mitgliedschaft in einer terroristischen Vereinigung – nicht erteilt werden darf. Insoweit entspricht § 25 Abs. 1 S. 2 AufenthG der Regelung des § 5 Abs. 4 AufenthG.

Die Aufenthaltserlaubnis nach § 25 Abs. 1 S. 1 AufenthG wird zunächst für drei Jahre ausgestellt, § 26 Abs. 1 S. 2 AufenthG.

Eine Niederlassungserlaubnis wird grds. erst nach fünf Jahren (Zeit des Asylverfahrens wird angerechnet) bei überwiegender Lebensunterhaltssicherung und Kenntnissen der deutsche Sprache auf dem Niveau A2 erteilt, ausnahmsweise aber bereits nach drei Jahren (Zeit des Asylverfahrens wird angerechnet) bei Sprachkenntnissen auf dem Niveau C1 und weit überwiegender Sicherung des Lebensunterhaltes, § 26 Abs. 3 S. 1 AufenthG.

Die Aufenthaltserlaubnis bei der Zuerkennung der **Flüchtlingseigenschaft** (§ 3 AsylG) wird nach **§ 25 Abs. 2 S. 1 Alt. 1 AufenthG** erteilt. Auch sie gilt zunächst für drei Jahre, § 26 Abs. 1 S. 2 AufenthG.[264] Für die Niederlassungserlaubnis gilt das gleiche wie bei der Asylanerkennung, § 26 Abs. 3 S. 1 AufenthG.

59

Asylberechtigte und anerkannte Flüchtlinge erhalten zusätzlich zu ihrer Aufenthaltserlaubnis einen **Reiseausweis für Flüchtlinge**, auch „blauer Pass" oder **Flüchtlingspass** genannt. Dieser wird von der Ausländerbehörde bei der Bundesdruckerei bestellt, § 71 Abs. 1 S. 1 AufenthG iVm § 4 Abs. 1 S. 1 AufenthV. Der Pass für Flüchtlinge ist in Art. 28 GFK vorgesehen. Asylberechtigten oder Flüchtlingen ist es regelmäßig nicht möglich, einen Nationalpass ihres Herkunftslandes zu erhalten, da ihnen ein Kontakt zur Botschaft des Verfolgerstaates nicht zumutbar ist. Zudem würde sich bei einer entsprechenden Kontaktaufnahme zu den Behörden des Herkunftslandes der Verdacht aufdrängen, dass die geschützten Personen sich wieder dem Schutz ihres Herkunftsstaates unterstellen, was der Gewährung des Schutzes zuwider liefe, der asylrechtliche Schutz könnte dann widerrufen werden.[265] Der Flüchtlingspass ersetzt den Nationalpass. Eine visumsfreie Einreise in die Mitgliedsstaaten des Schengen-Abkommens ist damit möglich, dort ist ein Aufenthalt von 90 Tagen innerhalb einer Zeitspanne von 180 Tagen erlaubt. Ist eine Reise in ein Land beabsichtigt, das die GFK ratifiziert hat oder die Flüchtlingspässe anerkennt, dient der Flüchtlingspass als Reisedokument, mit welchem ggf. auch die entsprechenden Visa beantragt werden können.

60

Hat eine Person **subsidiären Schutz** erhalten (§ 4 AsylG), wird eine Aufenthaltserlaubnis gemäß **§ 25 Abs. 2 Alt. 2 AufenthG** erteilt. Die Gültigkeitsdauer dieser Aufenthaltserlaubnis beträgt zunächst ein Jahr, § 26 Abs. 1 S. 3 AufenthG. Dies bedeutet jedoch nicht, wie viele Betroffene annehmen, dass der Schutz nach einem Jahr endet und sie dann ausreisen müssen. Vielmehr wird nach Ablauf des ersten Jahres die Aufenthaltserlaubnis in der Regel um zwei weitere Jahre verlängert, § 26 Abs. 1 S. 3 AufenthG. Die Verlängerung erfolgt regelmäßig, da die Schutzgründe meist über das erste Jahr hinaus fortbestehen und daher eine Versagung der Verlängerung im Sinne des § 26 Abs. 2 AufenthG nicht in Betracht kommt. Eine Niederlassungserlaubnis kann frühestens nach fünf Jahren des Aufenthalts in der BRD beantragt werden, wenn die Voraussetzungen des § 9 Abs. 2 AufenthG vorliegen, § 26 Abs. 4 S. 1 AufenthG. Die Dauer des Asylverfahrens wird auf diese Frist angerechnet, § 26 Abs. 4 S. 3 AufenthG.

61

---

264 Viele Schutzsuchende sprechen daher von „drei Jahren", wenn sie eine Flüchtlingsanerkennung nach der GFK meinen; im Gegensatz zum subsidiären Schutz, der als „ein Jahr" bezeichnet wird.
265 Die Einreise in die Türkei war bis Anfang 2016 für Personen mit einem syrischen Pass visafrei möglich. Viele in Deutschland anerkannte syrische Flüchtlinge beantragten oder benutzten daher einen syrischen Nationalpass, um etwa Familienangehörige in der Türkei oder im syrischen Grenzgebiet zu besuchen. Werden entsprechende Sachverhalte den deutschen Behörden bekannt, kann das BAMF ein Widerrufsverfahren nach § 73 AsylG einleiten, wenn es davon ausgeht, die Flüchtlinge hätten sich durch die Beantragung oder Nutzung ihres Nationalpasses wieder dem Schutz des syrischen Staates unterstellt.

62 Wird ein **Abschiebungsverbot** nach § 60 Abs. 5 oder 7 AufenthG gewährt, so stellt die zuständige Ausländerbehörde regelmäßig eine Aufenthaltserlaubnis gemäß **§ 25 Abs. 3 AufenthG** aus. Die Aufenthaltserlaubnis ist für mindestens ein Jahr zu erteilen, § 26 Abs. 1 S. 4 AufenthG, längstens kann sie für drei Jahre erteilt werden, § 26 Abs. 1 S. 1 AufenthG. Entfällt der Grund, der die Ausreise verhindert, etwa da die bislang schwerkranke Person vollständig genesen ist, so wird die Aufenthaltserlaubnis nicht mehr verlängert, § 26 Abs. 2 AufenthG. Nach fünf Jahren kann eine Niederlassungserlaubnis (§ 9 Abs. 2 AufenthG) beantragt werden, § 26 Abs. 4 AufenthG, wobei die Dauer des Asylverfahrens anzurechnen ist.

63 Es gelten für alle Aufenthaltserlaubnisse grundsätzlich die **allgemeinen Erteilungsvoraussetzungen des § 5 AufenthG** und die jeweiligen Normen, die die Erteilung je nach der getroffenen Entscheidung des BAMF regeln. § 5 Abs. 3 AufenthG lässt diesbezüglich weitreichende Ausnahmen zu. So kommt es bei asylrechtlichem Schutz nicht auf die Sicherung des Lebensunterhaltes an, § 5 Abs. 3 S. 1 AufenthG. Grundsätzlich gilt, dass die Identität der Person geklärt sein muss und kein Ausweisungsinteresse besteht (§ 5 Abs. 4 AufenthG). Die Voraussetzungen für die Erteilung einer Aufenthaltserlaubnis werden von der jeweils örtlich zuständigen Ausländerbehörde geprüft, § 71 Abs. 1 S. 1 AufenthG.

64 Ein **Ausweisungsinteresse** im Sinne des § 5 Abs. 4 S. 1 AufenthG iVm § 54 Abs. 1 Nr. 2 oder 4 AufenthG, welches der Erteilung einer Aufenthaltserlaubnis entgegenstehen könnte, besteht etwa bei einem begründeten Terrorismusverdacht. Dies wird von der Ausländerbehörde im Rahmen der sogenannten **Sicherheitsbefragung** überprüft.

65 Außerdem wird verlangt, dass die **Identität** der Personen geklärt ist. Dies kann am einfachsten durch die Vorlage von Originaldokumenten erfolgen, also durch die Vorlage von Pässen, Ausweisen, Geburts- oder Heiratsurkunden oder sonstigen Urkunden. Wurden Originalunterlagen im Rahmen des Asylverfahrens dem BAMF übergeben, werden diese vom BAMF nach Abschluss des Asylverfahrens an die zuständige Ausländerbehörde übersandt, vgl. § 65 Abs. 1 AsylG.

66 Können keinerlei Dokumente vorgelegt werden, wird von der Person verlangt, über ihre Identität und persönlichen Angaben zumindest eine **notarielle eidesstattliche Versicherung** abzugeben. Die darin enthaltenen Angaben werden dann bei der Erstellung des Aufenthaltstitels von der Ausländerbehörde übernommen. In den Papieren wird vermerkt:

▶ „Die Angaben beruhen auf eigenen Angaben." ◀

67 Diese Form der Identitätsklärung sollte nur das letzte mögliche Mittel sein, da für viele weitere Lebensabschnitte eine Identitätsklärung unumgänglich ist, wenn etwa eine Eintragung als Elternteil in eine Geburtsurkunde oder eine Eheschließung erfolgen soll. Kinder, deren Personalangaben nur auf der eidesstattlichen Versicherung ihrer Eltern beruhen, haben ebenfalls Schwierigkeiten mit dem Nachweis ihrer Identität, oft auch noch Jahre später.

68 ▶ Passpflicht:

Grundsätzlich besteht für Ausländer eine allgemeine Passpflicht während des Aufenthaltes in Deutschland, § 3 Abs. 1 S. 1 AufenthG.

G. Rechtsfolgen einer positiven Entscheidung

Schutzsuchende während des **laufenden Asylverfahrens** sind davon nicht ausdrücklich ausgenommen, aus der Zusammenschau der asylrechtlichen Normen ergibt sich jedoch, dass im laufenden Asylverfahren keine Vorlage eines Passes verlangt werden kann, vgl. § 64 und § 65 AsylG.[266]

Wem **Asyl** oder die **Flüchtlingseigenschaft** zuerkannt wird, der erhält einen **Flüchtlingspass**, Art. 28 GFK iVm § 3 Abs. 1 S. 1 und § 1 Abs. 3 AufenthV, und erfüllt damit die Passpflicht. Diese Personen sollten nicht versuchen zusätzlich Nationalpässe zu erhalten! Durch die Zuerkennung von Asyl oder der Flüchtlingseigenschaft wird zum Ausdruck gebracht, dass der Person Schutz vor staatlicher Verfolgung gewährt wird. Wird anschließend ein Pass bei diesem „Verfolgerstaat" beantragt, unterstellt sich die Person wieder dem Schutz dieses Staates. Es kann daher dazu kommen, dass der Schutzstatus erlischt, § 72 Abs. 1 Nr. 1 AsylG.

Für subsidiär Geschützte und Personen mit einem Abschiebungsverbot gilt: Ohne die Vorlage eines Passes wird grundsätzlich keine Aufenthaltserlaubnis erteilt. Wer bislang keinen Pass abgegeben hat, wird von der Ausländerbehörde aufgefordert, dies zu tun. Wenn kein Pass vorliegt, ergeht die Aufforderung, einen solchen bei der Botschaft oder dem Konsulat des Herkunftsstaates zu beschaffen. Zumeist verlangen auch diese Stellen vor der Ausstellung von Pässen eine Identitätsklärung, z.B. die Vorlage einer Geburtsurkunde. Dokumente müssen dann mittels einer Vertrauensperson oder mit anwaltlicher Hilfe im Herkunftsland beschafft werden. Die Passbeschaffung kann sehr schwierig, langwierig und kostspielig sein, sie ist jedoch grundsätzlich zumutbar. Es gibt nur wenige **Ausnahmen**, in denen von der Vorlage eines Nationalpasses abgesehen wird.[267] Staatenlose Personen können ebenfalls keine Nationalpässe erhalten. Kann ein Pass oder Passersatz nicht auf zumutbare Weise erlangt werden, kann ein **Reiseausweis für Ausländer** beantragt werden, § 5 Abs. 2 AufenthV. Dieser wird aufgrund der Farbe des Einbandes auch „grauer Pass" genannt. ◀

69

Wurde eine Aufenthaltserlaubnis beantragt, aber noch nicht ausgehändigt, wird eine sogenannte **Fiktionsbescheinigung** ausgestellt, § 81 Abs. 3 S. 1 und Abs. 5 AufenthG, damit sich die betroffene Person in der Übergangszeit zwischen der Aufenthaltsgestattung und der Aufenthaltserlaubnis ausweisen kann.

70

In seltenen Fällen **erlischt** die Flüchtlingseigenschaft oder die Asylanerkennung kraft Gesetzes nach § 72 Abs. 1 AsylG. Dies ist insbesondere dann der Fall, wenn sich eine Person wieder dem Schutz ihres Herkunftslandes unterstellt, wenn sie beispielsweise einen Nationalpass beantragt oder freiwillig in ihr Herkunftsland zurückkehrt. Zudem kann es sein, dass das BAMF den asylrechtlichen Status widerruft oder zurücknimmt, §§ 73–73c AsylG. Dies kommt jedoch äußerst selten vor. Eine sogenannte **Regelüberprüfung** durch das BAMF soll nach drei Jahren ab Unanfechtbarkeit der Entscheidung erfolgen. Sieht das BAMF die Möglichkeit eines Widerrufs oder einer Rücknahme, wird das Ausländeramt informiert. Rücknahme oder Widerruf kommen zumeist nur in Betracht, wenn die Voraussetzungen der Erteilung des asylrechtlichen Schutzes nicht mehr vorliegen, etwa weil im Herkunftsland inzwischen Frieden herrscht und eine Rückkehr in geordnete Lebensverhältnisse zumutbar erscheint. Hier greifen dann jedoch zumeist andere Aufenthaltsrechte.[268]

71

II. Wohnen und Wohnsitzauflage

Eine asylrechtlich anerkannte Person ist zum Auszug aus der Gemeinschaftsunterkunft berechtigt und sogar verpflichtet. Sollte unmittelbar keine Wohnung gefunden

72

---

266 NK-AuslR/*Bender* AufenthG § 3 Rn. 14.
267 2016 ist etwa anerkannt, dass Dokumente aus Somalia nicht beschafft werden können.
268 S. dazu Kap. 8.

werden können, wird für die Wohnung in der staatlichen Unterkunft ein Mietzins erhoben. Die Wohnkosten werden im Bedarfsfall von den Sozialleistungsträgern übernommen.

73 Durch das **Integrationsgesetz**[269] des Bundes, das am 6.8.2016 in Kraft getreten ist, wurde mit § 12a AufenthG eine neue **Wohnsitzauflage** eingeführt. Die Regelung gilt für Asylberechtigte, anerkannte Flüchtlinge und subsidiär Schutzberechtigte, wenn deren Anerkennung durch das BAMF ab dem 1.1.2016 erfolgt ist. Ebenso gilt sie für Personen mit einer Aufenthaltserlaubnis nach den §§ 22, 23 oder 25 Abs. 3 AufenthG, wenn diesen die Aufenthaltserlaubnis erstmals ab dem 1.1.2016 erteilt wurde. Die Wohnsitzregelung gilt auch für nachziehende Familienangehörige, die im Rahmen des Familiennachzuges nach Deutschland einreisen, soweit und solange der Stammberechtigte der Wohnsitzregelung unterliegt.

74 Die Wohnsitzauflage gilt für den Zeitraum von **drei Jahren** ab Anerkennung oder Erteilung der Aufenthaltserlaubnis. Die Personen sind verpflichtet, in dem **Bundesland** ihren gewöhnlichen Aufenthalt (Wohnsitz) zu nehmen, welchem sie bereits für die Durchführung des Asylverfahrens zugewiesen waren, § 12a Abs. 1 S. 1 AufenthG. Diese Wohnsitzauflage für ein bestimmtes Bundesland entsteht bereits mit Anerkennung durch das BAMF als **gesetzliche Wohnsitzauflage**. Ein gesonderter Bescheid ist dafür keine Voraussetzung. Die Wohnsitzauflage wird in der Regel bereits in die Fiktionsbescheinigung eingetragen.

75 Daneben besteht die Möglichkeit, einer bestimmten Person eine **individuelle Wohnsitzverpflichtung** aufzuerlegen, die sich auf einen **bestimmten Ort** beziehen kann, § 12a Abs. 2 AufenthG. Dazu bedarf es einer konkreten Einzelfallentscheidung, wobei die Verhältnismäßigkeit und die Notwendigkeit der Maßnahme geprüft und begründet werden müssen. In jedem Fall hat vor Verhängung eine Anhörung der Betroffenen zu erfolgen. Dabei muss nach § 12a Abs. 3 AufenthG stets berücksichtigt werden, dass die Wohnsitzauflage an einen bestimmten Ort die **Versorgung mit angemessenem Wohnraum** erleichtern und der **Förderung und Erleichterung der nachhaltigen Integration** in die Lebensverhältnisse der Bundesrepublik dienen soll. Dies soll insbesondere durch den Erwerb von **Deutschkenntnissen auf A2-Niveau** und der erleichterten **Aufnahme einer Erwerbstätigkeit** unter Berücksichtigung der örtlichen Lage am Ausbildungs- und Arbeitsmarkt erreicht werden.

76 Die Zuweisung zu einem bestimmten Wohnort kann innerhalb von sechs Monaten nach Anerkennung oder erstmaliger Erteilung der Aufenthaltserlaubnis für bis zu **drei Jahren** verhängt werden, § 12a Abs. 1 S. 1 aE und Abs. 3 AufenthG.

77 Das Integrationsgesetz ermächtigt die **Bundesländer**, hinsichtlich Organisation, Verfahren und den Kriterien für angemessenen Wohnraum eigene **Rechtsverordnungen** zu erlassen, die u.a. die Verteilung innerhalb eines Landes und das Verfahren für Zuweisungen regeln. Davon machen nicht alle Bundesländer Gebrauch.[270]

---

269 Kap. 1 Rn. 16 mit Fn. 17.
270 Beispiele für Regelungen finden sich in Bayern – die „Verordnung zur Durchführung des Asylgesetzes, des Asylbewerberleistungsgesetzes und des § 12a des Aufenthaltsgesetztes (DVAsyl)" v. 16.8.2016, GVBl. 2016, S. 258 ff. – oder in NRW – die „Verordnung zur Regelung des Wohnsitzes für anerkannte Flüchtlin-

G. Rechtsfolgen einer positiven Entscheidung

Es gibt jedoch **Ausnahmen** von der Verpflichtung, in einem bestimmten Bundesland zu leben. Die gesetzliche Verpflichtung besteht nicht, wenn der Ausländer, dessen Ehegatte, eingetragener Lebenspartner oder ein minderjähriges Kind eine sozialversicherungspflichtige **Beschäftigung mit einem Umfang von mindestens 15 Stunden wöchentlich** aufnimmt oder aufgenommen hat, durch die diese Person mindestens über ein Einkommen in Höhe des monatlichen durchschnittlichen Bedarfs nach den §§ 20 und 22 des SGB II für eine Einzelperson verfügt, dies sind derzeit etwa 712,- €.[271] Die Ausnahme gilt auch, wenn eine der bezeichneten Personen ein **Studien- oder Ausbildungsverhältnis** aufgenommen hat, § 12 a Abs. 1 S. 2 AufenthG. Auch die Aufnahme vorbereitender Maßnahmen soll genügen.[272] Damit sind auch berufsorientierende Maßnahmen, die dem Übergang in eine Ausbildung dienen, studienvorbereitende Sprachkurse und der Besuch eines Studienkollegs ausreichend, um die Wohnsitzauflage streichen zu lassen. Es ist ausreichend, wenn ein Familienmitglied diese Voraussetzungen erfüllt. 78

Zudem ist die Verpflichtung oder Zuweisung gem. § 12 a Abs. 5 S. 1 Nr. 1 AufenthG **auf Antrag aufzuheben**, wenn ein Familienmitglied ein den **Lebensunterhalt sicherndes Einkommen** hat oder ein **Ausbildungs- oder Studienplatz** zur Verfügung steht oder der Ehegatte, eingetragene Lebenspartner oder ein minderjähriges lediges Kind an einem anderen Wohnort leben. 79

§ 12 a Abs. 5 S. 1 Nr. 2 AufenthG sieht die Möglichkeit vor, von der Wohnsitzauflage zur Vermeidung einer **besonderen Härte** abzusehen. Diese kann etwa dann gegeben sein, wenn nach Einschätzung des zuständigen Jugendamtes Leistungen und Maßnahmen der Jugendhilfe mit Ortsbezug beeinträchtigt wären oder aus anderen dringenden persönlichen Gründen die Übernahme durch ein anderes Land zugesagt wurde. Es ist in diesen sonstigen Fällen stets darauf abzustellen, ob für die betroffene Person aus vergleichbaren Gründen unzumutbare Einschränkungen entstehen. Es dürfte etwa eine unzumutbare Einschränkung sein, wenn man eine bereits vorhandene Wohnung aufgeben und in eine Stadt zurückkehren soll, in der unmittelbar keine Wohnung zur Verfügung steht. Weitere Härtefälle können angenommen werden für Menschen mit Behinderungen oder Pflegebedürftigkeit, bei Gewalttätigkeiten oder Bedrohungen durch einen am gleichen Ort lebenden Partner, bei Familien mit Kindern, die erneut Ihr Umfeld, die Schule oder den Kindergarten verlassen sollen.[273] 80

Gegen die Verhängung der individuellen Wohnsitzauflage kann eine Anfechtungsklage erhoben bzw. Widerspruch eingelegt werden. Diese Rechtsmittel haben nach § 12 a Abs. 8 AufenthG jedoch keine aufschiebende Wirkung, so dass gegebenenfalls ein Antrag nach § 80 Abs. 5 VwGO zu stellen ist. 81

---

ge und Inhaberinnen und Inhaber bestimmter humanitärer Aufenthaltstitel nach dem Aufenthaltsgesetz (Ausländer-Wohnsitzregelungsverordnung – AWoV)" v. 15.11.2016, GV. NRW 2016, S. 965 ff.
271 Vgl. etwa den Hinweis des Bayerischen Staatsministeriums für Arbeit und Soziales v. 26.8.2016, „Vollzug des SGB II, Wohnsitzzuweisung und Auswirkungen auf den SGB II-Bezug", abrufbar unter www.stmas.bayern.de/imperia/md/content/stmas/stmas_internet/sozial/ams_sgb_ii_wohnsitzzuweisung.pdf.
272 So in der Begründung zum Gesetzentwurf der Regierung zum Integrationsgesetz, BT-Drs. 18/8615, 45.
273 Gesetzesbegründung zum Integrationsgesetz, BT-Drs. 18/8615, 45 f.

82 ▶ **Rechtmäßigkeit der Wohnsitzauflage für anerkannte Flüchtlinge:**
Bereits im Vorfeld der Einführung des § 12 a AufenthG durch das Integrationsgesetz wurde über eine mögliche Unvereinbarkeit der Vorschrift mit dem Europarecht und der Genfer Flüchtlingskonvention diskutiert.[274]

Letztere sieht in Art. 26 GFK vor, dass sich Flüchtlinge auf dem Gebiet des Staates, in dem sie sich rechtmäßig aufhalten, frei bewegen und ihren Aufenthalt frei wählen können. Sie sind zu behandeln wie andere Ausländer, die sich rechtmäßig aufhalten. Da EU-Ausländer ihren Wohnsitz innerhalb Deutschlands frei wählen können, besteht hier eine Ungleichbehandlung.

Die Qualifikationsrichtlinie[275] sieht in Art. 33 die Bewegungsfreiheit für Personen vor, denen internationaler Schutz zuerkannt wurde.

Die Vereinbarkeit des § 12 a AufenthG mit diesen Vorschriften ist noch nicht höchstrichterlich geklärt. Sollte gegen die Wohnsitzauflage vorgegangen werden, ist daher zu einer Klage und einem Antrag auf einstweiligen Rechtsschutz zu raten. Mit Hinweis auf die zweifelhafte Rechtmäßigkeit sollte ein einstweiliger Rechtsschutz gewährt werden.

Ist eine Person bereits umgezogen und hat begonnen, sich vor Ort zu integrieren, wird ein Rückzug im Rahmen einer alten Wohnsitzauflage kaum noch als verhältnismäßig angesehen werden können. ◀

III. Arbeiten und Sozialleistungen

83 Wer eine Aufenthaltserlaubnis nach § 25 Abs. 1 (Asyl) oder Abs. 2 (Flüchtlingsanerkennung oder subsidiärer Schutz) AufenthG erhält, ist zur Aufnahme jeder **Erwerbstätigkeit** berechtigt, auch zur Aufnahme selbstständiger Tätigkeiten. Es gibt insoweit keinen Unterschied zu Deutschen oder Staatsangehörigen der anderen EU-Mitgliedsstaaten.

84 Im Rahmen einer Aufenthaltserlaubnis nach § 25 Abs. 3 AufenthG (Abschiebungsverbot) bleibt es beim Zustimmungserfordernis durch die Ausländerbehörde, vgl. §§ 4 Abs. 2, 39 Abs. 2 AufenthG, diese kann jedoch auch einer selbstständigen Tätigkeit zustimmen, § 21 Abs. 6 AufenthG. Das Erfordernis zur Zustimmung durch die Bundesagentur für Arbeit entfällt, § 31 BeschV.

85 Mit der Anerkennung besteht ein Anspruch auf **Regelsozialleistungen** nach dem SGB II (Grundsicherung für Arbeitssuchende) und SGB XII (Sozialhilfe). Die Voraussetzungen einer Leistungsberechtigung nach § 1 AsylbLG sind nicht mehr gegeben. Das allgemeine Sozialrecht fängt den Bedarf der betroffenen Person auf. Dies bedeutet in der Regel einen Übergang von Leistungen nach dem AsylbLG zu Leistungen nach dem SGB II („Hartz IV"). Der Antrag auf Sozialleistungen muss unmittelbar im Anschluss an die Anerkennung gestellt werden, damit keine Versorgungslücke entsteht. Gegebenenfalls müssen zunächst vorläufige Leistungen beim Jobcenter (oder Sozialamt) beantragt werden, wenn noch nicht alle Unterlagen vorgelegt werden können, weil etwa die Aufenthaltserlaubnis noch nicht ausgehändigt wurde.

86 Asylberechtigte und Flüchtlinge werden sozialrechtlich wie Deutsche behandelt. Für subsidiär Geschützte und Personen mit einem Abschiebungsverbot besteht ein Anspruch auf einige Familienleistungen wie das Kinder- oder Elterngeld.[276] Andere Leis-

---

274 Zur Vereinbarkeit von § 12 a AufenthG mit europäischem Recht vgl. BT-Drs. 18/8615, 43 f.
275 Kap. 1 Rn. 9 mit Fn. 3.
276 NK-AuslR/*Keßler* AufenthG Anhang 1 Rn. 70 ff.

tungen, wie etwa das BAföG, sind an weitere Voraussetzungen gebunden. So verlangt § 8 Abs. 2 Nr. 2 BAföG etwa einen Aufenthalt im Bundesgebiet von mindestens 15 Monaten.

Ab der Asyl- bzw. Flüchtlingsanerkennung oder ab der Zuerkennung subsidiären Schutzes durch das BAMF besteht ein Anspruch auf **Integrationsleistungen**. Diese beinhalten die Teilnahme an einem Integrations- und regelmäßig auch an einem Sprachkurs, §§ 44 und 44a AufenthG. Beim Bezug von SGB II-Leistungen spielen Maßnahmen zur Eingliederung in den Arbeitsmarkt eine wichtige Rolle, daher kann hier auch zu einer Teilnahme an Sprach- und Integrationskursen verpflichtet werden, wenn kein Anspruch besteht, etwa bei Personen mit einem Abschiebungsverbot.[277]

87

IV. Familiennachzug

Nach § 29 Abs. 2 AufenthG besteht die Möglichkeit des **voraussetzungslosen Familiennachzuges** für die **Kernfamilie** zu anerkannten Asylberechtigten oder Flüchtlingen, wenn der Visumsantrag für die nachziehenden Familienmitglieder binnen drei Monaten ab Zustellung des BAMF-Bescheides gestellt wird. Zur **Kernfamilie** gehören (volljährige) Ehegatten und eigene minderjährige Kinder, § 29 Abs. 2 S. 1 AufenthG. Für andere Familienangehörige gibt es keinen Anspruch auf Familiennachzug.

88

Für den Nachzug der Kernfamilie nach § 29 Abs. 2 S. 2 Nr. 1 AufenthG muss lediglich die Identität des Nachziehenden und die familiäre Beziehung nachgewiesen werden. Der Antrag auf Nachzug muss innerhalb von drei Monaten nach der Zustellung des Bescheides des BAMF über die Anerkennung als Flüchtling gestellt werden. Einen entsprechenden fristwahrenden Antrag kann der hier als Flüchtling anerkannte Familienangehörige formlos bei der örtlich zuständigen Ausländerbehörde stellen, die Anzeige sollte zumindest durch einen Eingangsstempel bestätigt werden. Zudem müssen Anträge für entsprechende Visa bei der jeweils zuständigen Botschaft gestellt werden. Die Formulare und Merkblätter für Visa zum Familiennachzug finden sich auf **der jeweils zuständigen Botschaft**. Es ist ratsam, zeitgleich die zuständige Ausländerbehörde über die Einreichung der Anträge zu informieren und um deren Zustimmung zum Nachzug zu ersuchen. Die Ausländerbehörde wird ohnehin von der jeweiligen Botschaft im verwaltungsinternen Verfahren um Zustimmung ersucht und kann so ggf. bereits eine **Vorabzustimmung** im Sinne des § 31 AufenthV abgeben.

89

Der wesentliche Unterschied bei den Rechtsfolgen für Personen mit Flüchtlingsanerkennung (oder Asyl nach dem GG) und Personen mit subsidiärem Schutz besteht im Familiennachzug. Die Voraussetzungen für den Familiennachzug waren bis zum Inkrafttreten des Asylpakets II am 17.3.2016 gleich. Durch den neu eingeführten § 104 Abs. 13 AufenthG wurde der **Familiennachzug für subsidiär Schutzberechtigte bis zum 16.3.2018 ausgesetzt**.[278] Personen, die subsidiären Schutz erhalten haben, aber noch ihre Kernfamilie nachholen wollen, sollten den Antrag auf Familiennachzug dennoch innerhalb der Dreimonatsfrist beantragen. Zum einen besteht die Möglich-

90

---

277 Zum Integrationskurs siehe auch Kap. 5 Rn. 83 ff.
278 § 104 Abs. 13 AufenthG, eingeführt durch das Gesetz zur Einführung beschleunigter Asylverfahren (Asylpaket II) v. 11.3.2016, BGBl. 2016 I 390 ff.

keit, in einem Klageverfahren noch eine Flüchtlingsanerkennung zu erhalten,[279] zum anderen ist noch nicht abschließend gerichtlich geklärt, ob die Aussetzung des Familiennachzuges nicht gegen höherrangiges Recht verstößt.[280] Zumindest sollten die Anträge vorbereitet und bereite Termine bei den jeweils zuständigen Botschaften vereinbart werden, um die Visaanträge ab dem 17.3.2018 unmittelbar stellen zu können.

91 Bei **unbegleiteten minderjährigen Flüchtlingen** ist ein Familiennachzug jederzeit möglich, § 36 Abs. 1 AufenthG. Die Eltern müssen jedoch vor dem 18. Geburtstag des UMF eingereist sein.[281] Das größte Problem in diesem Zusammenhang stellt der Nachzug der minderjährigen Geschwister dar, die mit den Eltern einreisen sollen. Diese fallen nicht unter die Regelung des § 36 Abs. 1 AufenthG. Ein Nachzug wird daher regelmäßig aufgrund des Fehlens der sonstigen Voraussetzungen abgelehnt, etwa weil kein ausreichender Wohnraum zur Verfügung steht oder der Lebensunterhalt nicht gesichert ist. Es bleibt oft nur die Möglichkeit, dass zunächst die Eltern einreisen und die Kinder nach einem eigenen Asylverfahren und aufgrund eigener Flüchtlingsanerkennung nachholen. Diese Möglichkeit besteht auch, wenn zunächst nur ein Elternteil allein einreist. Dieses Verfahren dauert jedoch häufig entsprechend länger und belastet die Familien schwer.

92 Wird nur ein **Abschiebungsverbot** festgestellt, gelten die allgemeinen Voraussetzungen des Familiennachzuges, die sich aus den §§ 27 ff. AufenthG ergeben. Dazu muss etwa die Sicherung des Lebensunterhalts für die gesamte Familie gegeben sein, sowie ausreichender Wohnraum und deutsche Sprachkenntnisse des Ehegatten müssen nachgewiesen werden.

93 ▶ **Die allgemeinen Voraussetzungen des Familiennachzugs zu Ausländern:**
Der Familiennachzug der **Kernfamilie** zu einem Ausländer richtet sich nach den **§§ 29 ff. AufenthG**. Zur Kernfamilie gehören der volljährige Ehegatte oder Lebenspartner*in, die eigenen minderjährigen Kinder und bei Minderjährigen die Eltern.

Grundsätzlich muss der hier wohnende Ausländer nachweisen, dass er auf längere Zeit bleibeberechtigt ist und über genügend Wohnraum verfügt, § 29 Abs. 1 AufenthG. Bei der Größe des Wohnraums wird von etwa 12 qm pro Person ab 12 Jahren ausgegangen, § 2 Abs. 4 AufenthG.[282] Es gibt jedoch regionale Unterschiede, welche mit der örtlich zuständigen Ausländerbehörde abzuklären sind, da diese dem Zuzug vorab im verwaltungsinternen Visumsverfahren des Nachziehenden zustimmen muss.

Neben den Voraussetzungen des § 29 AufenthG sind die allgemeinen Erteilungsvoraussetzungen für Aufenthaltstitel gemäß § 5 Abs. 1 AufenthG zu beachten. Wichtig ist insbesondere, dass die Identität der Antragstellenden geklärt sein muss und dass der Lebensunterhalt des nachziehenden Familienmitglieds gesichert ist, vgl. hierzu § 2 AufenthG. ◀

§ 30 **AufenthG** regelt die besonderen Voraussetzungen des **Ehegattennachzuges**. Nach § 30 Abs. 1 S. 1 Nr. 2 AufenthG muss der nachziehende Ehegatte sich etwa zumindest auf einfache Art in deutscher Sprache verständigen können (Sprachkenntnisse Niveau A1).

---

279 Vgl. dazu Rn. 28.
280 Etwa gegen die Art. 8 EMRK (Schutz des Familienlebens) und Art. 6 GG.
281 NK-AuslR/*Oberhäuser* Teil 1 AufenthG § 36 Rn. 5.
282 Bergmann/Dienelt/*Dienelt*, Ausländerrecht, AufenthG § 2 Rn. 141.

G. Rechtsfolgen einer positiven Entscheidung

Leichter ist der **Nachzug von Kindern**, § 29 AufenthG. Liegt ein Nachweis der Verwandtschaft vor und ist die elterliche Sorge geklärt, kann das Kind bis zu seinem 16. Geburtstag nachziehen. Nach dem 16. Geburtstag werden, wenn das Kind alleine nachziehen soll, ebenfalls Deutschkenntnisse verlangt sowie eine gute Integrationsprognose.

Liegen keine Dokumente vor, die eine verwandtschaftliche Beziehung eindeutig belegen, so wird im Falle von Kindern häufig ein **DNA-Gutachten** verlangt. 94

Besteht ein Anspruch auf den Nachzug, etwa bei anerkannten Flüchtlingen, sollte versucht werden, die entstehenden Kosten des Familiennachzuges (etwa für Gutachten, Übersetzungen und Flugkosten) beim Leistungsträger geltend zu machen. Diese gewähren zum Teil zumindest Darlehen. 95

Für den Familiennachzug muss mit einer **Bearbeitungszeit** von mindestens einem halben Jahr gerechnet werden. 96

In **sonstigen Fällen**, wenn es sich nicht um einen Nachzug der Kernfamilie handelt, ist ein Familiennachzug nur nach § 36 Abs. 2 AufenthG möglich. Hierfür muss ein außergewöhnlicher Härtefall nachgewiesen werden. Die Anforderungen sind hoch, es wird vorausgesetzt, dass der in Deutschland oder der im Ausland lebende Familienangehörige kein eigenständiges Leben führen kann, da er auf familiäre Unterstützung angewiesen ist, die in zumutbarer Weise nur in Deutschland erbracht werden kann.[283] Eine Trennung der Familie muss unvertretbar sein.[284] 97

---

283 Entsprechend BVerwG 10.3.2011 – 1 C 7.10; vgl. dazu auch NK-AuslR/*Oberhäuser* AufenthG § 36 Rn. 16.
284 So wurde der Nachzug eines verwaisten Ziehkindes von der Deutschen Botschaft Addis Abeba etwa abgelehnt, da die Ziehmutter – die hier eine Flüchtlingsanerkennung wegen staatlicher Verfolgung erhalten hatte – das sechsjährige Kind durch ihre Flucht willentlich zurückließ, eine besondere Härte sei daher nicht gegeben, eine Versorgung im Flüchtlingscamp durch Nichtregierungsorganisationen sei ausreichend.

Kapitel 7 Negative Entscheidungen des BAMF und das verwaltungsgerichtliche Verfahren

A. Allgemeines

1 Stellt das BAMF zum Abschluss des Asylverfahrens fest, dass die Voraussetzungen für die Erteilung eines asylrechtlichen Schutzes[285] nicht vorliegen, wird ein negativer Asylbescheid erstellt, § 31 Abs. 1 S. 1 AsylG. Die Entscheidung des BAMF muss begründet und zugestellt werden, § 31 Abs. 1 S. 2 und 3 AsylG.

2 ▶ **Zustellungen im Asylverfahren:**

Die gesetzlich vorgeschriebene Zustellung, etwa nach § 31 Abs. 1 S. 2 AsylG, erfolgt in der Regel durch die Post mittels **Postzustellungsurkunde**.[286] Die Postzustellungsurkunde ist zu erkennen an einem **gelben Umschlag**, in dem der jeweilige Bescheid übersandt wird. Dieser gelbe Umschlag muss unbedingt aufbewahrt werden. Das darauf handschriftlich vermerkte Datum ist das verbindliche **Zustellungsdatum**, ab dem sich die zu beachtenden **Rechtsmittelfristen** berechnen.

Das BAMF stellt immer an die letzte ihm bekannte **Anschrift** zu. Es ist nicht verpflichtet, vor Zustellungen noch die aktuelle Adresse der schutzsuchenden Person zu recherchieren. Zustellungen und Mitteilungen unter der letzten bekannten Anschrift müssen die Schutzsuchenden gegen sich gelten lassen, wenn sie keinen Bevollmächtigten oder Empfangsberechtigten angegeben haben, § 10 Abs. 1 S. 1 AsylG. Die Schutzsuchenden müssen daher während der gesamten Dauer des Asylverfahrens dafür sorgen, dass der Ausländerbehörde und dem BAMF ihre aktuelle Anschrift bekannt ist. Viele Schutzsuchende gehen davon aus, dass bei einer Umverteilung bzw. einem Umzug die neue Anschrift allen Behörden bekannt gemacht wird, dies ist jedoch nicht der Fall. Jeder **Wechsel der Anschrift** muss unverzüglich den Behörden, also dem BAMF und der Ausländerbehörde, und gegebenenfalls dem Gericht, angezeigt werden, § 10 Abs. 1 AsylG.

Die Zustellung eines Bescheides des BAMF muss nicht durch eine persönliche Aushändigung erfolgen. Es genügt, wenn die Post den gelben Umschlag in den Briefkasten wirft oder einer empfangsbereiten Person übergibt, z.B. der Leitung in der Gemeinschaftsunterkunft.

Die Rechtsmittelfristen sind im Asylrecht sehr kurz. Es ist daher **sehr wichtig, dass die Schutzsuchenden dafür sorgen, dass sie stets zeitnah ihre Post erhalten.**

Kann die Sendung **nicht zugestellt** werden, so gilt die Zustellung mit der Aufgabe zur Post als bewirkt, selbst wenn die Sendung als unzustellbar zurückkommt, § 10 Abs. 2 S. 4 AsylG. ◀

3 Der Bescheid wird in **deutscher Sprache** verfasst und begründet. Wenn keine Bevollmächtigten bestellt wurden, werden gemäß § 31 Abs. 1 S. 3 AsylG die **Entscheidungsformel** und die **Rechtsmittelbelehrung** auch in einer Sprache übersandt, von der angenommen werden kann, dass die Schutzsuchenden sie verstehen. Gleiches gilt für die **Abschiebungsandrohung**, § 34 Abs. 2 S. 2 AsylG. Diese Übersetzungen werden regelmäßig auch an den Rechtsbeistand versandt.

---

285 S. zu den Möglichkeiten des asylrechtlichen Schutzes Kap. 6 Rn. 13 ff.
286 § 3 VwZG.

B. Ablehnung des Asylantrags als (einfach) unbegründet
I. Entscheidungsformel

Ergeht ein **Ablehnungsbescheid**, übersendet das BAMF einen Bescheid mit folgender Entscheidungsformel: 4

> 1. Die Flüchtlingseigenschaft wird nicht zuerkannt.
> 2. Der Antrag auf Asylanerkennung wird abgelehnt.
> 3. Der subsidiäre Schutzstatus wird nicht zuerkannt.
> 4. Abschiebungsverbote gem. § 60 Abs. 5 und 7 S. 1 des Aufenthaltsgesetzes liegen nicht vor.
> 5. Der Antragsteller wird aufgefordert, die Bundesrepublik Deutschland innerhalb von 30 Tagen nach Bekanntgabe dieser Entscheidung zu verlassen, im Falle einer Klageerhebung endet die Ausreisefrist 30 Tage nach dem unanfechtbaren Abschluss des Asylverfahrens. Sollte der Antragsteller die Ausreisefrist nicht einhalten, wird er nach *(Herkunftsland)* abgeschoben. Der Antragsteller kann auch in einen anderen Staat abgeschoben werden, in den er einreisen darf oder der zu seiner Rücknahme verpflichtet ist.
> 6. Das gesetzliche Einreise- und Aufenthaltsverbot gemäß § 11 Abs. 1 des Aufenthaltsgesetzes wird auf 30 Monate ab dem Tag der Abschiebung befristet.

Die Ziffern 1 bis 4 lehnen den Asylantrag der schutzsuchenden Person vollumfänglich ab. 5

Ziffer 5 beinhaltet eine **Frist zur freiwilligen Ausreise** und droht für den Fall, dass eine solche nicht erfolgen sollte, die Abschiebung an, § 34 Abs. 1 AsylG iVm den §§ 59 und 60 Abs. 10 AufenthG. Nach § 59 Abs. 1 S. 1 AufenthG beträgt die Frist zur freiwilligen Ausreise zwischen sieben und 30 Tagen. Das BAMF setzt die Frist üblicherweise auf 30 Tage fest. § 59 Abs. 1 S. 2 AufenthG lässt unter bestimmten Voraussetzungen auch kürzere Fristen zu, etwa wenn von der abgelehnten Person eine erhebliche Gefahr ausgeht. Eine Verlängerung der Frist ist nach § 59 Abs. 1 S. 4 AufenthG möglich, beispielsweise um betroffenen Kindern noch die Beendigung des Schuljahres zu ermöglichen.[287] 6

Die Abschiebungsandrohung muss den konkreten Staat bezeichnen, in den die Abschiebung vorgesehen ist, § 59 Abs. 2 AufenthG. Schutzsuchende können darüber hinaus in jeden Staat abgeschoben werden, in den sie einreisen dürfen oder der zur Rücknahme verpflichtet ist. 7

Die Ziffer 6 eines negativen Asylbescheides setzt im Falle einer Abschiebung ein (Wieder-) **Einreise- und Aufenthaltsverbot** fest. Dieses ist in § 11 AufenthG geregelt. Über die Abschiebung hinaus wird Schutzsuchenden damit verboten, die Bundesrepublik Deutschland auf bestimmte Zeit zu betreten oder sich in Deutschland aufzuhalten. Dieses Verbot ist zeitlich zu befristen, wobei die Länge der Frist im Ermessen der Behörde steht, § 11 Abs. 2 S. 2 und Abs. 3 AufenthG. In der Regel verhängt das BAMF ein Verbot von 30 Monaten. Die Frist beginnt mit dem Tag der Abschiebung und wird im Falle einer unerlaubten – oder nach § 11 Abs. 8 AufenthG (Betretenserlaubnis) erlaubten – Einreise gehemmt. Da es sich beim Einreise- und Aufenthaltsverbot um einen selbstständigen Verwaltungsakt handelt, kann dieser gesondert angegriffen oder aufgehoben werden. 8

---

[287] S. dazu NK-AuslR/*Hocks* AufenthG § 59 Rn. 18.

II. Rechtsmittel und Fristen

9 Gegen diesen Bescheid kann **Klage** vor dem Verwaltungsgericht erhoben werden. **Beklagte ist die Bundesrepublik Deutschland**, vertreten durch das BAMF.

10 Die Klage muss innerhalb der **Klagefrist** von **zwei Wochen**, § 74 Abs. 1 S. 1 AsylG, schriftlich oder zur Niederschrift beim zuständigen Verwaltungsgericht erhoben werden. Die Frist wird ab dem Zustellungsdatum des Bescheides (Datum auf dem gelben Zustellungsumschlag) berechnet.

11 Örtlich zuständig ist das Verwaltungsgericht am Wohnort des Klägers, § 52 Nr. 2 S. 3 VwGO.

12 Die **Begründung der Klage** muss binnen eines Monats nach Zustellung des Bescheides erfolgen, § 74 Abs. 1 S. 1 AsylG. Liegen Beweismittel vor, die noch nicht beim BAMF eingereicht wurden, also noch nicht Akteninhalt geworden sind, z.B. ärztliche Atteste oder Dokumente aus dem Herkunftsland, sind diese nach Möglichkeit zu übersetzen und zeitnah an das Verwaltungsgericht zu übermitteln.

13 Eine Klagebegründung sollte erst nach Akteneinsichtnahme erfolgen. Akteneinsicht wird nur bevollmächtigten Rechtsanwältinnen und -anwälten gewährt. Nach Klageerhebung gewährt das BAMF grundsätzlich keine **Akteneinsicht** mehr, es ist daher ein Antrag auf Akteneinsicht beim Verwaltungsgericht zu stellen.

14 Die Klage gegen einen einfachen Ablehnungsbescheid hat **aufschiebende Wirkung**, §§ 75 Abs. 1, 38 Abs. 1 S. 1 AsylG. Die Abschiebung ist bis zu einer Entscheidung des Gerichts ausgesetzt. Auch die Ausreisefrist zur freiwilligen Ausreise beginnt erst mit der Rechtskraft des Urteils. Sie endet dann in der Regel 30 Tage nach rechtskräftigem Abschluss des Verfahrens, § 38 Abs. 1 S. 2 AsylG.

15 Während des Klageverfahrens ändert sich der Status der Schutzsuchenden nicht: Da der Bescheid des BAMF nicht bestandskräftig wird, ist der Aufenthalt weiterhin gestattet, die Aufenthaltsgestattung muss verlängert werden.

III. Klageantrag

16 Bei der Vorbereitung der Klage sind die Erfolgsaussichten in Bezug auf die einzelnen Möglichkeiten der Schutzgewährung zu prüfen, das heißt, es kann auf alle Möglichkeiten der Schutzgewährung geklagt werden. Die Klage kann aber je nach Rechtsschutzbegehren auch auf einzelne Möglichkeiten der Schutzgewährung beschränkt werden, falls nur diese Aussicht auf Erfolg haben. Es muss eine Verpflichtungsklage erhoben werden, die die Aufhebung des Bescheides als Anfechtungsbegehren enthält.

17 Ein **unbeschränkter Klageantrag** lautet:

▶ Die Beklagte wird unter Aufhebung des Bescheides vom *(Datum)*, zugestellt am *(Datum)*, verpflichtet, den Kläger als Asylberechtigten anzuerkennen;
hilfsweise, dem Kläger die Flüchtlingseigenschaft zuzuerkennen;
weiterhin hilfsweise, dem Kläger den subsidiären Schutzstatus zuzuerkennen;
weiterhin hilfsweise, für den Kläger ein Abschiebungsverbot festzustellen. ◀

C. Ablehnung des Asylantrags als offensichtlich unbegründet

Ein Antrag auf Asylgewährung wird abgewiesen werden, wenn feststeht, dass der Kläger auf dem Landweg eingereist ist. Wenn darauf verzichtet wird, lautet der **auf die Flüchtlingseigenschaft beschränkte Klageantrag**: 18

▶ Die Beklagte wird unter entsprechender Aufhebung des Bescheides vom *(Datum)*, zugestellt am *(Datum)*, verpflichtet, dem Kläger die Flüchtlingseigenschaft zuzuerkennen;

hilfsweise, dem Kläger den subsidiärem Schutzstatus zuzuerkennen;

weiterhin hilfsweise, für den Kläger ein Abschiebungsverbot festzustellen. ◀

Entsprechend kann der Klageantrag auch auf die Gewährung des subsidiären Schutzes oder eines Abschiebungsverbotes beschränkt werden. 19

Der Klageantrag kann bereits bei Erhebung der Klage oder aber auch im Verlauf des Gerichtsverfahrens beschränkt werden. Bei einer teilweisen Klageabweisung oder der teilweisen Rücknahme der Klage im laufenden Verfahren, werden die Kosten für diesen Teil im Falle eines sonstigen Obsiegens der klagenden Partei auferlegt. 20

C. Ablehnung des Asylantrags als offensichtlich unbegründet
I. Entscheidungsformel

Stellt das BAMF fest, dass die Voraussetzungen für eine Anerkennung als Asylberechtigter und die Voraussetzungen für die Zuerkennung internationalen Schutzes offensichtlich nicht vorliegen, wird der Antrag als **offensichtlich unbegründet** abgelehnt, § 30 Abs. 1 S. 1 AsylG. Eine Ablehnung als offensichtlich unbegründet erfolgt insbesondere, wenn nach den Umständen des Einzelfalls offensichtlich ist, dass ein Aufenthalt im Bundesgebiet nur aus wirtschaftlichen Gründen oder wegen einer allgemeinen Notlage im Herkunftsland besteht, § 30 Abs. 2 AsylG. 21

Asylanträge von Schutzsuchenden aus **sicheren Herkunftsländern**[288] sind als offensichtlich unbegründet abzulehnen, es sei denn, die angegebenen Tatsachen oder Beweismittel begründen die Annahme, dass abweichend von der allgemeinen Lage im Herkunftsstaat eine Verfolgung oder ein ernsthafter Schaden droht, § 29a Abs. 1 AsylG. 22

Die **Entscheidungsformel** eines Bescheides, mit dem der Antrag als **offensichtlich unbegründet** abgelehnt wird, lautet: 23

▶ 1. Der Antrag auf Zuerkennung der Flüchtlingseigenschaft wird als offensichtlich unbegründet abgelehnt.

2. Der Antrag auf Asylanerkennung wird als offensichtlich unbegründet abgelehnt.

3. Der Antrag auf subsidiären Schutz wird als offensichtlich unbegründet abgelehnt.

4. Abschiebungsverbote gem. § 60 Abs. 5 und 7 S. 1 des Aufenthaltsgesetzes liegen nicht vor.

5. Der Antragsteller wird aufgefordert, die Bundesrepublik Deutschland innerhalb einer Woche nach Bekanntgabe dieser Entscheidung zu verlassen. Sollte der Antragsteller die Ausreisefrist nicht einhalten, wird er nach *(Herkunftsland)* abgeschoben. Der Antragsteller kann auch in einen anderen Staat abgeschoben werden, in den er einreisen darf oder der zu seiner Rücknahme verpflichtet ist.

6. Das gesetzliche Einreise- und Aufenthaltsverbot gemäß § 11 Abs. 1 des Aufenthaltsgesetzes wird auf 30 Monate ab dem Tag der Ausreise befristet. ◀

---

288 Anlage II zum AsylG, und Kap. 5 Rn. 5.

24 Die Ziffern 1 bis 4 lehnen den Asylantrag der schutzsuchenden Person als offensichtlich unbegründet ab, § 30 AsylG.

25 Ziffer 5 beinhaltet eine **Frist zur freiwilligen Ausreise** und droht für den Fall, dass eine solche nicht erfolgen sollte, die Abschiebung an, § 34 Abs. 1 AsylG iVm den §§ 59 und 60 Abs. 10 AufenthG. Nach § 36 Abs. 1 AsylG beträgt die Frist zur freiwilligen Ausreise im Falle der Ablehnung als offensichtlich unbegründet nur eine Woche.

26 Das **Einreise- und Aufenthaltsverbot** in Ziffer 6 kann nach § 11 Abs. 7 AufenthG auch für den Fall einer fristgemäßen freiwilligen Ausreise verhängt werden.[289] Die Frist beginnt in diesem Fall mit dem Tag der Ausreise.

II. Rechtsmittel und Fristen

27 Gegen Bescheide, die eine Ablehnung als offensichtlich unbegründet enthalten, kann **Klage** vor dem zuständigen Verwaltungsgericht erhoben werden. Die Klage hat **keine aufschiebende Wirkung**, § 75 Abs. 1 AsylG. Wird nur eine Klage erhoben, wird der Bescheid mit der Ausreisepflicht vollziehbar und eine Abschiebung kann – trotz des laufenden gerichtlichen Verfahrens – erfolgen. Wenn die aufschiebende Wirkung der Klage wieder hergestellt werden soll, muss ein entsprechender **Antrag gem. § 80 Abs. 5 VwGO** gestellt werden, § 36 Abs. 3 S. 1 AsylG.

28 Klage und Eilantrag sind in der **Frist von einer Woche** ab Zustellung des Bescheides zu erheben, § 74 Abs. 1, 36 Abs. 3 S. 1 AsylG.

29 Der **Antrag gem. § 80 Abs. 5 VwGO** muss sofort ausführlich begründet werden. Das Verwaltungsgericht soll über diesen Antrag ohne mündliche Verhandlung im schriftlichen Verfahren binnen einer Woche entscheiden, § 36 Abs. 3 S. 4 und 5 AsylG. Eine positive Entscheidung des Gerichts im Eilverfahren ergeht nur, wenn das Gericht ernstliche Zweifel an der Rechtmäßigkeit des angegriffenen Bescheides hat. Bis zu einer Entscheidung des Gerichts über den Antrag ist eine Abschiebung unzulässig, § 36 Abs. 3 S. 8 AsylG.

30 Bei Bescheiden mit Ablehnungen als offensichtlich unbegründet wird wegen der sehr kurzen Rechtsmittelfrist ein Auszug aus der Asylverfahrensakte des BAMF zusammen mit dem negativen Bescheid versandt, § 36 Abs. 2 S. 1 AsylG.

III. Klageantrag

31 Ein **unbeschränkter Klageantrag** gegen einen negativen Asylbescheid entspricht dem einer Klage gegen eine einfache Ablehnung und lautet:

▶ Die Beklagte wird unter Aufhebung des Bescheides vom *(Datum)*, zugestellt am *(Datum)*, verpflichtet, den Kläger als Asylberechtigten anzuerkennen;
hilfsweise, dem Kläger die Flüchtlingseigenschaft zuzuerkennen;
weiterhin hilfsweise, dem Kläger den subsidiären Schutzstatus zuzuerkennen;
weiterhin hilfsweise, für den Kläger ein Abschiebungsverbot festzustellen. ◀

---

289 Zur Rechtmäßigkeit dieser Maßnahme siehe NK-AuslR/*Oberhäuser* AufenthG § 11 Rn. 74 ff.

Da Art. 16 a Abs. 2 S. 1 GG diejenigen Schutzsuchenden von einem Asylanspruch 32
ausschließt, die auf dem Landweg eingereist sind, kann insoweit auf eine Geltendmachung des Asylrechts verzichtet werden. Wenn darauf verzichtet wird, lautet der **auf die Flüchtlingseigenschaft beschränkte Klageantrag:**
> ▶ Die Beklagte wird unter entsprechender Aufhebung des Bescheides vom *(Datum)*, zugestellt am (Datum), verpflichtet, dem Kläger die Flüchtlingseigenschaft zuzuerkennen;
> hilfsweise, dem Kläger den subsidiären Schutzstatus zuzuerkennen;
> weiterhin hilfsweise, für den Kläger ein Abschiebungsverbot festzustellen. ◀

Entsprechend kann der Klageantrag auch auf die Gewährung des subsidiären Schutzes oder eines Abschiebungsverbotes beschränkt werden. 33

Der **Antrag auf vorläufigen Rechtsschutz gegen die Abschiebungsanordnung** gemäß § 80 Abs. 5 VwGO lautet: 34
> ▶ Weiterhin wird beantragt, die aufschiebende Wirkung der Klage vom heutigen Tage gegen die Abschiebungsanordnung vom *(Datum)* anzuordnen. ◀

D. Ablehnung des Asylantrags als unzulässig
I. Entscheidungsformel

Eine Ablehnung des Asylantrages als unzulässig erfolgt in den meisten Fällen im Rahmen eines Dublin-Verfahrens, wenn das BAMF von der Zuständigkeit eines anderen Mitgliedstaates ausgeht, § 29 Abs. 1 Nr. 1 AsylG.[290] Eine Ablehnung als unzulässig erfolgt darüber hinaus auch, wenn in einem Verfahren über einen Folgeantrag gem. § 71 oder über einen Zweitantrag gem. § 71 a AsylG ein weiteres Asylverfahren nicht durchzuführen ist, § 29 Abs. 1 Nr. 3 AsylG.[291] 35

Die **Entscheidungsformel** eines Bescheides, mit dem das BAMF einen Asylantrag als **unzulässig** abgelehnt, lautet: 36
> ▶ 1. Der Antrag wird als unzulässig abgelehnt.
> 2. Abschiebungsverbote nach § 60 Abs. 5 und 7 S. 1 des Aufenthaltsgesetzes liegen nicht vor.
> 3. Die Abschiebung nach *(anderer Dublin-Staat)* wird angeordnet.
> 4. Das gesetzliche Einreise- und Aufenthaltsverbot gemäß § 11 Abs. 1 des Aufenthaltsgesetzes wird auf 6 Monate ab dem Tag der Abschiebung befristet. ◀

Ein Bescheid mit einer Ablehnung des Asylverfahrens als unzulässig kann bereits vor der Anhörung im Asylverfahren erfolgen.[292] 37

II. Rechtsmittel und Fristen

Gegen diesen Bescheid kann **Klage** vor dem zuständigen Verwaltungsgericht erhoben werden. Es handelt sich um eine Anfechtungsklage. 38

Die Klage hat **keine aufschiebende Wirkung**, § 75 Abs. 1 AsylG. Die Klage allein schützt also nicht vor einer Abschiebung während des laufenden verwaltungsgerichtlichen Verfahrens, da die Ausreisepflicht der Ziffer 3 des Bescheides vollziehbar 39

---
290 S. zum Dublin-Verfahren Kap. 3.
291 Zum Asylfolge- und Zweitantrag s. Kap. 8 Rn. 40 ff.
292 Etwa im Rahmen eines Dublin-Bescheides, vgl. Kap. 3 Rn. 52.

bleibt. Wenn die aufschiebende Wirkung der Klage wiederhergestellt werden soll, ist ein Antrag gemäß § 80 Abs. 5 VwGO zu stellen, § 34a Abs. 2 S. 1 AsylG.

40   Klage und Eilantrag sind in der **Frist von einer Woche** ab Zustellung des Bescheides zu erheben, §§ 74 Abs. 1, 34a Abs. 2 S. 1 AsylG. Bis zu einer Entscheidung des Gerichts über den Antrag auf einstweiligen Rechtsschutz ist eine Abschiebung unzulässig, § 34a Abs. 2 S. 2 AsylG.

41   Das Verwaltungsgericht entscheidet in Fällen der Unzulässigkeit des Asylantrages nur über die Aufhebung des Bescheides, darf aber keine inhaltliche Prüfung des Asylantrages vornehmen.[293]

III. Klageantrag

42   Die Klage zum Verwaltungsgericht beinhaltet in Fällen der Unzulässigkeit des Asylantrags folgenden Antrag:

   ▶ Der Bescheid der Beklagten vom *(Datum)* wird aufgehoben. ◀

43   Der **Antrag gem. § 80 Abs. 5 VwGO** lautet:

   ▶ Weiterhin wird beantragt, die aufschiebende Wirkung der Klage vom heutigen Tage gegen die Abschiebungsanordnung vom *(Datum)* anzuordnen ◀

E. Verwaltungsgerichtliche Asylverfahren

44   Die Zahl der gerichtlichen Verfahren im Asylrecht ist in den letzten Jahren stark gestiegen.[294] Dies liegt zum einen an den gestiegenen Antragszahlen, zum anderen an der unzureichenden Qualitätskontrolle beim BAMF.[295]

I. Örtliche Zuständigkeit

45   Örtlich zuständig ist gemäß § 52 Nr. 2 S. 3 VwGO das Verwaltungsgericht, an dem der Kläger seinen Aufenthalt nach dem AsylG (§§ 47 ff.) zu nehmen hat. Umverteilungen oder Zuweisungen nach Klageerhebung bewirken keine Änderung der örtlichen Zuständigkeit.[296]

II. Anwaltliche Vertretung

46   Im asylgerichtlichen Verfahren vor den Verwaltungsgerichten besteht kein Anwaltszwang.

47   Im Berufungsverfahren vor den Oberverwaltungsgerichten müssen sich die Beteiligten aber durch Prozessbevollmächtigte vertreten lassen, § 67 Abs. 4 S. 1 VwGO. Insoweit besteht kein Unterschied zu sonstigen verwaltungsgerichtlichen Verfahren.

---

293   BVerwG 9.8.2016 – 1 C 6.16.
294   Das BAMF veröffentlicht keine entsprechenden Zahlen, aber die Verwaltungsgerichte weisen regelmäßig auf die steigende Zahl der Asylklagen hin; www.sueddeutsche.de/news/panorama/prozesse-gericht-zahl-der-asylverfahren-steigt-rasant-dpa.urn-newsml-dpa-com-20090101-161011-99-768892.
295   Zum Verfahren beim BAMF vgl. Kap. 4 Rn. 1 f.
296   *Marx* AsylG § 74 Rn. 6.

III. Berufung

Urteile, die Klagen nach dem AsylG als offensichtlich unzulässig oder offensichtlich unbegründet abweisen, sind unanfechtbar, § 78 Abs. 1 S. 1 AsylG. Gegen diese Urteile gibt es also kein Rechtsmittel. 48

Gegen andere Urteile des Verwaltungsgerichtes kann gem. § 78 Abs. 2 AsylG ein **Antrag auf Zulassung der Berufung** gestellt werden. Die Zulassungsgründe sind im Vergleich zum allgemeinen Verwaltungsprozess (§ 124 VwGO) im Asylgerichtsverfahren **deutlich eingeschränkt**, vgl. § 78 Abs. 3 AsylG. Die Berufung ist danach nur zuzulassen, wenn 49

1. die Rechtssache grundsätzliche Bedeutung hat (**Grundsatzrüge**) oder
2. das Urteil von einer Entscheidung eines Oberverwaltungsgerichts, des Bundesverwaltungsgerichts, des Gemeinsamen Senats der obersten Gerichtshöfe des Bundes oder des Bundesverfassungsgerichtes abweicht und auf dieser Abweichung beruht (**Divergenzrüge**) oder
3. ein in § 138 der Verwaltungsgerichtsordnung bezeichneter Verfahrensmangel vorliegt (**Verfahrensrüge**).

Insbesondere kann nicht geltend gemacht werden, dass ernstliche Zweifel an der Richtigkeit des Urteils bestehen. 50

Die Zulassung der Berufung ist binnen **eines Monats** ab Zustellung des verwaltungsgerichtlichen Urteils zu **beantragen**, § 78 Abs. 4 S. 1 AsylG. Der Antrag ist beim Verwaltungsgericht einzureichen, § 78 Abs. 4 S. 2 AsylG. Der Antrag ist auch innerhalb dieser Frist zu **begründen**, § 78 Abs. 4 S. 4 AsylG. 51

Über den Antrag entscheidet das Oberverwaltungsgericht durch einen Beschluss, der nicht begründet werden muss, § 78 Abs. 5 S. 1 AsylG. Wenn der Antrag abgelehnt wird, wird das Urteil des Verwaltungsgerichtes rechtskräftig, § 78 Abs. 4 S. 5 AsylG. Wenn die Berufung zugelassen wird, wird das Antragsverfahren als Berufungsverfahren fortgesetzt, § 78 Abs. 5 S. 3 AsylG. 52

IV. Kosten

Die Verfahren nach dem AsylG sind **gerichtskostenfrei**, es werden vom Gericht keine Kosten erhoben, § 83 b AsylG.[297] 53

V. Besonderheiten

Im asylgerichtlichen Verfahren bestehen neben den bereits geschilderten Einschränkungen – wie etwa einer nur eingeschränkten Möglichkeit der Berufung – einige weitere Besonderheiten gegenüber den sonstigen verwaltungsgerichtlichen Verfahren: 54

Es gibt **kein Widerspruchsverfahren**. Das BAMF ist also gesetzlich nicht verpflichtet, einen fehlerhaften Bescheid selbst zu korrigieren. Die Korrektur wird meistens den Verwaltungsgerichten überlassen. 55

---

[297] Zur Prozesskostenhilfe s. Kap. 11 Rn. 11 ff., zu den Kosten einer anwaltlichen Vertretung s. Kap. 11 Rn. 14 ff.

56 Die **Klagefristen** sind mit einer bzw. zwei Wochen **sehr kurz**, § 74 Abs. 1 AsylG.

57 Es gibt eine **gesetzliche Klagebegründungsfrist** von einem Monat ab Zustellung, § 74 Abs. 2 S. 1 AsylG.

58 Die Klage gilt als **zurückgenommen,** wenn der Kläger das Verfahren trotz Aufforderung durch das Gericht länger als einen Monat **nicht betreibt,** § 81 AsylG.

59 Die Kammer entscheidet in der Regel durch einen **Einzelrichter,** es sei denn, die Sache hat besondere Schwierigkeiten rechtlicher oder tatsächlicher Art oder die Rechtssache hat grundsätzliche Bedeutung, § 76 AsylG.

60 Die Klage kann als offensichtlich unzulässig oder offensichtlich unbegründet abgelehnt werden, das Urteil ist dann **unanfechtbar,** § 78 Abs. 1 S. 1.

Kapitel 8 Nach der Ablehnung des Asylantrages und Aufenthaltssicherung

Die aufenthaltsrechtlichen Konsequenzen und Regelungen nach Abschluss des Asylverfahrens gehören nicht zum Asylrecht im engeren Sinne, da das Asylverfahren nur den Zeitraum ab der Einreise und Asylantragstellung bis zur rechtskräftigen Entscheidung durch das BAMF umfasst.

Unabhängig vom Asylverfahren gibt es noch andere Möglichkeiten, eine Aufenthaltserlaubnis zu erlangen. Insbesondere bei einer absehbaren Ablehnung oder nach der Ablehnung eines Asylantrages ist es wichtig zu wissen, welche Optionen noch bestehen, um den Aufenthalt auf andere Weise zu sichern. Die wichtigsten Möglichkeiten der Aufenthaltssicherung – außerhalb des Asylverfahrens – werden in diesem Kapitel kurz dargestellt.

A. Abschiebung

Die Abschiebung ist in § 58 AufenthG geregelt. Sie ist als zwangsweise Verbringung einer Person in ihr Herkunftsland zu verstehen.[298] Nachdem ein negativer Bescheid des Bundesamtes bestandskräftig geworden ist und die Frist zur freiwilligen Ausreise abgelaufen ist, kann eine Abschiebung nach ordnungsgemäßer Androhung im Sinne des § 59 AufenthG erfolgen, § 58 Abs. 1 S. 1 AufenthG.[299]

Eine Abschiebung findet in den meisten Fällen nicht sofort nach Bestandskraft des Bescheides statt, denn die Abschiebung kann in der Regel nicht ohne weitere behördliche Vorbereitung vollzogen werden. Für viele Personen liegen keine Reisepässe oder andere Personaldokumente zur Heimreise vor. Solange nicht eindeutig geklärt ist, aus welchem Land eine Person stammt, kann sie kaum in ein vermeintliches Herkunftsland abgeschoben werden. Viele Staaten lassen Personen ohne Dokumente nicht einreisen. Die Klärung der Identität ist für die Behörden jedoch schwierig. Die ausreisepflichtigen Personen und manche Herkunftsstaaten haben oft kein Interesse an einer Rückkehr und manche Herkunftsstaaten verweigern die Einreise bzw. Rücknahme. Die Beschaffung entsprechender Dokumente ist für die zuständige Ausländerbehörde meist sehr schwierig. Die meisten abgelehnten Personen sind daher auch nach einem negativ abgeschlossenen Asylverfahren noch viele Monate, manchmal Jahre, im Land.

Mit einigen Staaten bestehen Abkommen, wonach eine Rückführung auch ohne entsprechende Personaldokumente möglich ist. Im Rahmen dieser **Rückübernahmeabkommen** verpflichten sich die Staaten, Personen auch ohne eindeutige Klärung der Identität zurückzunehmen.[300] Hierfür werden Ersatzdokumente, sogenannte „Laissez-passer"-Dokumente, ausgestellt, die lediglich der Rückführung dienen.

---

298 NK-AuslR/*Hocks* AufenthG § 58 Rn. 1.
299 S. Rn. 9 ff.
300 Die wichtigsten Abkommen sind die EU-Rückübernahmeabkommen (EU-RÜA); seit März 2004 sind 13 solcher Abkommen geschlossen worden, etwa mit Albanien, Pakistan, der Russischen Föderation, Bosnien und Herzegowina oder Hongkong.

Kapitel 8 Nach der Ablehnung des Asylantrages und Aufenthaltssicherung

6 Steht eine Abschiebung unmittelbar bevor, z.B. weil ein Reisepass vorgelegt wurde, oder sieht die Ausländerbehörde keine tatsächlichen oder rechtlichen Gründe, die einer Abschiebung entgegenstehen, stellt die Ausländerbehörde oft eine sogenannte **Grenzübertrittsbescheinigung (GÜB)** aus. Diese ist gesetzlich nicht geregelt. Sie dient dem Zweck, dass die betroffene Person nachweisen soll, dass eine Ausreise aus der Bundesrepublik erfolgt ist. Dazu soll beim Verlassen der Bundesrepublik die GÜB von den Grenzbehörden abgestempelt und an die zuständige Ausländerbehörde zurückübersandt werden. Mit dem Wegfall der Grenzkontrollen innerhalb des Schengenraums ist ein entsprechender Nachweis erst beim Verlassen des Schengenraums oder bei einer Ausreise über einen Flughafen möglich. Wird die GÜB nicht zurückübersandt, stellt dies keine Ordnungswidrigkeit oder Straftat dar. Will die betroffene Person jedoch später wieder in die Bundesrepublik einreisen, wird meist ein Nachweis verlangt, dass einer früheren Ausreiseverpflichtung fristgerecht Folge geleistet wurde. Liegt dann die GÜB nicht vor, muss der Nachweis auf andere Weise erbracht werden, etwa durch die Vorlage von Reisedokumenten oder Papieren aus dem Herkunftsland, die einen Aufenthalt dort nachweisen.

Weiteres dazu in → Kap. 9.

B. Aufenthaltssicherung außerhalb des Asylverfahrens

7 Im Folgenden werden die Möglichkeiten einer Aufenthaltssicherung unabhängig vom Ausgang des Asylverfahrens dargestellt. Es ist dabei auch möglich, dass einer im Asylverfahren abgelehnten Person mehrere Wege offenstehen.

I. Duldung nach § 60 a AufenthG

8 Eine Duldung stellt als Maßnahme der Vollstreckung der Abschiebung zunächst den vorübergehenden Verzicht der Behörde auf die Durchsetzung der vollziehbaren Ausreise dar.[301]

9 Es gibt zahlreiche Gründe, warum die Behörden auf die Vollstreckung der Ausreisepflicht verzichten, dies zum Teil sogar müssen. Diese sind zumeist in § 60 a AufenthG geregelt, doch auch daneben finden sich zahlreiche gesetzliche Duldungsgründe.[302]

10 Der Duldungsstatus entsteht kraft Gesetzes. Für vollziehbar ausreisepflichtige Personen ist von der Ausländerbehörde eine **Duldungsbescheinigung** auszustellen, § 60 a Abs. 4 AufenthG, die Ausstellung ist für das Entstehen der Duldung (als Status) nicht konstitutiv.

Ein guter Überblick über die EU-RÜA und bilaterale Abkommen Deutschlands findet sich unter: www.migrationsrecht.net/nachrichten-auslaenderrecht-europa-und-eu/1843-rueckuebernahmeabkommen-eu-assoziierungsabkommen.html.
301 NK-AuslR/*Bruns* AufenthG § 60 a Rn. 1.
302 Etwa in § 72 Abs. 4 S. 1 AufenthG, im Falle einer anhängigen Anklage oder eines Ermittlungsverfahrens; § 81 Abs. 3 S. 2 AufenthG, im Falle einer verspäteten Antragstellung zur Erteilung oder Verlängerung einer Aufenthaltserlaubnis; § 43 Abs. 3 AsylG, im Falle einer Asylantragstellung eines Familienangehörigen; § 71 Abs. 5 S. 2 AsylG, wenn ein Asylfolgeantrag gestellt wurde, oder § 71 a Abs. 3 AsylG bei einem Asylzweitantrag.

B. Aufenthaltssicherung außerhalb des Asylverfahrens

Das Gesetz regelt keine allgemeine **Geltungsdauer** der Duldungsbescheinigung, in gewissen Fällen ist eine Geltungsdauer jedoch gesetzlich vorgegeben. Die Regelungen dazu finden sich in den einschlägigen Normen über die Duldungsgründe.

Wer sich unverschuldet im Status einer Duldung befindet, hat die Möglichkeit, einen **Aufenthaltstitel nach § 25 Abs. 5 AufenthG** zu erhalten. Dies gilt insbesondere dann, wenn der Status bereits seit über 18 Monaten besteht, § 25 Abs. 5 S. 2 AufenthG.[303] Ein entsprechender Antrag ist bei der örtlich zuständigen Ausländerbehörde zu stellen. Die allgemeinen Erteilungsvoraussetzungen des § 5 AufenthG sind zu beachten.

1. Duldung im Anschluss an ein negativ abgeschlossenes Asylverfahren

Im Anschluss an ein negativ beschiedenes Asylverfahren ist eine **Abschiebung** in der Regel **nicht unmittelbar möglich** (→ Rn. 3 ff und → Kap. 9), da die Ausreise aufgrund der Passlosigkeit oder des Fehlens sonstiger Heimreisedokumente nicht organisiert werden kann. Die betroffene Person ist dann geduldet, da einer Abschiebung tatsächliche Gründe entgegenstehen. Dieser Fall stellt den häufigsten Fall einer Duldung aus tatsächlichen Gründen im Sinne des § 60 a Abs. 2 S. 1 AufenthG dar.

Die Duldung berechtigt nicht zum Aufenthalt in der Bundesrepublik, sie ist kein Aufenthaltstitel im Sinne des § 4 AufenthG. Einige Ausländerbehörden bringen in der Duldungsbescheinigung dann den Vermerk an:

▶ Die Duldung erlischt mit der Abschiebung. ◀

Eine geduldete Person kann daher auch bei einer noch lange gültigen Duldung abgeschoben werden, wenn diese lediglich aufgrund der nicht vollziehbaren Ausreisepflicht erteilt wurde, vgl. § 60 a Abs. 5 S. 1 AufenthG.[304]

Neben einer Duldung, wie sie Personen nach einem negativ abgeschlossenen Asylverfahren erhalten, gibt es weitere Duldungsgründe. Teilweise wird eine Duldung daher aus mehreren Gründen zu erteilen sein.

2. Tatsächliche und rechtliche Abschiebungshindernisse

Eine Duldung ist nach § 60 a Abs. 2 AufenthG zu erteilen, wenn **tatsächliche oder rechtliche Abschiebungshindernisse** vorliegen. Neben der tatsächlichen Unmöglichkeit der Abschiebung wegen fehlender Dokumente gibt es zahlreiche weitere Duldungsgründe. Liegt ein Duldungsgrund vor, besteht eventuell sogar ein Anspruch auf eine Duldung, so ist die betroffene Person während der Geltungsdauer der Duldung vor Abschiebung sicher. Die Duldung muss dann zunächst widerrufen werden, § 60 a Abs. 5 S. 3 und 4 AufenthG.

Wann eine Duldung und ab wann eine Aufenthaltserlaubnis erteilt wird, ist oft schwer abzugrenzen. Fehlen beispielsweise noch bestimmte Erteilungsvoraussetzungen, z.B. die Vorlage eines Passes, kann, auch bei einem Anspruch auf eine Aufenthaltserlaubnis, zunächst eine Duldung erteilt werden.

---

303 S. dazu unten unter Aufenthaltserlaubnis nach § 25 Abs. 5 AufenthG, Rn. 55.
304 Besteht ein Anspruch auf eine Duldung, etwa aufgrund eines bestehenden Ausbildungsverhältnisses, § 60 a Abs. 2 S. 4 AufenthG, ist die Abschiebung bis zum Ablauf oder der Rücknahme der Duldung ausgesetzt.

19 **Tatsächliche Abschiebungshindernisse** liegen vor, wenn eine Person aus praktischen Gründen nicht abgeschoben werden kann.

20 Hier ist zunächst an den Fall zu denken, dass eine Person aufgrund ihres Gesundheitszustandes nicht reisen kann. Diese **Reiseunfähigkeit** muss der Ausländerbehörde gegenüber durch Atteste nachgewiesen werden, da § 60 a Abs. 2 c S. 1 AufenthG die gesetzliche Vermutung aufstellt, dass gesundheitliche Gründe einer Abschiebung nicht entgegenstehen. Die Behörden gehen, gerade bei psychischen Erkrankungen, leider häufig von vornherein von sogenannten Gefälligkeitsgutachten ohne medizinischen und damit juristischen Beweiswert aus. Die Anforderungen an entsprechende Atteste werden in § 60 a Abs. 2 c S. 2 und 3 AufenthG genauer erläutert. Insbesondere an den Nachweis einer Posttraumatischen Belastungsstörung (PTBS) werden erhöhte Anforderungen gestellt.[305] So muss ein Attest die Befundtatsachen, die Methoden der Diagnostik und Behandlung, eine eindeutige Diagnose und eine Prognose über den Verlauf der Erkrankung und die Erforderlichkeit der Therapie darstellen. Es handelt sich somit mehr um ein Kurzgutachten, als um ein schlichtes ärztliches Attest. Die Ärztin, der Arzt oder auch die Psychologin oder der Psychologe sollten auf diese Anforderungen hingewiesen werden. Ausführliche Atteste und die dafür erforderliche Untersuchung bzw. Begutachtung sind jedoch meist mit entsprechend hohen Kosten verbunden, die von der schutzsuchenden Person aufzubringen sind. In diesen Fällen sollte ein Antrag auf die Kostenübernahme im Rahmen des § 6 AsylbLG beim zuständigen Sozialleistungsträger gestellt werden. Die schutzsuchende Person ist ja gerade im Rahmen ihrer verwaltungsrechtlichen Mitwirkungspflicht am Verfahren verpflichtet, ausführliche Atteste und Gutachten vorzulegen. Kann ein Attest erst nach einer Kostenzusage durch die Sozialleistungsträger vorgelegt werden, sind die asyl- und aufenthaltsrechtlich zuständigen Behörden auf diesen Umstand hinzuweisen.

21 ▶ **Ersuchen um ein ausführliches ärztliches Attest**
    (hier nach einem ablehnenden Asylbescheid in Bezug auf eine PTBS-Erkrankung)

    [Adresse der behandelnden Person]

    Ihre Patientin: *[Name und Geburtsdatum der schutzsuchenden Person]*

    Sehr geehrte Damen und Herren,

    wir vertreten Frau *[Name der schutzsuchenden Person]* im Asylverfahren.

    Unsere Mandantin hat uns mitgeteilt, dass sie sich bei Ihnen in Behandlung befindet.

    Der Asylantrag unserer Mandantin wurde abgelehnt. Wir gehen davon aus, dass unsere Mandantin aufgrund ihrer Erkrankung nicht in ihr Herkunftsland abgeschoben werden kann, da sie nicht reisefähig ist. Um dies zu belegen, benötigen wir eine qualifizierte fachärztliche Bescheinigung (Kurzgutachten).

    Der Gesetzgeber hat die Anforderungen an ärztliche Atteste erheblich verschärft:

    Eine Erkrankung, die einer Abschiebung entgegensteht, muss durch eine qualifizierte fachärztliche Bescheinigung glaubhaft gemacht werden. Diese ärztliche Bescheinigung soll insbesondere die tatsächlichen Umstände, auf deren Grundlage eine fachliche Beurteilung erfolgt, die Methode der Tatsachenerhebung, die fachlich-medizinische Beurteilung des Krankheitsbildes (Diagno-

---

305 Entsprechend den Entscheidungen des BVerwG 11.9.2007 – 10 C 8.07 und 26.7.2012 – 10 B 21.12.

se), den Schweregrad der Erkrankung sowie die Folgen enthalten, die sich nach ärztlicher Beurteilung aus der krankheitsbedingten Situation voraussichtlich ergeben werden.

Ein medizinisches Fachgutachten zu einer posttraumatischen Belastungsstörung oder einer anderen psychischen Erkrankung muss bestimmten Mindestanforderungen genügen, ansonsten gehen die Verwaltungsgerichte bei der Entscheidung über ein Bleiberecht für einen Flüchtling davon aus, dass eine PTBS oder eine psychische Erkrankung nicht genügend glaubhaft gemacht wurde. Die Klage würde dann abgewiesen, der Schutzsuchende in sein Heimatland zurückgeschoben werden.

Um eine Abschiebung verhindern zu können, benötigen wir insbesondere die folgenden Informationen:
- Angaben darüber, wann und wie häufig sich die Patientin bei Ihnen in ärztlicher Behandlung befunden hat und ob die geschilderten Beschwerden durch die erhobenen Befunde bestätigt werden;
- Diagnose und Aufschluss über den Schweregrad der Krankheit, deren Behandlungsbedürftigkeit sowie den bisherigen Behandlungsverlauf (Medikation, Therapie);
- Angaben über die tatsächlichen Umstände, auf deren Grundlage die fachliche Beurteilung erfolgt ist und die Methode der Tatsachenerhebung;
- Folgen, die sich nach ärztlicher Beurteilung voraussichtlich aus der Krankheit ergeben;
- Möglichkeiten der Behandlung und Therapie im Herkunftsland (soweit bekannt);
- Angaben über das Risiko einer Verschlechterung des Gesundheitszustands im Falle einer Rückkehr in das Herkunftsland und die Gründe dafür;
- im Falle einer PTBS oder dem Verdacht auf eine solche die Kriterien, auf welche sich die Diagnose stützt, und die Angabe der Untersuchungsmethoden, mit denen die Diagnose ermittelt wurden (sollte eine PTBS durch traumatisierende Erlebnisse im Herkunftsland hervorgerufen worden sein und werden die Symptome erst längere Zeit nach dem Verlassen des Herkunftslandes vorgetragen, so muss begründet werden, weshalb die Erkrankung erst jetzt geltend gemacht wird);
- begründete Einschätzung über eine mögliche Suizidalität oder andere Folgen (psychische Dekompensation u.a.) im Falle einer Abschiebung in das Herkunftsland.

Wir bitten um Übersendung einer entsprechenden ärztlichen Bestätigung. Die Kosten dafür dürfen Sie uns hier in Rechnung stellen.

Mit freundlichen Grüßen

[Unterschrift des Rechtsbeistandes]

Anlagen   Vollmacht mit Entbindung von der ärztlichen Schweigepflicht ◄

▶ Hinweis:

Auf die jeweiligen Erkrankungen ist gegebenenfalls gesondert einzugehen. Da sich gerade der Nachweis einer PTBS als besonders schwierig gestaltet, wurde diese Erkrankung für das vorliegende Muster gewählt.

Häufig kann eine PTBS-Erkrankung erst einige Zeit, teilweise auch erst Jahre nach der Einreise diagnostiziert und behandelt werden. Viele Schutzsuchende zeigen Symptome erst, nachdem sie nach ihrer Flucht einigermaßen zur Ruhe kommen konnten. Zudem ist es schwierig einen Behandlungsplatz zu finden, da neben der knappen Versorgung mit ausgebildeten Psychologen oft auch die Übersetzung gewährleistet werden muss.

Siehe zum Bedarf eines aussagekräftigen Attests → Kap. 6 Rn. 45 f und insbesondere → Kap. 8 Rn. 20. ◄

Auch eine **Schwangerschaft** stellt ein tatsächliches Abschiebungshindernis dar, solange sich die werdende Mutter im Mutterschutz entsprechend der arbeitsrechtlichen Regelungen befindet. Der Mutterschutz besteht in der Zeit der sechs Wochen vor dem errechneten Geburtstermin und bis acht Wochen nach der Geburt (§§ 3 Abs. 2

22

und 6 Abs. 1 MuSchG). Bei Früh- und Mehrlingsgeburten besteht nach der Geburt ein verlängerter Schutz bis zu 12 Wochen nach der Entbindung (§ 6 Abs. 1 MuSchG).

23 Weitere tatsächliche Abschiebungshindernisse sind denkbar, etwa wegen der Staatenlosigkeit einer Person, wenn bereits feststeht, dass das Herkunftsland die ausreisepflichtige Person nicht einreisen lassen wird oder wenn keine Reiseverbindung ins Herkunftsland besteht. In all diesen Fällen ist eine Abschiebung vorübergehend unmöglich. Die betroffene Person ist aufgrund tatsächlicher Abschiebungshindernisse zu dulden.

24 Neben den tatsächlichen können auch **rechtliche Abschiebungshindernisse** einem Vollzug der Ausreisepflicht entgegenstehen.

25 Art. 6 GG und Art. 8 EMRK schützen das Recht auf **Familie**. Hierzu gehört zunächst die familiäre Lebensgemeinschaft, also das tatsächliche Zusammenleben der Familieneinheit. Ein Ehepaar, eine Lebenspartnerschaft oder Eltern und deren minderjährige Kinder sollen nicht getrennt werden. Einer Abschiebung nur eines Familienmitgliedes stehen daher rechtliche Gründe entgegen. Geschützt ist auch die elterliche Beziehung eines Elternteiles zu einem Kind, welches nicht mit diesem in einer häuslichen Gemeinschaft lebt, solange eine Eltern-Kind-Beziehung besteht, die über eine bloße Begegnungsgemeinschaft hinausgeht.[306] Das Sorgerecht ist nicht erforderlich, um aus diesem Grund eine Duldung zu erhalten.[307]

26 Ist die familiäre Zugehörigkeit noch nicht geklärt, wenn etwa bereits ein Verfahren zur Vaterschaftsanerkennung oder zum Umgangsrecht anhängig ist, muss eine Duldung bis zur Klärung der Verhältnisse zum Schutz der Familieneinheit erteilt werden, um die Beziehung zwischen den Familienmitgliedern nicht zu gefährden.[308]

27 ▶ **Vaterschaftsanerkennung, Sorgeerklärung, Umgangsrecht:**

Wird ein Kind geboren, dessen Eltern nicht verheiratet sind, so kann die Vaterschaft nach § 1592 Nr. 2 BGB vom Kindsvater anerkannt werden.

Diese Anerkennung der Vaterschaft ist bereits während der Schwangerschaft möglich und auch zu empfehlen. Zuständig sind hierfür vorrangig die Standes- und Jugendämter. Da eine standesamtliche Beurkundung zumeist nur nach Vorlage eines gültigen Passes erfolgen kann, ist eine Vaterschaftsanerkennung beim Jugendamt häufig einfacher, hier genügt die Vorlage der Duldung oder der Aufenthaltsgestattung.

Eine Erklärung über ein gemeinsames Sorgerecht (Sorgeerklärung oder auch Sorgerechtserklärung) steht im Falle unverheirateter Eltern unter dem Vorbehalt der Zustimmung beider Elternteile, § 1626 a Abs. 1 Nr. 1 BGB. Die Sorgeerklärung kann bei einem Notar oder beim Jugendamt abgegeben werden. Eine gemeinsame Sorgeerklärung führt zu der Vermutung, dass eine familiäre Gemeinschaft besteht.[309] Eine familiäre Gemeinschaft lässt sich jedoch auch ohne Sorgerecht durch einen regelmäßigen Umgang nachweisen.

Wird der Umgang zu einem leiblichen Kind nicht freiwillig eingeräumt, so kann aufgrund des Anspruchs nach § 1684 Abs. 1 Hs. 2 BGB ein Umgangsrecht vor dem Familiengericht eingeklagt werden. ◀

---

306 BVerfG 9.12.1997 – 1 C 19.96.
307 Zur Möglichkeit eines Aufenthaltstitels aufgrund der Elternschaft eines deutschen Kindes nach § 28 Abs. 1 S. 1 Nr. 3 AufenthG s. Rn. 51 ff.
308 NK-AuslR/*Bruns* AufenthG § 60 a Rn. 16 a.E., s. dazu auch die Ausführungen zur Verfahrensduldung, Rn. 30.
309 BVerfG 30.1.2002 – 2 BvR 231/00.

Auch eine **geplante Eheschließung** kann zu einem rechtlichen Abschiebungshindernis werden, wenn dadurch die in Art. 6 GG und Art. 7 EU-Grundrechtecharta garantierte Eheschließungsfreiheit gefährdet ist. Eine Duldung wird in diesen Fällen regelmäßig jedoch nur erteilt, wenn bereits ein konkreter Eheschließungstermin durch das Standesamt bekannt gegeben worden ist, oder zumindest bereits alle nötigen Unterlagen zur Eheschließung eingereicht wurden.[310]

Lebt eine ausländische Person bereits seit langer Zeit in Deutschland, kann es sein, dass eine Entwurzelung vom Herkunftsland angenommen werden kann. Man spricht in diesen Fällen von **faktischen Inländern**. Eine erfolgreiche Integration ist dafür Voraussetzung. Letztlich liegt die Bewertung entsprechender Fälle bei der Ausländerbehörde. Häufig herangezogene Kriterien sind gute Deutschkenntnisse, eigenes Einkommen aus Erwerbstätigkeit, keinerlei Vorstrafen, nicht als ausreichend erachtete Sprachkenntnisse der Sprache im Herkunftsland, keine familiäre Anbindung im Herkunftsland und die Dauer des Aufenthaltes in Deutschland. Ein Beispielsfall wäre etwa das Kind geduldeter Ausländer, welches in Deutschland geboren und aufgewachsen ist und nie im Ausland gelebt hat.

Befindet sich die vollziehbar ausreisepflichtige Person in einem laufenden Gerichts- oder Verwaltungsverfahren, kann eine sogenannte **Verfahrensduldung** ausgestellt werden. Die Ausländerbehörde wird in diesen Fällen das öffentliche Interesse an der Abschiebung gegen das Interesse der Person an einem effektiven Rechtsschutz abwägen. Kann das Verfahren ohne Weiteres vom Ausland aus betrieben werden, ohne dass Rechtsgüter gefährdet werden, so wird eine Duldung aus Verfahrensgründen zumeist verwehrt. Während eines Verfahrens vor dem Petitions- oder Härtefallausschuss besteht – schon aufgrund der Annahme des Verfahrens durch das Parlament oder den Ausschuss – auch ein öffentliches Interesse am Verfahrensausgang als Grund für eine Verfahrensduldung.

Von besonderer Bedeutung ist die sogenannte **Ausbildungsduldung** gem. § 60a Abs. 2 S. 4 AufenthG. Danach ist eine Duldung für die Dauer einer Berufsausbildung zu erteilen. Befindet sich eine geduldete Person in einer schulischen oder beruflichen Ausbildung und stammt nicht aus einem sicheren Herkunftsstaat, hat sie Anspruch auf eine Duldung bis zum Ende der im Ausbildungsvertrag festgelegten Ausbildungsdauer, § 60a Abs. 2 S. 5 AufenthG. Dies sichert Schutzsuchenden, welche sich zum Zeitpunkt einer negativen Entscheidung durch das BAMF bereits in einer Ausbildung befinden, ein Bleiberecht bis zum Abschluss ihrer Berufsausbildung. Wird die Ausbildung vorzeitig abgebrochen oder nicht mehr betrieben, erlischt die Duldung. § 60a Abs. 2 S. 10 AufenthG gewährt jedoch im Anschluss eine Duldung für sechs Monate, um eine weitere Ausbildungsstelle zu finden.[311] Wer während der Ausbildungszeit straffällig wird oder bereits zuvor straffällig wurde, riskiert ebenfalls, keine Ausbildungsduldung mehr zu erhalten, § 60a Abs. 2 S. 6 AufenthG.

---

310 NK-AuslR/*Bruns* AufenthG § 60a Rn. 20. Zur Möglichkeit einer Aufenthaltserlaubnis aufgrund einer Eheschließung s. Rn. 50.
311 Das Gesetz sieht dem Wortlaut nach keine Regelung vor, die klarstellt, ob die Ausbildung in diesem Betrieb fortgesetzt werden muss oder ob auch der Beginn einer neuen, anderen Ausbildung zulässig ist.

32 Nach dem erfolgreichen Abschluss der Ausbildung und Weiterbeschäftigung im Ausbildungsbetrieb kann die Person eine Aufenthaltserlaubnis nach § 18a AufenthG erhalten. Sollte nach Abschluss der Ausbildung eine Übernahme nicht möglich sein, so wird eine Duldung für weitere sechs Monate ausgestellt, in der die ausgebildete Person sich eine der Ausbildung entsprechende Stelle suchen kann, § 60a Abs. 2 S. 11 AufenthG.

33 Das Gesetz sieht Fälle vor, in denen die Erteilung einer **Ausbildungsduldung ausgeschlossen** ist. Neben der bereits erwähnten Straffälligkeit, § 60a Abs. 2 S. 6 AufenthG, können Personen aus den sogenannten sicheren Herkunftsstaaten keine Ausbildungsduldung erhalten, § 60a Abs. 2 S. 4 iVm. Abs. 6 Nr. 3 AufenthG.

34 Eine Ausbildungsduldung wird in der Regel nur erteilt, wenn die Identität der geduldeten Person geklärt ist, wofür die **Vorlage eines Passes** verlangt wird. Bereits zur Aufnahme einer Ausbildung wird die Zustimmung der Ausländerbehörde benötigt.[312] Die Möglichkeit der Ausbildungsduldung sehen einige Ausländerbehörden als Verhinderung eines ordnungsgemäßen Vollzugs einer Abschiebung an und verweigern daher die Zustimmung mit Verweis auf § 60a Abs. 6 S. 1 Nr. 2 AufenthG, sollte ein Pass nicht vorgelegt werden. Wird eine **Ausbildung im laufenden Asylverfahren aufgenommen**, so ist die Ausländerbehörde darauf hinzuweisen, dass eine Passpflicht noch nicht besteht.[313] Wird der Asylantrag dann abgelehnt, kann ein Pass vorgelegt und eine Ausbildungsduldung beantragt werden. Soll die **Ausbildung erst nach Abschluss des Asylverfahrens** aufgenommen werden, so ist abzuwägen, ob ein Pass gefahrlos vorgelegt werden kann, um die Zustimmung zur Ausbildungsaufnahme zu erhalten oder ob in diesem Fall mit einer Abschiebung gerechnet werden muss, da die Ausländerbehörde bereits konkrete Maßnahmen zur Abschiebung eingeleitet hat, § 60a Abs. 2 S. 4 a.E. AufenthG.

35 ▶ Ausbildung zur Aufenthaltssicherung:
Die Aufnahme einer Ausbildung ist damit eine gute Möglichkeit, den Aufenthalt unabhängig vom Asylverfahren zu sichern.
Eine Ausbildung führt zur Ausbildungsduldung nach § 60a Abs. 2 S. 4 AufenthG und im Anschluss ist die Erteilung einer Aufenthaltserlaubnis nach § 18a AufenthG möglich.
Es ist daher wichtig, gerade schutzsuchende Personen mit einer schlechten Bleibeperspektive frühzeitig und möglichst gut betreut in Ausbildungsverhältnisse zu bringen. ◀

3. Ermessensduldung

36 Wenn eine Abschiebung nicht unmittelbar bevorsteht, es aber für eine Duldung aus den oben genannten Gründen keine ausreichenden Anhaltspunkte gibt, so kann aus **dringenden humanitären** oder **persönlichen Gründen** ebenfalls eine Duldung ausgestellt werden, § 60a Abs. 2 S. 3 AufenthG.

37 Ein Beispiel für einen entsprechenden Fall wäre, wenn bei Vorliegen eines Abschiebungsverbotes nach § 60 Abs. 5 AufenthG der Aufenthaltstitel nicht ausgestellt werden kann, weil der nach § 5 AufenthG dafür nötige Identitätsnachweis fehlt, oder es

---

312 S. zum Zustimmungserfordernis bei Ausbildungsverhältnissen Kapitel 5, Rn. 56.
313 S. zur Passpflicht Kap. 6 Rn. 68 ff.

ist eine Heirat geplant, ein konkreter Termin zur Eheschließung steht jedoch noch nicht fest.

In all diesen Fällen hängt die Erteilung und Geltungsdauer der Duldung vom Ermessen der Ausländerbehörde ab. 38

4. Abschiebungsstopp

Eine Duldung wird auch allen abgelehnten Schutzsuchenden erteilt, die zwar im Asylverfahren keinen Schutz erhalten haben, für deren Herkunftsländer aber ein sogenannter **Abschiebungsstopp** gilt. Ein Abschiebungsstopp beruht auf einer Entscheidung der Länderinnenministerkonferenz oder auf dem Beschluss einzelner Landesregierungen oder -parlamente. Es ist eine politische Entscheidung, bestimmte Personengruppen oder auch alle Personen aus einem Herkunftsland nicht in ein bestimmtes Land abzuschieben.[314] 39

II. Asylfolgeantrag

Ein Asylfolgeantrag kann nach dem Abschluss des ersten Verfahrens gestellt werden. Ein weiteres Verfahren ist allerdings nur durchzuführen, wenn die Voraussetzungen des § 51 Abs. 1 bis 3 VwVfG vorliegen, § 71 AsylG. Ein weiterer Asylantrag ist daher nur zielführend, wenn **Wiederaufgreifensgründe** gemäß § 51 VwVfG gegeben sind. 40

Diese liegen vor, wenn sich die **Sach- und Rechtslage nachträglich zugunsten des Betroffenen geändert** hat, also beispielsweise wenn sich die Sicherheitslage im Herkunftsland seit der ersten Entscheidung drastisch verschlechtert hat. Weitere Beispiele für eine Änderung der persönlichen Situation kann die Konversion zum Christentum sein oder eine nach Abschluss des Asylverfahrens auftretende schwere Erkrankung. 41

Des Weiteren kommt ein Folgeantrag in Betracht, wenn **neue Beweismittel** vorliegen, die eine dem Betroffenen günstigere Entscheidung herbeiführen könnten. Dies ist etwa der Fall, wenn eine lebensbedrohliche Krankheit erst nach der negativen Entscheidung durch das BAMF nachgewiesen werden kann. Außerdem können Wiederaufnahmegründe entsprechend § 580 ZPO vorliegen. § 71 Abs. 1 S. 1 AsylG verweist auch auf § 51 Abs. 3 S. 1 VwVfG, danach ist ein Antrag innerhalb von drei Monaten ab der Kenntnis der neuen Gründe zu stellen. Die Asylverfahrensrichtlinie,[315] welche den Folgeantrag in Art. 40 regelt, sieht hingegen keine Frist vor. Wann ein Folgeantrag gestellt werden muss, ist daher in jedem Einzelfall abzuwägen. Gerade Atteste sollten jedoch zeitnah vorgelegt werden. 42

Ein Asylfolgeverfahren muss gut vorbereitet werden, da das BAMF hohe Anforderungen stellt, um zu einer neuen Entscheidung zu kommen. Die antragstellende Person ist im Verfahren beweispflichtig, § 71 Abs. 3 S. 1 AsylG. Ein Antrag unmittelbar im Anschluss an das erste Verfahren ist daher wenig Erfolg versprechend. Während des Verfahrens des BAMF über die Einleitung eines Folgeverfahrens bleibt es bei der Duldung und der im ersten Bescheid festgesetzten Ausreisepflicht. Wird ein weiteres 43

---

314 Dies gilt im Winter 2016 etwa bundesweit für alle Personen aus dem Irak und seit dem 14.2.2017 für Afghanen im Bundesland Schleswig-Holstein.
315 Kap. 1 Rn. 10 mit Fn. 4.

Asylverfahren eröffnet, erhält die schutzsuchende Person wieder eine Aufenthaltsgestattung.

44 Der Antrag ist von der schutzsuchenden Person persönlich beim BAMF zu stellen. Wenn lediglich medizinische Gründe vorgebracht werden sollen, genügt ein schriftlicher Antrag und die Übersendung der Atteste an die Zentrale des BAMF in Nürnberg, § 71 Abs. 2 AsylG.

III. Familiäre, humanitäre und Aufenthaltserlaubnisse aufgrund besonderer Integrationsleistungen

45 Zuständig für einen Antrag und für die Erteilung einer Aufenthaltserlaubnis ist die jeweils zuständige Ausländerbehörde. Diese prüft zunächst die Erteilungsvoraussetzungen des jeweiligen Titels und die **allgemeinen Erteilungsvoraussetzungen** des § 5 Abs. 1 AufenthG. Dieser setzt grundsätzlich die Sicherung des Lebensunterhaltes und die Klärung der Identität, meist durch Vorlage eines gültigen Passes, voraus. In Einzelfällen kann es Ausnahmen von den Erteilungsvoraussetzungen geben, vgl. § 5 Abs. 3 AufenthG.

46 Liegen die Voraussetzungen für eine Aufenthaltserlaubnis außerhalb des Asylverfahrens vor, so ist den Personen zu raten, sich bereits frühzeitig um die nötigen Nachweise zu bemühen.

47 Sollten die Erfolgsaussichten im Asylverfahren von vornherein nur gering sein, kann es in Einzelfällen auch ratsam sein, den Asylantrag zurückzunehmen oder einen solchen erst gar nicht zu stellen.[316] Für die Rücknahme eines Asylantrages genügt ein formloses Schreiben an das BAMF, die Ausländerbehörde sollte jedoch zeitgleich über diesen Schritt informiert werden.[317]

48 Während eines laufenden Asylverfahrens gilt es, § 10 Abs. 1 AufenthG zu beachten. Danach kann ein Aufenthaltstitel vor Beendigung des Asylverfahrens nur in den Fällen eines gesetzlichen Anspruches gewährt werden.[318]

1. Familiäre Aufenthaltserlaubnis nach § 28 AufenthG

49 Familiäre Gründe können einen Ausländer dazu berechtigen, in der Bundesrepublik einen Aufenthalt zu begründen. Art. 6 GG und Art. 8 EMRK schützen die Einheit der Familie. Das Zusammenleben als familiäre Einheit soll geschützt werden.

50 Eine familiäre Aufenthaltserlaubnis kann von der zuständigen Ausländerbehörde erteilt werden, wenn die betroffene Person mit einer Person deutscher Nationalität oder mit einem*r Unionsbürger*in verheiratet ist. Hier wird eine Aufenthaltserlaubnis als Ehegatte nach § 28 Abs. 1 Nr. 1 AufenthG ausgestellt. Bei der **Eheschließung** mit einem aufenthaltsberechtigten Drittstaatsangehörigen gilt § 30 AufenthG entspre-

---

316 Etwa bei jungen minderjährigen Schutzsuchenden, die nach vierjährigem Aufenthalt in Deutschland eine Aufenthaltserlaubnis nach § 25a AufenthG erhalten können, vgl. dazu die Ausführungen zu § 25a AufenthG, Rn. 60 ff.
317 Aufgrund der Tragweite einer Rücknahme ist eine solche nur nach vorheriger anwaltlicher Beratung zu empfehlen.
318 Die Fälle eines gesetzlichen Anspruches auf einen Aufenthaltstitel sind meist solche aus familiären Gründen, s. Rn. 50, 52.

chend. Ist eine Eheschließung geplant, reicht dies regelmäßig nicht aus. Liegt bereits ein Datum für die geplante Eheschließung vor, so kann bis zu diesem Tag eine Duldung beantragt werden, diese ist dann aus rechtlichen Gründen zu erteilen.[319] Die Voraussetzungen einer Eheschließung sind beim örtlich zuständigen Standesamt zu erfragen. Eine Eheschließung bedarf zahlreicher Formalia und insbesondere ausländische Dokumente müssen beschafft und anschließend durch die deutschen Behörden überprüft werden, was einige Monate in Anspruch nehmen kann und auch mit Kosten verbunden ist. Die Vorbereitung einer Eheschließung dauert daher oft mindestens ein halbes Jahr. Liegt die Eheschließung mit einer ausreisepflichtigen Person noch in ungewisser Zukunft und kann das Standesamt keinen Termin zur Eheschließung festsetzen, verlangen die Ausländerbehörden meist eine Aus- und Wiedereinreise mit einem Visum zum Zweck der Eheschließung.

Bei der **Geburt eines deutschen Kindes** – oder eines Kindes mit einer Unionsbürgerschaft – ist eine Aufenthaltserlaubnis als Elternteil eines deutschen Kindes nach § 28 Abs. 1 Nr. 3 AufenthG zu erteilen. Viele Asylsuchende gehen davon aus, dass jedes in der Bundesrepublik geborene Kind automatisch die deutsche Staatsbürgerschaft erhält. Die Staatsangehörigkeit richtet sich nach deutschem Recht jedoch im Regelfall nach der Nationalität der Eltern, § 4 StAG.[320] Es gilt daher zunächst zu ermitteln, welche Nationalität das Kind hat. Ein in Deutschland geborenes Kind erwirbt die deutsche Staatsangehörigkeit, wenn ein Elternteil deutsch ist oder wenn ein Elternteil bereits seit acht Jahren einen rechtmäßigen Aufenthalt[321] und ein unbefristetes Aufenthaltsrecht in Deutschland hat, § 4 Abs. 3 S. 1 StAG. 51

Die Elternschaft eines deutschen oder Unionsbürgerkindes allein genügt nicht zur Sicherung des Aufenthalts, es muss zudem ein gewisses Maß an elterlicher Verantwortung übernommen werden.[322] Nur wer als sorgeberechtigter Elternteil eines deutschen Kindes die **Personensorge** ausübt, hat einen Anspruch auf einen Aufenthaltstitel nach § 28 Abs. 1 S. 1 Nr. 3 AufenthG. Für **nicht-sorgeberechtigte** Elternteile gilt § 28 Abs. 1 S. 4 AufenthG, der eine bestehende familiäre Gemeinschaft verlangt. Hierzu ist zumindest ein regelmäßiger Umgang erforderlich. Den Ausländerbehörden genügt meist als Beleg ein Schreiben des anderen Elternteils, teilweise wird auch eine Stellungnahme des Jugendamts verlangt. 52

Können die von den Ausländerbehörden verlangten Urkunden (z.B. Vaterschaftsanerkennung, Sorgeerklärung oder Umgangsregelung) aufgrund der fehlenden Mitwirkung des anderen Elternteils nicht vorgelegt werden, so wird meist ein familienrechtliches Verfahren zur Klärung der Abstammung und des Umgangs nötig.[323] 53

Bei der **Adoption** eines Minderjährigen erwirbt das Kind die deutsche Staatsangehörigkeit und ein Aufenthaltsrecht, wenn der Adoptionsantrag vor dem 18. Lebensjahr gestellt wird, § 6 S. 1 StAG. Dies gilt nicht bei der Adoption von Volljährigen. Dabei 54

---

319 NK-AuslR/*Bruns* AufenthG § 60 a Rn. 20.
320 Staatsangehörigkeitsgesetz vom 22.7.1913, RGBl. I 583 und Kap. 4 Rn. 34.
321 Zur Rechtmäßigkeit des Aufenthaltes s. NK-AuslR/*Oberhäuser* StAG § 4 Rn. 14.
322 NK-AuslR/*Oberhäuser* AufenthG § 28 Rn. 21.
323 S. Rn. 27.

treten zwar alle erb- und familienrechtlichen Wirkungen ein, ein Aufenthaltsrecht wird aber nicht erworben.

2. Aufenthaltserlaubnis aus humanitären Gründen, § 25 Abs. 5 AufenthG

55 Eine Aufenthaltserlaubnis nach § 25 Abs. 5 AufenthG kann von der zuständigen Ausländerbehörde erteilt werden, wenn die Ausreise aus rechtlichen oder tatsächlichen Gründen auf unabsehbare Zeit unmöglich ist. Wenn die Abschiebung bereits seit 18 Monaten ausgesetzt ist, soll nach § 25 Abs. 5 S. 2 AufenthG die Aufenthaltserlaubnis erteilt werden. Diese Regelung soll dazu dienen, **Kettenduldungen** zu vermeiden. Personen, deren Duldung aus verschuldensunabhängigen Gründen immer wieder verlängert wurde, sollen so nach einer Wartezeit eine Bleibeperspektive erhalten. § 25 Abs. 5 S. 3 und 4 AufenthG beschreiben die Voraussetzungen für ein Verschulden genauer. So darf eine Aufenthaltserlaubnis nach § 25 Abs. 5 AufenthG etwa nicht erhalten, wer Anforderungen zur Beseitigung der Abschiebungshindernisse nicht erfüllt. Der häufigste Fall eines solchen Verschuldens ist die fehlende Mitwirkung bei der Identitätsklärung bzw. Passbeschaffung.

3. Aufenthaltserlaubnis für qualifizierte Geduldete, § 18 a AufenthG

56 Eine Aufenthaltserlaubnis nach § 18 a AufenthG kann von der Ausländerbehörde **für qualifizierte Geduldete** erteilt werden, die sich aufgrund ihrer Ausbildung und Arbeit nach Auffassung des Gesetzgebers ein Aufenthaltsrecht erarbeitet haben. Voraussetzung ist eine **abgeschlossene Berufsausbildung** in einem staatlich anerkannten Ausbildungsberuf[324] oder ein in Deutschland **abgeschlossenes Hochschulstudium**, § 18 a Abs. 1 Nr. 1 lit. a AufenthG.

57 Wurde das **Hochschulstudium in einem anderen Land abgeschlossen**, kann ebenso ein Aufenthaltstitel erteilt werden, wenn die Person zwei Jahre ununterbrochen einen Beruf ausgeübt hat, der dem Abschluss angemessen ist, § 18 a Abs. 1 Nr. 1 lit. b AufenthG. Kürzere Unterbrechungen oder eine Teilzeitbeschäftigung schaden nicht.[325]

58 Auch ohne vorherige Ausbildung oder ein Studium kann eine Beschäftigung als Fachkraft aufenthaltsbegründend sein. Sollten Geduldete bereits **drei Jahre** ununterbrochen eine Beschäftigung ausgeübt haben, die der einer **Fachkraft** gleichkommt, kann eine Aufenthaltserlaubnis nach § 18 a Abs. 1 Nr. 1 lit. c AufenthG erteilt werden. Wer also eine Tätigkeit ausübt, die grundsätzlich eine qualifizierte Berufsausübung voraussetzt, wird nach dem Gesetz einer ausgebildeten Fachkraft gleichgestellt. Daneben muss die Tätigkeit zumindest im letzten Jahr vor Antragstellung soviel eingebracht haben, dass die antragstellende Person und deren Familie daraus den Lebensunterhalt bestreiten konnte.

---

[324] Grundlegend sind hier die Ausbildungsregelwerke der Handwerksordnung oder die Berufsausbildungsgesetze, die den Ablauf und grundlegenden Inhalt der Ausbildung regeln und meist eine Abschlussprüfung vorsehen.
[325] Nach NK-AuslR/*Stiegeler* AufenthG § 18 a Rn. 12 ist eine Unterbrechung bis zu einer Dauer von drei Monaten unschädlich.

Für alle Formen der Aufenthaltserlaubnis des § 18 a Abs. 1 Nr. 1 AufenthG gelten die weiteren Erteilungsvoraussetzungen des § 18 a Abs. 1 Nr. 2 ff. AufenthG. Dabei sind insbesondere ausreichende Deutschkenntnisse und ausreichender Wohnraum nachzuweisen. 59

4. Aufenthaltserlaubnis für gut integrierte Jugendliche und Heranwachsende, § 25 a AufenthG

Eine Aufenthaltserlaubnis nach § 25 a AufenthG kann von der Ausländerbehörde **bei gut integrierten Jugendlichen und Heranwachsenden** erteilt werden, wenn die antragstellende Person eine Duldung besitzt und sich seit vier Jahren ununterbrochen, erlaubt, geduldet oder mit Aufenthaltsgestattung im Bundesgebiet aufhält. Innerhalb dieser vier Jahre muss die Person erfolgreich die Schule besucht haben, wobei das Bestehen der Jahrgangsstufen als ausreichend angesehen wird und im Einzelfall auch eine einmalige Wiederholung unschädlich ist.[326] Auch wer in diesen vier Jahren einen anerkannten Schul- oder Berufsabschluss erworben hat, kann einen Antrag auf eine Aufenthaltserlaubnis nach § 25 a Abs. 1 AufenthG stellen. 60

Der Antrag muss zwischen dem 14. und dem 21. Lebensjahr gestellt werden. Damit eröffnet sich eine Bleibeperspektive für Jugendliche und Heranwachsende, die in Deutschland eine Schule besucht haben. 61

Voraussetzung ist eine gute Integrationsprognose, § 25 a Abs. 1 S. 1 Nr. 4 AufenthG, Vorstrafen können dem entgegenstehen.[327] 62

Auch die **Familien** der Jugendlichen oder Heranwachsenden können nach § 25 a Abs. 2 AufenthG eine Aufenthaltserlaubnis erhalten, wenn der Lebensunterhalt durch Erwerbstätigkeit gesichert ist und keine Ausschlussgründe nach § 25 Abs. 2 S. 1 Nr. 2 oder Abs. 3 AufenthG vorliegen. Ein Ausschlussgrund kann vorliegen, wenn die Eltern ihre Abschiebung aufgrund fehlender Mitwirkung bislang verhindert haben, weil sie etwa keine Pässe vorgelegt haben. In diesen Fällen erhalten die Eltern einer nach § 25 a Abs. 1 AufenthG berechtigten Person zumindest eine Duldung zum Schutz der Familieneinheit, solange die berechtigte Person minderjährig ist. 63

Die **mangelnde Mitwirkung der Eltern** ist den Berechtigten nach § 25 a Abs. 1 AufenthG nicht anzulasten. Werden die Jugendlichen jedoch volljährig, werden sie selbst mitwirkungspflichtig. 64

Eine Aufenthaltserlaubnis nach § 25 a Abs. 2 AufenthG darf auch dann erteilt werden, wenn der Asylantrag der Familie zuvor **als offensichtlich unbegründet abgelehnt** wurde, § 25 a Abs. 4 AufenthG. 65

5. Aufenthaltserlaubnis bei nachhaltiger Integration, § 25 b AufenthG

Eine Aufenthaltserlaubnis nach § 25 b AufenthG soll von der Ausländerbehörde **bei nachhaltiger Integration** erteilt werden. Diese 2015 eingeführte Regelung[328] sollte die 66

---

326 Vgl. NK-AuslR/*Fränkel* AufenthG § 25 a Rn. 6.
327 NK-AuslR/*Fränkel* AufenthG § 25 a Rn. 8.
328 Eingeführt durch das Gesetz zur Neubestimmung des Bleiberechts und der Aufenthaltsbeendigung vom 27.7.2015, BGBl. 2015 I 1386 ff.

Kapitel 8 Nach der Ablehnung des Asylantrages und Aufenthaltssicherung

Kettenduldungen beenden. In diesen Fällen leben Personen teilweise über Jahre hinweg von der Verlängerung einer Duldung zur nächsten.[329] Für diese Personen sollte eine Bleibeperspektive geschaffen werden.

67 Eine Aufenthaltserlaubnis nach § 25 b Abs. 1 AufenthG kann erhalten, wer sich seit mindestens acht Jahren ununterbrochen, erlaubt, geduldet oder mit Aufenthaltsgestattung im Bundesgebiet aufhält. Für Personen, die mit einem minderjährigen Kind in einer häuslichen Gemeinschaft leben, verkürzt sich die Frist auf sechs Jahre.

68 Weitere Voraussetzungen sind die überwiegende Lebensunterhaltssicherung und mündliche Deutschkenntnisse auf A2-Niveau; das Bekenntnis zur freiheitlich demokratischen Grundordnung kann durch das Bestehen des Einbürgerungstests nachgewiesen werden.[330]

69 Jedoch schließt § 25 b Abs. 2 AufenthG große Gruppen innerhalb der Duldungsinhaber von der Möglichkeit zur Erlangung einer Aufenthaltserlaubnis umgehend wieder aus. So ist eine Erteilung nicht möglich bei fehlender Mitwirkung bei der Beseitigung der Abschiebungshindernisse. Wer keine Personaldokumente, insbesondere keinen Pass vorgelegt hat, bleibt vom Anwendungsbereich des § 25 b AufenthG ausgeschlossen.

6. Aufenthaltserlaubnis für Härtefälle, § 23 a AufenthG

70 Eine Aufenthaltserlaubnis nach § 23 a AufenthG kann in **Härtefällen** erteilt werden, wenn die zuständige Landesbehörde auf Ersuchen der Härtefallkommission dies anordnet.

71 Die Einrichtung und das Verfahren der jeweiligen Härtefallkommissionen der Bundesländer werden durch Rechtsverordnungen der Landesregierungen geregelt. Auch die Zusammensetzung der Kommissionen unterscheidet sich je nach Bundesland stark, regelmäßig sind jedoch Vertreter des jeweiligen Landesinnen- und Sozialministeriums sowie Vertreter der Wohlfahrtsverbände und Kirchen beteiligt.

72 Die Härtefallkommission wird im Wege der Selbstbefassung tätig; wie ein Antrag eingebracht werden kann, hängt ebenfalls vom jeweiligen Landesrecht ab.[331]

73 Voraussetzungen für die Annahme eines Härtefalls sind in der Regel ein längerer Aufenthalt, eine sehr gute Integration, gute Deutschkenntnisse, Lebensunterhaltssicherung und fehlende Vorstrafen. Es muss sich geradezu aufdrängen, dass die Abschiebung der betroffenen Person einen nicht hinzunehmenden Härtefall darstellen würde.

74 Der Antrag bei der Härtefallkommission stellt häufig die letzte Chance auf eine Aufenthaltserlaubnis dar. Die Anerkennungschancen liegen je nach Bundesland zwischen zehn und 50 Prozent.[332]

---

329 Nach Angaben des Statistischen Bundesamtes lebten im Dezember 2015 in Deutschland 155.103 Personen mit einer Duldung, s. unter www.destatis.de/DE/ZahlenFakten/GesellschaftStaat/Bevoelkerung/MigrationIntegration/AuslaendischeBevolkerung/Tabellen/AufenthaltsrechtlicherStatus.html.
330 NK-AuslR/*Fränkel* AufenthG § 25 b Rn. 11.
331 Informationen finden sich auf den Webseiten der Länder und bei den jeweiligen Landesflüchtlingsräten.
332 Beispielsweise befasste sich die Härtefallkommission in Bayern 2015 mit 102 Fällen, bei 207 Anträgen auf Befassung, aus diesen ergingen in 62 Fällen Aufenthaltserlaubnisse. Die Härtefallkommission in NRW gibt an, seit 2015 3.500 Fälle Anträge bearbeitet zu haben und gibt eine positive Entscheidungsrate von 25 % an (www.unserac.de/themen/fluechtlingshilfe-in-unserer-region/informationen/haertefallkommission.html).

Kapitel 9 Durchsetzung der Ausreiseverpflichtung

Ausreisepflichtige können freiwillig in ihr Herkunftsland oder einen anderen Staat ausreisen, der zur Aufnahme bereit ist.[333] Ist eine freiwillige Ausreise nicht innerhalb einer bestimmten Frist erfolgt, kann die Ausreiseverpflichtung mit einer Abschiebung durchgesetzt werden.

Eine freiwillige Ausreise oder eine Abschiebung können in der Regel nur erfolgen, wenn die Ausreisepflichtigen über Reisepässe oder andere Heimreisedokumente verfügen.

A. Passbeschaffung
I. Verfahren

Wenn der ablehnende Bescheid des BAMF bestandskräftig geworden ist bzw. wenn das ablehnende Urteil im Klageverfahren rechtskräftig geworden ist, wird die im Bescheid angeordnete Ausreisepflicht vollziehbar. Da das Asylverfahren zu diesem Zeitpunkt bereits abgeschlossen ist, wird das weitere Verfahren nicht mehr vom BAMF, sondern von der örtlich zuständigen Ausländerbehörde betrieben, § 71 Abs. 1 S. 1 AufenthG.

Die Aufenthaltsgestattung erlischt gem. § 67 Abs. 1 S. 1 Nr. 6 AsylG, wenn die Entscheidung des BAMF unanfechtbar geworden ist. Die Ausreisepflichtigen müssen die Aufenthaltsgestattungen bei der Ausländerbehörde abgeben und erhalten dann zumeist eine Duldung. Die Duldung ist kein Aufenthaltstitel. Sie enthält den Vermerk, dass der Inhaber vollziehbar ausreisepflichtig ist. Die Abschiebung ist lediglich ausgesetzt, weil sie aus rechtlichen oder tatsächlichen Gründen nicht durchgeführt werden kann.[334] **Eine sofortige Abschiebung findet in der Regel nicht statt**, weil keine Reisepässe oder andere Heimreisedokumente vorhanden sind.

Wenn kein Pass vorhanden ist, werden die Ausreisepflichtigen von der Ausländerbehörde aufgefordert, bei der Botschaft oder dem Konsulat ihres Herkunftsstaates einen **Pass bzw. ein Heimreisedokument** zu **beantragen**. In der Regel werden sie auch aufgefordert, **einen Antrag auf Ausstellung eines Passersatzpapieres** (sog. PEP-Antrag) auszufüllen und zu unterschreiben.

Wenn die Ausreisepflichtigen keine Pässe beantragen bzw. vorlegen, kann die Ausländerbehörde einen Termin zur Vorsprache und Passbeantragung bei der Botschaft des Herkunftsstaates vereinbaren (meistens im Rahmen einer **Sammelanhörung**) und die Ausreisepflichtigen auffordern, daran teilzunehmen. Wenn dieser Aufforderung nicht nachgekommen wird, kann eine polizeiliche **Zwangsvorführung** angedroht und durchgeführt werden.

Das Verfahren der Beschaffung von Heimreisedokumenten oder Pässen kann sich über Monate und Jahre hinziehen. In der Regel ist es den Ausländerbehörden nicht möglich, einen Pass oder ein Heimreisedokument zu besorgen, wenn die Ausreise-

---

333 Kap. 9 Rn. 15.
334 S. zur Duldung weiter in Kap. 8, Rn. 8 ff.

pflichtigen nicht daran mitwirken. Nur bei Überstellungen im Dublin-Verfahren[335] und in Staaten, mit denen entsprechende Rücknahmeübereinkommen bestehen, können Abschiebungen mit einem sogenannten Laissez-Passer[336] durchgeführt werden.

II. Sanktionen der Ausländerbehörde

8   Wenn eine ausreisepflichtige Person bei der Beschaffung eines Reisepasses bzw. anderer Heimreisedokumente dauerhaft nicht mitwirkt, haben die Ausländerbehörden einige gesetzliche Möglichkeiten, um Druck auszuüben. So kann eine beantragte **Arbeitserlaubnis** verweigert oder eine bereits erteilte Erlaubnis wieder entzogen werden, § 60 Abs. 6 S. 1 Nr. 2 AufenthG. Außerdem kann eine **Strafanzeige wegen unerlaubten Aufenthaltes ohne Pass** erstattet werden. Die Amtsgerichte erlassen in diesen Fällen in der Regel Strafbefehle mit Geldstrafen. Die Ausländerbehörden können das Sozialamt unterrichten, dass eine **Kürzung der Leistungen nach § 1 a Abs. 3 AsylbLG** erfolgen soll. Wenn aufenthaltsbeendende Maßnahmen nicht vollzogen werden können, weil etwa bei der Passbeschaffung nicht mitgewirkt wird, können die Sozialleistungen nach dem AsylbLG auf den allernotwendigsten Bedarf gekürzt werden. Die Ausreisepflichtigen erhalten dann nur noch Leistungen für Ernährung, Unterkunft und Heizung sowie Körper- und Gesundheitspflege.[337]

B. Abschiebung
I. Voraussetzungen

9   Eine rechtmäßige Abschiebung setzt gem. § 58 Abs. 1 S. 1 AufenthG eine vollziehbare Ausreisepflicht, einen Abschiebungsgrund und eine Abschiebungsandrohung bzw. -anordnung voraus. Zudem dürfen der Abschiebung keine Hindernisse entgegenstehen und eine freiwillige Ausreise, als milderes Mittel, ist nicht innerhalb der gesetzten Frist erfolgt.

10   Die **Ausreisepflicht** muss **vollziehbar** sein. Sobald die Aufenthaltsgestattung gem. § 67 AsylG erlischt, besteht keine Berechtigung zum Aufenthalt mehr. Die Aufenthaltsgestattung erlischt insbesondere, wenn die Entscheidung des Bundesamtes unanfechtbar geworden ist, § 67 Abs. 1 S. 1 Nr. 6 AsylG. Die Entscheidung wird unanfechtbar, wenn kein Rechtsmittel eingelegt wird. Im Falle einer Klage mit aufschiebender Wirkung wird die Entscheidung unanfechtbar, wenn die Klage rechtskräftig abgewiesen wurde. Im Falle einer Klage ohne aufschiebende Wirkung erlischt die Aufenthaltsgestattung nach Ablehnung des Eilantrages.[338] Die Abschiebungsanordnung ist dann vollziehbar, § 67 Abs. 1 S. 1 Nr. 4 AsylG.

---

335 S. zum Dublin-Verfahren Kap. 3.
336 Ein Laissez-passer (franz. „Passierschein") ist ein Reisedokument, das von der Ausländerbehörde ausgestellt werden kann, wenn keine anderen Reisedokumente vorliegen. Wenn der Zielstaat das Dokument anerkennt, kann damit eine Abschiebung erfolgen.
     Gem. Art. 29 Abs. 1 Unterabs. 1 Dublin III-VO kann im Dublin-Verfahren ein EU-Laissez-passer ausgestellt werden, mit dem die Überstellung erfolgt. Mit den Staaten des Westbalkans existieren Rückübernahmeabkommen, die eine Abschiebung mit Laissez-passer ermöglichen.
337 S. zu den Sozialleistungen nach dem AsylbLG Kap. 5, Rn. 99 ff.
338 Bis zu diesem Zeitpunkt genügt die Aufenthaltsgestattung als Identitätsnachweis, § 4 Abs. 1 S. 3 AufenthG iVm § 64 AsylG.

B. Abschiebung

Die vollziehbare Ausreisepflicht wird bestandskräftig, wenn gegen den Ablehnungsbescheid des BAMF kein Rechtsmittel eingelegt wird. Sie wird rechtskräftig, wenn die Klage abgewiesen wurde und das ablehnende Urteil rechtskräftig geworden ist. Wenn die Klage keine aufschiebende Wirkung hat, wird die Ausreisepflicht rechtskräftig, wenn der Antrag auf Gewährung vorläufigen Rechtsschutzes gem. § 80 Abs. 5 VwGO abgelehnt wird.

Zudem muss ein **Abschiebungsgrund** vorliegen. Dieser kann gegeben sein, wenn entweder die freiwillige Ausreise nicht gesichert ist oder weil aus Gründen der öffentlichen Sicherheit und Ordnung eine Überwachung der Ausreise erforderlich ist. Eine Überwachung der Ausreise ist gem. § 58 Abs. 3 AufenthG insbesondere erforderlich, wenn die Betroffenen 11

- sich auf richterliche Anordnung in Haft oder in sonstigem öffentlichen Gewahrsam befinden,
- innerhalb der gesetzten Ausreisepflicht **nicht freiwillig ausgereist** sind,
- aufgrund eines besonders schwerwiegenden Ausweisungsinteresses nach § 54 Abs. 1 iVm § 53 AufenthG ausgewiesen wurden,
- mittellos sind und eine freiwillige Ausreise daher nicht realisierbar scheint,
- keinen Pass oder Passersatz besitzen,
- gegenüber der Ausländerbehörde zum Zweck der Täuschung unrichtige Angaben gemacht haben oder die Angaben verweigert haben oder
- zu erkennen gegeben haben, dass sie ihrer Ausreiseverpflichtung nicht nachkommen werden.

Die **Abschiebungsandrohung bzw. -anordnung** muss ordnungsgemäß erfolgt sein. Im Asylverfahren muss das BAMF die Entscheidung über die Schutzanträge mit der Abschiebungsandrohung verbinden, § 34 Abs. 2 S. 1 AsylG. Die Ausreisefrist zur freiwilligen Ausreise beträgt in der Regel 30 Tage ab der Zustellung des Bescheides, § 38 Abs. 1 S. 1 AsylG. 12

Bei geplanten Abschiebungen in einen sicheren Drittstaat gem. § 26 a AsylG oder in einen anderen Dublin-Staat gem. § 29 Abs. 1 S. 1 AsylG ordnet das BAMF die Abschiebung an, sobald feststeht, dass diese durchgeführt werden kann, § 34 a Abs. 1 S. 1 AsylG. Eine (erneute) Androhung und Fristsetzung ist nicht erforderlich, § 34 a Abs. 1 S. 3 AsylG.

Abschiebungsverbote oder -hindernisse dürfen nicht bestehen. Insbesondere darf kein Anspruch auf Erteilung einer Duldung oder einer Aufenthaltserlaubnis bestehen.[339] 13

Eine **Ausreisefrist zur freiwilligen Ausreise wurde nicht gewährt oder ist bereits abgelaufen**. Vor einer Abschiebung muss den Ausreisepflichtigen Gelegenheit zur **freiwilligen Ausreise** gegeben werden, da diese ein milderes Mittel zur Durchsetzung der Abschiebungsanordnung oder -drohung darstellt als die zwangsweise Abschiebung. 14

---

[339] S. zur Möglichkeit der Aufenthaltssicherung nach einem negativen Abschluss des Asylverfahrens Kap. 8.

Kapitel 9 Durchsetzung der Ausreiseverpflichtung

15 ▶ **Freiwillige Ausreise:**
2006 wurde die „Freiwillige Ausreise" als Unwort des Jahres ausgewählt.[340] Von einer freien Entscheidung kann bei im Asylverfahren abgelehnten Schutzsuchenden in der Regel nicht ausgegangen werden. Viele sehen nach einem negativen Abschluss ihres Asylverfahrens schlicht keine andere Alternative, um einer zwangsweisen Abschiebung in ihr Heimatland zu entgehen. Aus Angst, den Behörden ihres Heimatlandes ausgeliefert zu werden, reisen viele zuvor freiwillig aus. Mit Kürzungen der Sozialleistungen[341] oder anderen staatlichen Repressionen, beispielsweise der teilweise schlechten Unterbringung und Versorgung in staatlichen Unterkünften und dem Arbeitsverbot, wird die sogenannte freiwillige Ausreise von staatlicher Seite befördert.

Um eine freiwillige Ausreise attraktiver zu gestalten, gibt es verschiedene Rückkehrförderungsprogramme des Bundes und der Länder, die zum Teil bereits während eines noch laufenden Asylverfahrens in Anspruch genommen werden können. Die Wohlfahrtsverbände bieten, teilweise örtlich angegliedert an die Außenstellen des BAMF, entsprechende Rückkehrberatungen an. Eines der größten staatlichen Programme ist REAG/GARP[342] in Zusammenarbeit mit dem IOM (der Internationalen Organisation für Migration). Nach Angaben des BAMF sind damit allein von Januar bis September 2016 44.521 Personen bei ihrer freiwilligen Ausreise unterstützt worden.[343] ◀

II. Durchführung

16 Mit dem Asylverfahrensbeschleunigungsgesetz[344] wurde § 59 Abs. 1 S. 8 AufenthG neu eingefügt: Danach darf der **Termin der Abschiebung** nach Ablauf der Frist zur freiwilligen Ausreise **nicht mehr angekündigt** werden.

17 Bei Abschiebungen wird von der zuständigen Ausländerbehörde ein Vollstreckungsauftrag an die Polizei gestellt. In der Regel finden die Abschiebungen auf dem Luftweg statt. Die Ausländerbehörde bucht den Flug, die Landespolizei nimmt die Ausreisepflichtigen in der Unterkunft fest und übergibt sie am Flughafen an die Bundespolizei.

III. Abschiebungshaft

18 Zur Sicherung der Abschiebung können Ausreisepflichtige gem. § 62 Abs. 3 AufenthG auf **richterliche Anordnung** in **Haft** genommen werden, wenn z.B. die Ausreisefrist abgelaufen ist und sie ihren Aufenthaltsort gewechselt haben, ohne der Ausländerbehörde eine Anschrift anzugeben, unter der sie erreichbar sind, § 62 Abs. 3 S. 1 Nr. 2, oder wenn der begründete Verdacht besteht, dass sie sich der Abschiebung durch Flucht entziehen wollen (**Fluchtgefahr**), § 62 Abs. 3 S. 1 Nr. 5 AufenthG.

19 Die Abschiebung muss, um eine Haft zu rechtfertigen, durchführbar und zulässig sein. Sie ist **nicht zulässig**, wenn feststeht, dass aus Gründen, die die Ausreisepflichtigen nicht zu vertreten haben, die Abschiebung **nicht innerhalb der nächsten drei Monate** durchgeführt werden kann, § 62 Abs. 3 S. 3 AufenthG.

---

340 Sprachkritische Aktion „Unwort des Jahres", Näheres unter: www.unwortdesjahres.net/.
341 Dazu die Ausführungen zu § 1 a AsylbLG in Kap. 5 Rn. 99 ff.
342 Reintegration and Emigration Program for Asylum-Seekers in Germany (REAG) und Government Assisted Repatriation Program (GARP), weitere Informationen auf der Internetseite des IOM unter: germany.iom.int/de/reaggarp.
343 Aktuelle und auch ältere Statistiken sind zu finden auf der Homepage des BAMF, unter: www.bamf.de/DE/Infothek/Statistiken/FreiwilligeR%C3%BCckkehr/freiwillige-rueckkehr-node.html.
344 Kap. 1 Rn. 16 mit Fn. 15.

Die Abschiebungshaft ist in der Regel auf bis zu **sechs Monate** zu begrenzen, § 62 Abs. 4 S. 1 AufenthG. Nur in Fällen, in denen die Ausreisepflichtigen ihre Abschiebung verhindern, kann sie um zwölf Monate auf maximal achtzehn Monate verlängert werden, § 62 Abs. 4 S. 2 AufenthG.

Kapitel 10 Unbegleitete Minderjährige im Asylverfahren

A. Allgemeines

I. Begriffsbestimmungen

1 Als **unbegleitete Minderjährige** werden minderjährige Schutzsuchende bezeichnet, die ohne ihre Eltern oder Erziehungsberechtigten in das Bundesgebiet einreisen, oder minderjährige Schutzsuchende, die nach der Einreise längerfristig von ihren Eltern getrennt wurden und deren Eltern nicht in der Lage sind, sie zu versorgen bzw. gesetzlich zu vertreten.

2 **Minderjährig** sind alle Personen unter 18 Jahren. Schutzsuchende, die nach dem Recht ihres Herkunftslandes erst zu einem späteren Zeitpunkt volljährig werden,[345] sind bis zu diesem Zeitpunkt in Deutschland als Minderjährige anzusehen.[346]

3 Unbegleitete minderjährige Schutzsuchende werden als **unbegleitete minderjährige Flüchtlinge (UMF)** bezeichnet, wobei der Begriff Flüchtling nicht im engen juristischen Sinn (anerkannter Flüchtling nach der Genfer Flüchtlingskonvention) zu verstehen ist, sondern alle Schutzsuchenden bezeichnet, die diesen Status oder eine andere Form des Aufenthaltes anstreben. Um diese Bezeichnung zu vermeiden, wird teilweise auch die Bezeichnung **unbegleitete minderjährige Ausländer (UMA)** verwendet. Diese ist aber ebenfalls missverständlich, weil damit nicht zum Ausdruck kommt, dass es sich um Schutzsuchende handelt.

4 Im Folgenden wird daher lediglich die Abkürzung für unbegleitete Minderjährige (**UM**) verwendet.

II. Fluchtgründe

5 Neben den Fluchtgründen, die für erwachsene Schutzsuchende gegeben sind (z.B. politische Verfolgung, Verfolgung aus religiösen oder ethnischen Gründen, Krieg und Bürgerkrieg, fehlende Existenzgrundlage, Verelendungsgefahr) existieren auch viele kinderspezifische Fluchtursachen, z.B. Verlust der Eltern durch Verschleppung, Krieg oder Krankheiten; Zwangsrekrutierung als Kindersoldat*in; Kinderhandel; politische Aktivitäten der Eltern; Zwangsarbeit; Zwangsprostitution; Zwangsverheiratung; Genitalverstümmelung; sexuelle Ausbeutung; familiäre Gewalt.

III. Fluchtumstände

6 UM werden häufig von ihren Eltern oder anderen Bezugspersonen allein weggeschickt, etliche fliehen aber auch aus eigenem Antrieb. Viele werden von ihren Eltern getrennt, entweder bereits im Herkunftsland, z.B. während eines Krieges, oder auf der Flucht. Während der Flucht, bei der große Entfernungen überwunden werden,

---

345 Die Volljährigkeit ab dem 21. Lebensjahr gibt es etwa in Ägypten, Guinea, Sierra Leone, Kamerun oder Togo; eine aktuelle Liste findet sich unter: de.wikipedia.org/wiki/Vollj%C3%A4hrigkeit#Andere_L.C3.A4 nder.
346 Vgl. Art. 7 und 24 EGBGB (Verweisung auf die Anwendung des Heimatrechts) endet die Vormundschaft erst zum späteren Zeitpunkt, OLG München 8.6.2009 – 31 Wx 062/92.

befinden sie sich in den Händen von Schleusern und Schleppern. Die Flucht dauert meistens Monate, manchmal Jahre.

IV. Traumatisierung und Mehrfachbelastung

Viele UM sind mehrfach traumatisiert bzw. belastet. Traumatisierende Erlebnisse im Herkunftsland (beim Verlust von Angehörigen oder gravierenden Gewalterfahrungen), traumatisierende Erlebnisse auf der Flucht (Bootsfahrt über das Mittelmeer, bei der andere Schutzsuchende ertrunken sind) und die Herauslösung aus ihrem sozialen und kulturellen Umfeld durch die Trennung von ihrer Familie bewirken Gefühle von Hilflosigkeit und Vertrauensverlust. Die Konfrontation mit einer ihnen fremden Gesellschaft und Kultur trägt zur Verunsicherung bei. UM sind daher oft nicht in der Lage, ihre Fluchtgründe und -umstände genau zu schildern, solange sie nicht wieder Sicherheit, Halt und Unterstützung gefunden haben. 7

V. Rechtliche Vorgaben

Neben den nationalen und internationalen Regelungen für des Asylrechts[347] sind in den Asylverfahren bei UM auch die Vorgaben der **UN-Kinderrechtskonvention** und die Regelungen im **Sozialgesetzbuch VIII** (Kinder- und Jugendhilferecht) zu beachten. Außerdem enthalten alle EU-Richtlinien (etwa **Asylverfahrensrichtlinie, Aufnahmerichtlinie, Qualifikationsrichtlinie**)[348] spezielle Garantien für Minderjährige und unbegleitete Minderjährige, die in Deutschland unmittelbar gelten, soweit sie nicht bereits in nationales Recht umgesetzt wurden. 8

B. Altersfeststellung
I. Hintergrund und Verfahren

Viele UM reisen ohne gültige Ausweisdokumente oder andere Unterlagen ein und können ihr Alter deshalb nicht nachweisen. In Ländern, in denen der Registrierung des genauen Geburtsdatums kein großer Stellenwert zukommt, kennen viele UM auch weder ihren Geburtstag noch ihr genaues Alter. Die Behörden müssen daher in vielen Fällen ein **fiktives Alter** feststellen. 9

Das **behördliche Verfahren zur Altersfeststellung** wurde mit dem Gesetz zur Verbesserung der Unterbringung, Versorgung und Betreuung ausländischer Kinder und Jugendlicher[349] v. 28.10.2015 geregelt. 10

Im Rahmen der vorläufigen Inobhutnahme stellt das Jugendamt die Minderjährigkeit zunächst aufgrund von **Ausweispapieren** fest. Wenn keine Dokumente vorhanden sind, erfolgt eine **Schätzung und Feststellung mittels einer „qualifizierten Inaugenscheinnahme"**, § 42f Abs. 1 S. 1 SGB VIII. Dabei sind der Gesamteindruck, das äußere

---

[347] S. zu den Rechtsquellen Kap. 1 Rn. 7 ff.
[348] Kap. 1 Rn. 9 f.
[349] BGBl. 2015 I 1802 ff.

Erscheinungsbild und Informationen zum Entwicklungsstand zu berücksichtigen.[350] Jugendliche wirken unmittelbar nach der Flucht aufgrund der hohen Belastungen oft erheblich älter und reifer, als sie tatsächlich sind.

11 Nur in **Zweifelsfällen** muss das Jugendamt auf Antrag der Schutzsuchenden oder des Vertreters oder von Amts wegen eine **ärztliche Untersuchung** zur Altersbestimmung veranlassen, § 42 f Abs. 2 S. 1 SGB VIII. Wenn diese Untersuchung durchgeführt werden soll, müssen die Schutzsuchenden durch das Jugendamt umfassend über die Untersuchungsmethode und über die möglichen Folgen einer Altersbestimmung sowie über die Folgen einer Weigerung **aufgeklärt** werden, § 42 f Abs. 2 S. 1 und 2 SGB VIII.

12 Eine **fehlende Mitwirkung** bei der ärztlichen Untersuchung zur Altersbestimmung kann nach § 66 Abs. 2 S. 4 SGB I dazu führen, dass die Leistungen der Jugendhilfe versagt werden. Im Asylverfahren darf der Asylantrag aber nicht allein deshalb abgelehnt werden, weil die Schutzsuchenden sich weigern, an einer ärztlichen Untersuchung teilzunehmen, Art. 25 Abs. 5 Asylverfahrensrichtlinie.

13 Bei ärztlichen Untersuchungen zur Altersfeststellung werden beispielsweise Röntgenuntersuchungen der Handwurzelknochen und des Schlüsselbeins oder Gebissuntersuchungen durchgeführt. Es gibt allerdings keine verlässliche Methode zur Bestimmung des Alters. Alle medizinischen Untersuchungen haben eine Schwankungsbreite von mehreren Jahren, d.h. das geschätzte Alter kann zwei bis vier Jahre nach oben oder unten vom tatsächlichen Alter abweichen. Die Durchführung von Röntgenuntersuchungen wird von einem Teil der Ärzteschaft heftig kritisiert, da diese nur zur Diagnose oder Behandlung von Krankheiten eingesetzt werden sollten.[351] Die Ethikkommission der Bundesärztekammer weist darauf hin, dass Bedenken gegen die wissenschaftliche Eignung der derzeit angewandten Verfahren bestehen und diese nur in besonderen Ausnahmefällen angeordnet werden sollen.[352]

II. Rechtsmittel

14 Bei einer Ablehnung der vorläufigen Inobhutnahme wegen festgestellter Volljährigkeit kann ein Widerspruch gegen den Bescheid eingelegt bzw. eine Verpflichtungsklage zum Verwaltungsgericht erhoben werden. Beides hat gem. § 42 f Abs. 3 S. 1 SGB VIII keine aufschiebende Wirkung, so dass zusätzlich ein Eilantrag gem. § 80 Abs. 5 VwGO gestellt werden muss, wenn die sofortige vorläufige Inobhutnahme durchgesetzt werden soll.

---

350 Vgl. dazu die „Handlungsempfehlungen zum Umgang mit unbegleiteten minderjährigen Flüchtlingen" der Bundesarbeitsgemeinschaft der Landesjugendämter, beschlossen auf der 116. Arbeitstagung im Mai 2014, http://www.b-umf.de/de/startseite/handlungsempfehlung-der-bag-ljae-zu-umf.
351 Beschluss des 113. Ärztetages im Jahr 2010 in Dresden, http://www.bundesaerztekammer.de/fileadmin/user_upload/downloads/113Beschlussprotokoll20100712 a.pdf, dort S. 110.
352 Zentrale Kommission zur Wahrung ethischer Grundsätze in der Medizin und ihren Grenzgebieten bei der Bundesärztekammer: Medizinische Alterseinschätzung bei unbegleiteten jungen Flüchtlingen, 30.9.2016 unter www.zentrale-ethikkommission.de/page.asp?his=0.1.66.

C. Vorläufige Inobhutnahme
I. Zuständigkeit des Jugendamtes

Bis Oktober 2015 richtete sich die örtliche Zuständigkeit des Jugendamtes ausschließlich nach den Orten, an denen sich die UM aufhielten. Nach Inkrafttreten des Gesetzes zur Verbesserung der Unterbringung, Versorgung und Betreuung ausländischer Kinder und Jugendlicher am 1.11.2015 findet die Bestimmung der örtlichen Zuständigkeit im Rahmen einer sog. vorläufigen Inobhutnahme gem. §§ 42 a–42 f SGB VIII statt. Für die vorläufige Inobhutnahme ist weiterhin das Jugendamt des tatsächlichen Aufenthaltes zuständig. Wenn die Voraussetzungen für eine bundesweite Verteilung erfüllt sind, meldet das Jugendamt die UM zur Verteilung an.

II. Rechtliche Vertretung

Im Verfahren der vorläufigen Inobhutnahme wird kein Vormund bestellt. Das Jugendamt ist berechtigt und verpflichtet, alle Rechtshandlungen vorzunehmen, die zum Wohl der UM notwendig sind, § 42 a Abs. 3 S. 1 SGB VIII. Dazu kann auch die Stellung des Asylantrages gehören.

III. Voraussetzungen für die bundesweite Verteilung

UM werden seit dem 1.1.2016 bundesweit nach einer bestimmten Aufnahmequote verteilt, § 42 c SGB VIII. Vor dieser Verteilung hat das im Rahmen der vorläufigen Inobhutnahme zuständige Jugendamt gem. § 42 a Abs. 2 S. 1 SGB VIII **einzuschätzen,**

- ob das Wohl der UM durch die Durchführung des Verteilungsverfahrens gefährdet würde,
- ob sich eine mit den UM verwandte Person im Inland oder im Ausland aufhält,
- ob das Wohl der UM eine gemeinsame Inobhutnahme mit Geschwistern oder anderen UM erfordert,
- ob der Gesundheitszustand der UM die Durchführung des Verteilungsverfahrens innerhalb von 14 Werktagen nach Beginn der vorläufigen Inobhutnahme ausschließt; hierzu soll eine ärztliche Stellungnahme eingeholt werden.

Auf der Grundlage des Ergebnisses dieser Einschätzungen entscheidet das Jugendamt über die Anmeldung der UM zur bundesweiten Verteilung oder über den Ausschluss der Verteilung, § 42 a Abs. 2 S. 2 SGB VIII.

Die Durchführung der Verteilung ist gem. § 42 b Abs. 4 SGB VIII **ausgeschlossen,** wenn

- dadurch das Wohl der UM gefährdet würde;
- ihr Gesundheitszustand die Durchführung des Verteilungsverfahrens innerhalb von 14 Werktagen nach Beginn der vorläufigen Inobhutnahme nicht zulässt;
- die Zusammenführung mit einer verwandten Person kurzfristig erfolgen kann;
- die Durchführung des Verteilungsverfahrens nicht innerhalb von einem Monat nach Beginn der vorläufigen Inobhutnahme erfolgt.

IV. Ende der vorläufigen Inobhutnahme

20 Die vorläufige Inobhutnahme endet gem. § 42 Abs. 6 SGB VIII mit der Übergabe der UM an die Personensorge- oder Erziehungsberechtigten oder mit der Übergabe der UM an das aufgrund der Zuweisungsentscheidung über die Verteilung zuständige Jugendamt oder mit der Anzeige des Ausschlusses der Verteilung nach § 42 a Abs. 4 S. 3 SGB VIII.

D. Inobhutnahme
I. Zuständigkeit und Aufgaben des Jugendamtes

21 Die weitere Inobhutnahme erfolgt durch das in der Zuweisungsentscheidung bezeichnete zuständige Jugendamt. Dieses hat neben der Unterbringung in einer geeigneten Einrichtung u.a. die Aufgaben, die Bestellung eines Vormunds zu veranlassen und das Clearing-Verfahren durchzuführen.

II. Anordnung der Vormundschaft

22 Ein UM erhält einen Vormund, wenn er nicht unter elterlicher Sorge steht oder wenn die Eltern weder in den die Person noch in den das Vermögen betreffenden Angelegenheiten zur Vertretung berechtigt sind, § 1773 BGB. Das Jugendamt muss gem. § 42 Abs. 3 S. 4 SGB VIII bei UM unverzüglich die Bestellung eines Vormunds veranlassen, also einen entsprechenden Antrag beim örtlich zuständigen Amtsgericht – Familiengericht – stellen. Bei UM entscheiden die für die Bestellung eines Vormundes zuständigen Familiengerichte in der Regel gem. § 1674 BGB durch Beschluss, dass die **elterliche Sorge ruht**, wenn die Eltern verstorben, unbekannten Aufenthaltes oder nicht erreichbar sind.[353] Die UM stehen dann nicht mehr unter elterlicher Sorge, so dass für sie ein Vormund bestellt werden muss. Die Vormundschaft muss das Familiengericht von Amts wegen anordnen, § 1774 Abs. 1 S. 1 BGB. Der Vormund wird vom Familiengericht nach Anhörung des Jugendamtes ausgewählt, § 1779 Abs. 1 BGB.

23 Das Familiengericht hat dabei die Wahl, ob es eine **Einzelvormundschaft** durch eine Person, eine **Vereinsvormundschaft** oder eine **Amtsvormundschaft** anordnet. Einzelvormundschaften sollen vorrangig angeordnet werden, §§ 1791 a, b BGB.

24 Die Bestellung von Verwandten zu Vormündern der UM kann problematisch sein, wenn diese erst kurze Zeit in Deutschland leben, noch nicht ausreichend deutsch sprechen und nicht die erforderlichen Kenntnisse für die Vertretung der UM haben.

25 In der Praxis wird sehr häufig eine Amtsvormundschaft des Jugendamtes angeordnet, § 1791 b BGB, obwohl viele Jugendämter mit der gestiegenen Zahl von UM deutlich überlastet sind. Die Familiengerichte berücksichtigen dabei nicht, dass das Jugendamt und die zuständige Ausländerbehörde zur gleichen kommunalen Behörde (Stadt oder

---

353 Leider gibt es auch Fälle, in denen die Familiengerichte das Ruhen der elterlichen Sorge nicht feststellen und keinen Vormund bestellen, wenn sie davon ausgehen, dass die Eltern im Ausland telefonisch oder per Internet erreichbar sind. Dann sollte aber zumindest eine Ergänzungspflegschaft für die Vertretung in ausländer- und asylrechtlichen Angelegenheiten beantragt werden.

Landkreis) gehören und dass die Vormünder in aufenthalts- und asylrechtlichen Fragen in Interessenkonflikte verwickelt werden können.

Wenn das Amtsgericht – Familiengericht – das Ruhen der elterlichen Sorge nicht feststellt bzw. keinen Vormund bestellt, kann gegen den Beschluss Beschwerde zum Oberlandesgericht eingelegt werden, §§ 58 ff FamFG.

III. Aufgaben und Qualifikation des Vormunds

Der Vormund hat alle **Aufgaben der Personensorge und der gesetzlichen Vertretung**, § 1793 Abs. 1 S. 1 BGB. Er muss insbesondere **persönlichen Kontakt** mit dem Mündel halten, in der Regel mindestens einmal im Monat. Zu den Aufgaben des Vormunds gehört auch die rechtliche Vertretung.

Gem. Art. 25 Abs. 1 lit. a Asylverfahrensrichtlinie muss der Vormund über die **erforderliche Fachkenntnis** verfügen. Er soll über die Bedeutung und die möglichen Konsequenzen der persönlichen Anhörung im Asylverfahren und über die Vorbereitung dieser Anhörung aufklären, Art. 25 Abs. 1 lit. b Asylverfahrensrichtlinie. Die Richtlinie stellt also besondere Anforderungen an die Qualifikationen des Vormunds.[354]

Die meisten Vormünder in den Jugendämtern verfügen nicht über ausreichende Kenntnisse im Asyl- und Ausländerrecht. Dieses Problem wurde früher von einigen Familiengerichten gelöst, indem eine **Ergänzungspflegschaft** gem. § 1909 BGB für die Vertretung im asyl- und aufenthaltsrechtlichen Verfahren bestellt wurde. Der Bundesgerichtshof hält dies allerdings nicht für erforderlich: Wenn dem Jugendamt die erforderliche Sachkunde fehle, könne es dies im Einzelfall durch professionelle externe Hilfe, beispielsweise durch die Beauftragung von Rechtsanwält*innen ausgleichen.[355] Nach der Entscheidung des BGH wird nun teilweise ein anderes Modell praktiziert: Statt einer Ergänzungspflegschaft werden im Asyl- und Aufenthaltsrecht spezialisierte Rechtsanwält*innen gem. § 1775 BGB als **Mit-Vormünder** bestellt.[356]

Seit der unmittelbaren Geltung der Asylverfahrensrichtlinie,[357] die in Art. 25 bei den besonderen Garantien für Minderjährige insbesondere einen Vertreter mit der erforderlichen Fachkenntnis verlangt, sehen einige Familiengerichte aber erneut die Notwendigkeit für eine Ergänzungspflegschaft.[358]

IV. Clearingverfahren

§ 42 Abs. 2 S. 1 SGB VIII bestimmt, dass das Jugendamt während der Inobhutnahme die Situation zu klären und Möglichkeiten der Hilfe und Unterstützung aufzuzeigen hat.

---

354 Hocks, Die Vertretung unbegleiteter minderjähriger Flüchtlinge, Asylmagazin 11/2015, 367 ff., auf S. 369, mit einem Katalog von vierzehn Anforderungen an Vormünder von UM.
355 BGH 29.5.2013 – XII ZB 124/12.
356 OLG Frankfurt/Main 8.1.2015 – 6 UF 292/14; OLG Frankfurt/Main 2.6.2016 – 6 UF 121/16; OLG Bamberg 7.1.2015 – 7 UF 261/14.
357 Kap. 1 Rn. 10 mit Fn. 4.
358 AG Heidelberg 21.7.2015 – 31 F 67/15.

32 Im Clearingverfahren sollen zunächst die **individuellen Lebens- und Fluchtumstände** geklärt werden:
- Abgleichen der persönlichen Daten bzw. Personalien;
- Lebenssituation im Heimatland;
- Fluchtgründe und Motive;
- Fluchtweg;
- Fragen zu Eltern, Geschwistern, Verwandten im Heimatland, in Deutschland oder einem anderen EU-Land;
- Schulbildung
  (Sind Zeugnisse vorhanden oder können diese besorgt werden? Können Sprachkenntnisse nachgewiesen werden?);
- Gesundheitszustand oder -probleme;
- ethnische Zugehörigkeit, Religionsgemeinschaft;
- Vorstellungen, Wünsche, Ziele und Perspektiven in Deutschland;
- Einstieg in einen Hilfeplanungsprozess;
- Benennung von Möglichkeiten der Hilfe und Unterstützung;
- intensive pädagogische Hilfestellung, Ursachenklärung, Ansätze für Problembewältigung;
- ärztlicher/psychologischer/therapeutischer Behandlungsbedarf.

33 Für das **Familienclearing** gibt Art. 24 Abs. 2 der Aufnahmerichtlinie[359] die Rangfolge der Orte vor, an denen die UM untergebracht werden sollen:
1. bei erwachsenen Verwandten;
2. bei einer Pflegefamilie;
3. in Aufnahmeeinrichtungen mit speziellen Einrichtungen für Minderjährige;
4. in anderen für Minderjährige geeigneten Unterkünften.

34 Art. 31 der Qualifikationsrichtline[360] enthält weitere Standards:
1. Geschwister sollen möglichst zusammenbleiben.
2. Der Wechsel des Aufenthaltsortes ist auf ein Mindestmaß zu beschränken.
3. Familienangehörige sollen so bald wie möglich ausfindig gemacht werden.

35 Im **aufenthaltsrechtlichen Clearing** ist zunächst die Frage zu beantworten, ob bzw. wann ein Asylantrag gestellt werden soll.

E. Asylverfahren

I. Entscheidung über die Stellung eines Asylantrags

36 Ob ein Asylantrag gestellt wird, sollte im **aufenthaltsrechtlichen und medizinisch-psychologischen Clearingverfahren** abgeklärt werden. Eine Entscheidung sollte erst getroffen werden, wenn genaue Informationen über individuelle Fluchtgründe, das Schicksal der Eltern, die Lage im Herkunftsland, Erkrankungen usw. vorliegen. Im Zweifel ist eine anwaltliche Beratung anzuraten.

---

359 Kap. 1 Rn. 10 mit Fn. 5.
360 Kap. 1 Rn. 9 mit Fn. 3.

Einige Jugendämter/Vormünder stellen standardmäßig entweder für alle oder für keine UM einen Asylantrag; ein asylrechtliches Clearing findet nicht statt, weil die Kenntnisse dafür nicht vorhanden sind oder weil eine entsprechende Weisung zur Asylantragstellung gegeben wurde. Einige Ausländerbehörden drängen die Vormünder auch zur Asylantragstellung. Es besteht aber keine gesetzliche Verpflichtung, den Asylantrag zu stellen. Die Vormünder müssen hier prüfen, welche Entscheidung im Interesse ihres Mündels liegt. 37

Manchmal werden die Asylanträge erst so spät gestellt, dass eine Entscheidung über den Asylantrag erst kurz vor oder bereits nach Eintritt der Volljährigkeit erfolgt, so dass kein Elternnachzug mehr beansprucht werden kann.

Für alle UM, die aus Herkunftsländern kommen, bei denen die **Anerkennungschancen** im Asylverfahren sehr **hoch** sind (derzeit z.B. Syrien, Eritrea, religiöse Minderheiten aus dem Irak, Somalia) sollte der Asylantrag so bald wie möglich gestellt werden, damit der Nachzug der Eltern noch stattfinden kann. 38

Bei allen UM aus **sicheren Herkunftsstaaten**[361] ist eine Ablehnung des Asylantrages als offensichtlich unbegründet sehr wahrscheinlich. Bei einer Asylantragstellung wird auch sehr schnell über den Asylantrag entschieden. In diesen Fällen sollte daher geprüft werden, ob nicht Gründe für die Feststellung eines Abschiebungsverbotes gem. § 60 Abs. 5 oder Abs. 7 AufenthG vorliegen bzw. eine andere Aufenthaltserlaubnis erteilt werden kann. Eine Aufenthaltserlaubnis kann auch ohne Asylantragsstellung beim BAMF unmittelbar bei der zuständigen Ausländerbehörde beantragt werden, wenn es nicht um die Gewährung internationalen Schutzes geht. 39

Bei UM aus **anderen Herkunftsländern** (insbesondere Afghanistan) ist eine Einzelfallprüfung in Bezug auf die Erfolgsaussichten eines Asylverfahrens anzuraten. 40

II. Antragstellung

Der Asylantrag für UM kann schriftlich durch den Vormund bei der Zentrale des BAMF in Nürnberg eingereicht werden, § 14 Abs. 2 Nr. 3 AsylG. 41

Nach Vollendung des 14. Lebensjahres muss eine erkennungsdienstliche Behandlung erfolgen, § 16 Abs. 1 AsylG.

Das BAMF übernimmt bei der Bearbeitung der Asylanträge grundsätzlich das vom Jugendamt festgelegte fiktive Alter und nimmt keine eigene Altersschätzung vor.[362] 42

Beim BAMF gilt der Grundsatz, dass Asylverfahren von UM vorrangig zu bearbeiten sind.[363] Leider sieht die Praxis anders aus: Auch UM warten oft über ein Jahr auf eine Entscheidung über ihren Asylantrag. Ladungen zu Anhörungen erfolgen oft erst kurz vor dem 18. Lebensjahr oder bereits nach Eintritt der Volljährigkeit. 43

---

361 Dies sind nach der Anlage II des AsylG alle Staaten des Westbalkans (Albanien, Bosnien-Herzegowina, Mazedonien, Serbien, Kosovo, Montenegro) und Ghana und Senegal, vgl. Kap. 5 Rn. 5.
362 BAMF DA-Asyl, Stand 18.1.2016, Fundstelle etwa: www.proasyl.de/wp-content/uploads/2015/12/DA-Asyl.pdf.
363 BAMF DA-Asyl, Stand 18.1.2016.

III. Anhörung[364]

44 Alle Fälle von UM werden beim BAMF von **Sonderbeauftragten für unbegleitete Minderjährige** bearbeitet, sowohl bei der Anhörung als auch bei der Entscheidung.

Die **Ladung** zur Anhörung ist dem Vormund zuzustellen.

Die Anhörung findet grundsätzlich in **Anwesenheit des Vormunds** statt, es besteht ein Beteiligungsanspruch und eine Beteiligungspflicht. Der Vormund ist auch zur Anhörung zuzulassen, wenn das Mündel bereits älter als 18 Jahre ist, die Vormundschaft aber weiterhin besteht, weil die Volljährigkeit nach dem Recht des Heimatlandes erst nach dem 18. Lebensjahr eintritt.

Die UM können – wie Erwachsene – zur Anhörung in **Begleitung eines Beistands** erscheinen, § 14 Abs. 1 S. 1 VwVfG, in der Regel ist dies eine Betreuungsperson aus der Jugendhilfeeinrichtung. Der Vormund und der Beistand haben das Recht, Fragen zu stellen und Anmerkungen zu machen.[365]

Nach den Dienstanweisungen des BAMF soll sich die anhörende Person durch Nachfrage beim Vormund vergewissern, dass dieser den UM über die Bedeutung und die möglichen Konsequenzen seiner Anhörung sowie ggf. darüber aufklären konnte, wie er sich auf seine Anhörung vorbereiten konnte. Dies soll in der Akte festgehalten werden.[366]

Bei UM unter 14 Jahren entscheidet das BAMF grundsätzlich im schriftlichen Verfahren, eine Anhörung erfolgt nur in Ausnahmefällen.

IV. Dublin-Verfahren

45 Nach der Dublin III-VO ist für UM grundsätzlich der Staat zuständig, in dem sich Familienangehörige oder Geschwister aufhalten, sofern dies dem Wohl der UM dient, Art. 8 Abs. 1 S. 1 Dublin III-VO. Der Mitgliedstaat muss UM und ihre Verwandten zusammenführen, Art. 8 Abs. 2 Dublin III-VO. Leider wird im Clearingverfahren häufig übersehen, dass diese Möglichkeit der Familienzusammenführung auch schon vor einer Anerkennung im Asylverfahren besteht.

46 Wenn keine Familienzusammenführung erfolgen soll oder kann, ist nach der Rechtsprechung des EuGH für UM der Mitgliedstaat zuständig, in dem sie sich aufhalten, wenn sie dort einen Asylantrag gestellt haben,[367] auch wenn zuvor in anderen Mitgliedstaaten Asylanträge gestellt wurden. Dabei ist allein die Alterseinschätzung im Land des tatsächlichen Aufenthaltes maßgeblich, auch wenn in einem anderen Mitgliedstaat eine andere Alterseinschätzung erfolgt ist.[368]

---

364 Arbeitshilfe für Vormünder und Begleitpersonen von UM unter: www.b-umf.de/images/2016_07_05_Arbeitshilfe_Asylverfahren_UMF.pdf. Zur Anhörung im Asylverfahren s. auch Kap. 4 Rn. 76 ff.
365 BAMF DA-Asyl Stand 18.1.2016.
366 BAMF DA-Asyl Stand 18.1.2016.
367 EuGH 6.6.2013 – C-648/11.
368 BVerwG 16.11.2015 – 1 C 4.15.

V. Abschiebungen

Bei einer negativen Entscheidung im Asylverfahren muss sich die Ausländerbehörde vor einer beabsichtigten Abschiebung von UM vergewissern, dass diese im Rückkehrstaat einem Familienmitglied, einer sorgeberechtigten Person oder einer geeigneten Aufnahmeeinrichtung übergeben werden, § 58 Abs. 1 a AufenthG. Dies ist in den meisten Herkunftsländern nicht möglich. Lediglich mit den Staaten des Westbalkans gibt es im Einzelfall Vereinbarungen, dass UM dort nach ihrer Ankunft am Flughafen von der örtlichen Jugendhilfe übernommen werden sollen. In andere Staaten finden derzeit keine Abschiebungen von UM statt. Nach Eintritt der Volljährigkeit gilt § 58 Abs. 1 a AufenthG nicht mehr, so dass Abschiebungen grundsätzlich möglich sind. Die Erfolgsaussichten im Asylverfahren und ein möglicher Aufenthaltsstatus sollten daher immer vor Eintritt der Volljährigkeit geprüft werden.

F. Familiennachzug
I. Familienzusammenführung im Dublin-Verfahren

UM sollen grundsätzlich die Möglichkeit haben, ihr Asylverfahren in dem Land durchzuführen, in dem ein **aufnahmebereiter Familienangehöriger** lebt. Umgekehrt können Familienangehörige und andere Verwandte auch in dem Land ihr Asylverfahren durchführen, in dem der UM lebt.

Die Familienzusammenführung gem. Art. 8 Dublin III-VO wird nicht vom BAMF bzw. der zuständigen Ausländerbehörde organisiert, die dies als Angelegenheit des Vormunds ansehen. Gem. Art. 6 Abs. 2 Dublin III-VO müssen die Mitgliedstaaten dafür sorgen, dass UM in allen Verfahren nach der Dublin III-VO (also auch für die Familienzusammenführung) einen Vertreter mit den entsprechenden Qualifikationen und Fachkenntnissen haben, der gewährleistet, dass dem Wohl der UM im Verfahren Rechnung getragen wird. In der Praxis wird es sehr selten sein, dass die bestellten Vormünder Qualifikationen und Fachkenntnisse in Bezug auf die Dublin III-VO haben.

II. Gewährung von Asyl und Zuerkennung der Flüchtlingseigenschaft

Nach einem positiven Bescheid des BAMF mit der Gewährung von Asyl oder der Zuerkennung der Flüchtlingseigenschaft besteht ein (voraussetzungsloser) Anspruch auf den Familiennachzug für die Eltern des UM.[369] Die Visumsanträge müssen binnen drei Monaten ab Zustellung des Bescheides gestellt werden, § 29 Abs. 2 S. 2 Nr. 1 AufenthG. Es reicht allerdings nicht, die Visumsanträge vor dem Eintritt der Volljährigkeit zu stellen. Die Eltern müssen vor dem Eintritt der Volljährigkeit in die Bundesrepublik eingereist sein. Sobald die Schutzsuchenden volljährig geworden sind, besteht kein Anspruch mehr auf den Nachzug der Eltern.

In der Praxis stellen sich vor allem folgende Probleme:

Die Asylverfahren dauern teilweise sehr lange, obwohl die Verfahren von UM vom BAMF bevorzugt bearbeitet werden sollen. Wenn der Bescheid mit der Zuerkennung

---
369 Zum Anspruch auch auf Nachzug der minderjährigen Geschwister, vgl. Kap. 6 Rn. 91.

der Flüchtlingseigenschaft erst wenige Wochen vor dem Eintritt der Volljährigkeit zu gestellt wird, ist es in der Regel nicht mehr möglich, die Visumserteilung und Einreise der Eltern noch rechtzeitig zu organisieren. Die Vormünder müssen daher darauf achten, dass eine Entscheidung im Asylverfahren rechtzeitig erfolgt, damit der Elternnachzug noch stattfinden kann, Das BAMF muss hier auf seine Beschleunigungspflicht hingewiesen werden. Wenn das BAMF nicht reagiert, kann eine Untätigkeitsklage erhoben werden.[370]

III. Zuerkennung von subsidiärem Schutz

51   Für subsidiär Schutzberechtigte, denen nach dem 17.3.2016 eine Aufenthaltserlaubnis erteilt wurde, wird ein Familiennachzug bis zum 16.3.2018 nicht gewährt, § 104 Abs. 13 S. 1 AufenthG. Die dreimonatige Frist für die Antragstellung beginnt dann erst wieder ab dem 16.3.2018 zu laufen, § 104 Abs. 13 S. 2 AufenthG.

52   Für subsidiär geschützte UM bedeutet dies, dass der Nachzug der Eltern faktisch ausgeschlossen wird, da viele von Ihnen bis 2018 bereits volljährig geworden sind. In diesen Fällen sollte geprüft werden, ob eine (Aufstockungs-)Klage auf die Flüchtlingseigenschaft Erfolgsaussichten hat.

53   Gegen die Aussetzung des Familiennachzugs für subsidiär schutzberechtigte UM gibt es erhebliche verfassungsrechtliche, europarechtliche und völkerrechtliche Bedenken, insbesondere im Hinblick auf Art. 6 Abs. 1 GG, Art. 8 Abs. 1 EMRK und die UN-Kinderrechtskonvention. Eine Ausarbeitung des Wissenschaftlichen Dienstes des Bundestages kommt zu dem Ergebnis, dass die Aussetzung des Familiennachzugs gegen Art. 3 und 10 der UN-Kinderrechtskonvention verstößt.[371]

IV. Nationale Abschiebungsverbote

54   Wenn nur ein Abschiebungsverbot gem. § 60 Abs. 5 oder 7 AufenthG gewährt wurde, kann der Familiennachzug nur unter den allgemeinen Voraussetzungen beantragt werden (z.B. Lebensunterhaltssicherung).[372] Wenn diese Voraussetzungen nicht erfüllt sind, wird der Nachzug der Eltern nur in besonderen Härtefällen stattfinden können. Ein besonderer Härtefall kann z.B. gegeben sein, wenn der UM schwer erkrankt oder behindert ist und ohne Hilfe kein eigenständiges Leben führen kann; wenn er also auf familiäre Lebenshilfe angewiesen ist.

---

370 S. Kap. Rn. 127 ff.
371 Wissenschaftlicher Dienst des Bundestages Ausarbeitung v. 19.2.2016; WD 2 – 3000 – 026/16.
372 S. Kap. 6 Rn. 93, zu finden unter: http://www.bundestag.de/blob/416608/6b721422cd6774314c8fbe11de359e32/wd-2-026-16-pdf-data.pdf.

Kapitel 11 Kosten und Gebühren

A. Anwaltliche Vertretung im Asylverfahren

Viele Schutzsuchende fragen zu Beginn oder während ihres Verfahrens: „Brauche ich einen Anwalt?" Viele ehrenamtliche Helfer*innen fragen: „Wer bezahlt den Anwalt?"

Eine anwaltliche Vertretung im Asylverfahren und im Asylgerichtsverfahren ist nicht vorgeschrieben. Im deutschen Recht gibt es keine gesetzliche kostenlose Beiordnung von Rechtsanwält*innen im Asylverfahren (außer im Fall der Gewährung von Prozesskostenhilfe im gerichtlichen Verfahren).

Schutzsuchende mit sehr guten Anerkennungschancen[373] erhalten oft schnell einen positiven Bescheid und benötigen keine anwaltliche Vertretung. Beratungen mit ausführlichen Informationen zum Asylverfahren werden auch kompetent in den Asylsozialberatungsstellen der Wohlfahrtsverbände (Arbeiterwohlfahrt, Caritas, Deutsches Rotes Kreuz, Diakonie usw.), bei den Landesflüchtlingsräten und den Refugee Law Clinics[374] durchgeführt.

Die Erfahrungen aus der Praxis zeigen, dass eine – möglichst frühzeitige – anwaltliche Beratung und Vertretung im Asylverfahren jedenfalls in folgenden Fällen anzuraten ist:

- Asylverfahren bei Schutzsuchenden mit geringen Anerkennungschancen;
- Asylverfahren bei Schutzsuchenden, die möglichst schnell eine Zuerkennung der Flüchtlingseigenschaft benötigen, um den Familiennachzug beantragen zu können;
- Dublin III-Verfahren, wenn eine Überstellung in einen Mitgliedstaat droht, in dem die Lebensverhältnisse für Geflüchtete sehr schwierig sind (z.B. Bulgarien, Italien, Kroatien, Polen, Rumänien, Tschechien, Ungarn);
- Geflüchtete im Kirchenasyl;
- Verfahren bei Schutzsuchenden, die bereits in einem anderen Mitgliedstaat internationalen Schutz erhalten haben, in dem die Lebensverhältnisse auch für Anerkannte sehr schwierig sind;
- Asylverfahren mit überlanger Verfahrensdauer;
- Einstellungen des Asylverfahrens wegen angeblichen Nichtbetreibens des Verfahrens, Wiederaufnahmeanträge;
- Asylgerichtsverfahren nach einem Bescheid mit voller Ablehnung aller Schutzmöglichkeiten;
- im Asylverfahren bereits rechtskräftig abgelehnte vollziehbar ausreisepflichtige Personen, denen die Abschiebung droht und die den Aufenthalt auf andere Weise sichern müssen;
- illegalisierte (untergetauchte) Geflüchtete;
- Folgeanträge.

---

373 2016 waren dies beispielsweise Schutzsuchende aus Syrien und Eritrea.
374 Diese studentischen Rechtsberatungen finden sich an zahlreichen Universitätsstandorten, etwa in Gießen, München oder Passau.

5   Eine Beratung und Vertretung im Asylverfahren sollte nur durch eine auf diesem Gebiet spezialisierte Kanzlei erfolgen. Die Kontaktdaten fachkundiger Rechtsanwält*innen können bei den Landesflüchtlingsräten und Asylsozialberatungsstellen erfragt werden.[375] Fachkundige Rechtsanwält*innen arbeiten in der Regel eng mit den haupt- und ehrenamtlichen Flüchtlingshelfenden zusammen.

6   Im Jahre 2015 hat die Bundesrechtsanwaltskammer die Einführung der Fachanwaltschaft Migrationsrecht beschlossen. Bei den Fachanwält*innen für Migrationsrecht sollte allerdings nachgefragt werden, ob sie auch spezialisiert im Asylrecht tätig sind. Manche haben ihren Schwerpunkt z.B. im allgemeinen Aufenthalts- oder Arbeitsmigrationsrecht. Der Fachanwaltstitel dient allenfalls einer ersten Orientierung.

7   Wenn eine anwaltliche Vertretung gewünscht wird, empfiehlt es sich, frühzeitig einen Termin für eine Beratung und gegebenenfalls Mandatserteilung zu vereinbaren. Wenn die Ladung zur Anhörung (manchmal nur wenige Tage vor dem Termin) oder der ablehnende Bescheid (mit den kurzen Rechtsmittelfristen) zugestellt wird, kann es oft schwierig sein, einen zeitnahen Besprechungstermin in einer ortsnahen Kanzlei zu erhalten.[376] Auch kann auf diese Weise die Finanzierung der anwaltlichen Vertretung langfristig geplant und abgesichert werden.

B. Beratungshilfe

8   Grundsätzlich kann von mittellosen Schutzsuchenden für eine Beratung und Vertretung im Asylverfahren ein **Berechtigungsschein für Beratungshilfe** beim zuständigen Amtsgericht beantragt werden. Der größere Teil der Amtsgerichte erteilt allerdings keine Berechtigungsscheine für die Vertretung im Asylverfahren, teilweise mit der Begründung, nach dem Sachstand könnten sich die Schutzsuchenden auch selbst erkundigen bzw. ein Beratungsbedarf bestehe erst nach der Zustellung eines negativen Bescheides. Zuvor könnten sich die Schutzsuchenden auch bei der Ausländerbehörde oder beim BAMF beraten lassen. Faktisch gibt es allerdings keine (sachkundige) Beratung durch die Behörden.

9   Für die Beschleunigung des Verfahrens bei überlanger Verfahrensdauer und eine Beratung bzw. Vertretung in Bezug auf die Möglichkeit einer Untätigkeitsklage (Chancen und Risiken) werden teilweise Berechtigungsscheine erteilt. Allerdings unterscheiden sich die Ansichten der zuständigen Rechtspfleger*innen bei der Frage, wann das Verfahren zu lange dauert. Ein Hinweis auf die nach der Asylverfahrensrichtlinie vorgeschriebene Verfahrensdauer kann hier hilfreich sein.[377]

10 Bei Vorlage eines Berechtigungsscheins bezahlen die Schutzsuchenden lediglich eine Gebühr von 15 EUR an die Kanzlei. Die Beratungsperson erhält aus der Staatskasse 35 EUR für eine Beratung und 85 EUR für eine Vertretung. Die Beratungshilfegebüh-

---

375   Kontakte auch bei der Arbeitsgemeinschaft Migrationsrecht im Deutschen Anwaltverein und auf der Mitgliederliste unter www.rechtsberaterkonferenz.de.
376   Aufgrund der gestiegenen Asylantragszahlen sind nicht nur die Behörden und die Verwaltungsgerichte, sondern auch die spezialisierten Rechtsanwält*innen teilweise stark überlastet. Manche Kanzleien übernehmen keine neuen Mandate mehr, andere vergeben Termine erst in einigen Wochen.
377   Art. 31 Abs. 5 der Asylverfahrensrichtlinie sieht eine reguläre Bearbeitungszeit von sechs Monaten und in Ausnahmefällen eine maximale Verfahrensdauer von 21 Monaten vor; s. Kap. 4 Rn. 127 ff.

ren sind also sehr gering und decken nicht die Kosten der anwaltlichen Tätigkeit. Außerdem ist der bürokratische Aufwand bei der Beantragung und Abrechnung oft enorm. Auf der Grundlage eines Beratungsscheins ist daher – aus anwaltlicher Sicht – nur eine einfache Beratung oder allenfalls ein kurzes Anschreiben möglich. Eine gründliche und umfassende Tätigkeit im Asylverfahren im Rahmen der Beratungshilfe kann nicht geleistet werden.

C. Prozesskostenhilfe

Bei nur geringen Einkünften kann im verwaltungsgerichtlichen Verfahren Prozesskostenhilfe (**PKH**) beantragt werden. Diese wird nur gewährt, wenn die Klage Aussicht auf Erfolg hat, das Verfahren nicht mutwillig betrieben wird und die klagende Partei bedürftig ist; dies wird vom Verwaltungsgericht vorab geprüft. Die Entscheidung wird nach Aktenlage getroffen. Die Praxis zeigt, dass Prozesskostenhilfe in asylgerichtlichen Verfahren oft nur gewährt wird, wenn das Verwaltungsgericht vom Erfolg der Klage bereits in diesem frühen Stadium des Prozesses überzeugt ist. Wenn der Prozesskostenhilfeantrag hingegen mangels Erfolgsaussichten abgelehnt wird, hat sich das Gericht bereits früh eine Meinung zum Verfahren gebildet, an der es zunächst festhalten wird. Im weiteren Verfahren besteht dann die Schwierigkeit, das Gericht zu einer Änderung seiner bereits gefassten Überzeugung bewegen zu müssen. 11

Es kann daher ratsam sein, Prozesskostenhilfeanträge zu vermeiden bzw. sie nur dann zu stellen, wenn deutlich überwiegende Erfolgsaussichten gegeben sind und wenn der Antrag auch ordnungsgemäß und ausführlich begründet werden kann. Dafür müssen die Schutzsuchenden zumeist jedoch zumindest einen Teil der Gebühren als Vorschuss bezahlen. 12

In asylgerichtlichen Verfahren werden **keine Gerichtskosten** erhoben, § 83 b AsylG. Das BAMF hat seine eigene Prozessabteilung und lässt sich nicht anwaltlich vertreten. Wenn keine Prozesskostenhilfe gewährt wird, besteht damit nur das Risiko, die eigenen Anwaltskosten im Falle einer Niederlage tragen zu müssen. Wenn die Klage erfolgreich ist, muss die Beklagte, also die Bundesrepublik Deutschland, die Anwaltskosten erstatten. 13

D. Anwaltliche Gebühren

Nur sehr wenige Schutzsuchende können ein anwaltliches Honorar sofort vollständig bezahlen. In der Regel wird daher eine einmalige (höhere) Vorschusszahlung und eine daran anschließende monatliche **Ratenzahlung** vereinbart. Wenn noch keine höheren Beträge bezahlt wurden, ist es üblich, dass Rechtsanwält*innen spätestens mit der Ladung zum Termin (Anhörung beim BAMF oder Verhandlung beim Verwaltungsgericht) einen Reisekostenvorschuss anfordern. Die Höhe richtet sich auch nach der Entfernung des Gerichtsortes und der voraussichtlichen Termindauer. Schutzsuchende sollten darauf hingewiesen werden, dass es aus diesen Gründen ratsam sein kann, eine ortsnahe bzw. gerichtsnahe Vertretung zu wählen. 14

I. Gegenstandswert

15 Der Gegenstandswert für die Vertretung im Asylverfahren bzw. Asylgerichtsverfahren beträgt 5.000 EUR für eine Person, § 30 Abs. 1 S. 1 RVG, und erhöht sich um jeweils 1.000 EUR für jede weitere Person, § 30 Abs. 1 S. 2 RVG. In Verfahren des vorläufigen Rechtsschutzes beträgt der Gegenstandswert 2.500 EUR und erhöht sich um 500 EUR für jede weitere Person, § 30 Abs. 1 S. 1 RVG. Bei einer Familie mit drei Kindern, also fünf Personen, beträgt der Gegenstandswert einer Klage im Asylgerichtsverfahren somit 9.000 EUR.

16 Jedes Verfahren mit eigenem Aktenzeichen beim BAMF stellt ein eigenes Verfahren dar, das in der Regel mit jeweils einem Bescheid des BAMF entschieden wird. Wenn für ein Ehepaar also zwei Verfahren beim BAMF geführt werden, weil z.B. ein Ehegatte deutlich später eingereist ist als der andere, gibt es zwei Bescheide und damit auch zwei Asylgerichtsverfahren. Die Gebühren werden dann jeweils aus 5.000 EUR berechnet.

II. Vertretung im Asylverfahren

17 Für die Vertretung im Asylverfahren kann gemäß Nr. 2300 VV RVG – je nach Arbeitsaufwand – eine Geschäftsgebühr von 0,5 bis 2,5 abgerechnet werden. Damit fallen für eine Person Kosten in Höhe von etwa 500 bis 1.000 EUR an.

18 Anstelle der gesetzlichen Gebühren können Rechtsanwält*innen auch Vergütungsvereinbarungen über höhere Honorare abschließen. Meistens geschieht dies aber nur in besonders schwierigen oder arbeitsaufwändigen Fällen, z.B. für besondere Ermittlungen oder die Begleitung zur Anhörung beim BAMF.

19 Viele Schutzsuchende erwarten von ihren Rechtsanwält*innen neben der Vertretung im Asylverfahren Hilfe in anderen Angelegenheiten, z.B. in Verfahren zum Erhalt einer Arbeitserlaubnis, bei Anträgen auf Umverteilung oder private Wohnsitznahme oder im Rahmen von Strafverfahren. Die Erteilung des Mandates im Asylverfahren kann nicht als Rundumbetreuung in allen rechtlichen Angelegenheiten verstanden werden. Den Schutzsuchenden sollte daher frühzeitig erläutert werden, dass sie zunächst nur ein Mandat für die Vertretung im Asylverfahren bzw. Asylgerichtsverfahren erteilt haben. Alle anderen Angelegenheiten stellen eigene Mandate dar und werden auch als eigenständige Angelegenheiten jeweils gesondert abgerechnet.

III. Vertretung im Asylgerichtsverfahren

20 Das Asylgerichtsverfahren ist gerichtskostenfrei, § 83 b AsylG.

21 Im Asylgerichtsverfahren entsteht bei der Vertretung einer Person im **Eilverfahren** eine 1,3-Verfahrensgebühr (Nr. 3100 VV RVG) aus einem Gegenstandswert von 2.500 EUR und im **Klageverfahren** eine 1,3-Verfahrensgebühr (Nr. 3100 VV RVG) und eine 1,2-Terminsgebühr (Nr. 3104 VV RVG) aus einem Gegenstandswert von 5.000 EUR, § 30 Abs. 1 RVG. Für eine Person entstehen damit im Klageverfahren Kosten in Höhe von ca. 1.000 EUR. Wenn auch ein Eilantrag gestellt wird, betragen

die Kosten ca. 1.500 EUR. Für jede weitere Person im selben Verfahren erhöhen sich die Kosten wegen des höheren Gegenstandswertes um jeweils etwa 100 EUR.

E. Rechtshilfefonds

Bei den Kirchen, kirchlichen Organisationen und den Flüchtlingsinitiativen gibt es teilweise kleinere Fonds, aus denen Zuschüsse zu Verfahrenskosten gewährt werden können.

Pro Asyl hat einen bundesweiten Rechtshilfefonds. Die Anträge auf entsprechende Zuschüsse werden über die Flüchtlingsräte in den einzelnen Bundesländern gestellt. Unterstützt werden besondere Einzelfälle und Härtefälle, aber auch Fälle mit grundsätzlicher Bedeutung oder Fälle, die aus rechtspolitischen Gründen als förderungswürdig angesehen werden.

In Verfahren von geflüchteten Kindern, Jugendlichen und jungen Volljährigen können Mitglieder des Bundesfachverbands Unbegleitete Minderjährige Flüchtlinge (BumF) bei einem Rechtshilfefond Zuschüsse für Rechtsanwaltskosten beantragen, vorrangig in Verfahren mit grundsätzlicher Bedeutung.[378]

---

[378] Informationen dazu auf der Seite des Bundesfachverbandes unbegleitete minderjährige Flüchtlinge unter: www.b-umf.de/de/themen/rechtshilfe.

Kapitel 12 Muster

Ein Asylverfahren bringt regelmäßig einen umfangreichen Schriftverkehr mit sich. Die folgenden Muster sollen dabei als Hilfestellung beim Verfassen entsprechender Schriftstücke an Behörden und Gerichte dienen.

Mit Ausnahme des Ersuchens um ein ärztliches Attest, sind sämtliche Muster aus der Perspektive Schutzsuchender formuliert. Entsprechend sind die Schreiben zu unterzeichnen. Sollten Schutzsuchende ein Schreiben nicht selbst, sondern mithilfe Ehrenamtlicher verfassen, so kann darauf etwa durch den Zusatz „Bei der Erstellung dieses Schreibens war behilflich: …" gesondert hingewiesen werden.

Im Falle einer anwaltlichen Vertretung ist auf die erteilte Vollmacht zu verweisen.

Die *kursiv* gedruckten Textstellen sind individuell anzupassen.

▶ **Antrag auf die Erteilung einer Beschäftigungserlaubnis**
[Adresse der zuständigen Ausländerbehörde]

[Ort, Datum]

[Vorname NAME, Geburtsdatum der schutzsuchenden Person]
wegen Beschäftigungserlaubnis
Ihr Zeichen: *[Aktenzeichen der Behörde (soweit bekannt)]*
Sehr geehrte Damen und Herren,
über meinen Antrag auf Erteilung einer Beschäftigungserlaubnis *zur Berufsausbildung als Anlagenmechaniker* ist in Ausübung pflichtgemäßen Ermessens gem. § 61 Abs. 2 AsylG zu entscheiden.
Der zugrundeliegende Vertrag und eine Stellungnahme des Arbeitgebers liegen diesem Schreiben bei.
Des Weiteren nehme ich wie folgt Stellung: *[Raum für weitere Ausführungen]*
Ich bitte Sie um die Übersendung eines rechtsmittelfähigen Bescheides.
Mit freundlichen Grüßen
[Unterschrift] ◀

▶ **Hinweis:**
Siehe zum Verfahren zur Erlangung einer Beschäftigungserlaubnis → Kap. 5 Rn. 66 ff. ◀

▶ Vollmacht für Beistände, insbesondere für die Begleitung zur Anhörung

[Adresse der Schutzsuchenden Person]

BAMF Az.: *[Aktenzeichen des BAMF]*

Vollmacht

Hiermit bevollmächtige ich

[Vorname, Name, Geburtsdatum, Adresse und Telefonnummer der zu bevollmächtigenden Person]

mit meiner Vertretung im Asylverfahren als Beistand gem. § 14 Verwaltungsverfahrensgesetz, § 25 Abs. 6 Asylgesetz. Die Bevollmächtigung bezieht sich auf alle Verfahrenshandlungen.

Mein Beistand ist insbesondere dazu bevollmächtigt,

- mich zur Anhörung zu begleiten und dort alle Verfahrenshandlungen vorzunehmen, einschließlich der Geltendmachung von Frage- und Auskunftsrechten;
- Auskünfte zum Stand des Verfahrens einzuholen;
- nicht geeignete Sprachmittler*innen abzulehnen;
- eine besonders geschulte Anhörungsperson zu beantragen;
- Anhörer*innen/Sprachmittler*innen des gleichen Geschlechts zu beantragen;
- Dokumente, Atteste und Urkunden für mich einzureichen oder zu übersenden;
- Dienstaufsichtsbeschwerden einzulegen.

[Ort, Datum] *[Unterschrift]*
[Vor- und Nachname der schutzsuchenden Person]

▶ **Hinweis:**

Eine Kopie der Aufenthaltsgestattung der Schutzsuchenden und eine Kopie des Personalausweises des Beistandes sollten beifügt werden.

Zur Begleitung zur Anhörung → Kap. 4 Rn. 93 ff. ◀

▶ Klage bei (einfacher) Ablehnung des Asylantrages

[vorab per Fax und/oder
Adresse des zuständigen Verwaltungsgerichts]

[Ort und Datum]

Klage

[Vorname NAME, Geburtsdatum
Staatsangehörigkeit
Adresse der schutzsuchenden Person]

– Kläger*in –

gegen die

Bundesrepublik Deutschland, vertreten durch den Bundesminister des Innern, dieser vertreten durch den Leiter des Bundesamtes für Migration und Flüchtlinge, *hier Außenstelle [diese ist dem Bescheid zu entnehmen]*

– Beklagte –

wegen Asylrecht

Ich erhebe **Klage** und **beantrage**:

Die Beklagte wird unter entsprechender Aufhebung des Bescheides des Bundesamtes für Migration und Flüchtlinge vom *[Datum des Bescheides]*, zugestellt am *[Zustellungsdatum]*, verpflichtet, mich als Asylberechtigten anzuerkennen;

hilfsweise, mir die Flüchtlingseigenschaft zuzuerkennen;

hilfsweise, mir den subsidiären Schutzstatus zuzuerkennen;

hilfsweise, das Vorliegen von Abschiebungsverboten gem. § 60 Abs. 5 und Abs. 7 S. 1 AufenthG festzustellen.

Der angefochtene Bescheid ist in der Anlage beigefügt.

Die Klage wird wie folgt **begründet**: ■■■ ◀

▶ **Hinweis:**

Der Antrag auf Anerkennung als Asylberechtigter muss nicht gestellt werden, wenn die Einreise auf dem Landweg erfolgt ist.

Die Stellung des Antrages auf Asyl hat für das Verfahren lediglich Kostenfolgen, sollte der Klageantrag insoweit abgewiesen werden.

Die Begründung kann auch im Nachgang zur Klageerhebung, etwa erst nach Akteneinsicht erfolgen. Dafür gilt eine Frist von einem Monat, § 74 Abs. 2 S. 1 AsylG. Zum Erfordernis einer Begründung → Kap. 7 Rn. 12 ff.

Sollte im Falle einer anwaltlichen Vertretung zu diesem Zeitpunkt noch kein Antrag auf Akteneinsicht gestellt werden, so sollte dieser mit Erhebung der Klage direkt bei Gericht gestellt werden.

Zum Klageverfahren im Allgemeinen → Kap. 7 Rn. 9 ff. ◀

▶ Klage gegen eine Ablehnung des Asylantrages als offensichtlich unbegründet und Antrag auf Eilrechtsschutz

[vorab per Fax und/oder

Adresse des zuständigen Verwaltungsgerichts]

[Ort und Datum]

Klage und Antrag gem. § 80 Abs. 5 VwGO

[Vorname NAME, Geburtsdatum

Staatsangehörigkeit

Adresse der schutzsuchenden Person]

– Kläger*in und Antragsteller*in –

gegen die

Bundesrepublik Deutschland, vertreten durch den Bundesminister des Innern, dieser vertreten durch den Leiter des Bundesamtes für Migration und Flüchtlinge, *hier Außenstelle [diese ist dem Bescheid zu entnehmen]*

– Beklagte und Antragsgegnerin –

wegen Asylrecht

Ich erhebe **Klage** und **beantrage**:

Die Beklagte wird unter entsprechender Aufhebung des Bescheides des Bundesamtes für Migration und Flüchtlinge vom *[Datum des Bescheides]*, zugestellt am *[Zustellungsdatum]*, verpflichtet, mich als Asylberechtigten anzuerkennen;

hilfsweise, mir die Flüchtlingseigenschaft zuzuerkennen;

hilfsweise, mir den subsidiären Schutzstatus zuzuerkennen;

hilfsweise, das Vorliegen von Abschiebungsverboten gem. **§ 60 Abs. 5 und Abs. 7 S. 1 AufenthG** festzustellen.

Außerdem **beantrage** ich: **Die aufschiebende Wirkung der Klage wird angeordnet.**

Der angefochtene Bescheid ist in der Anlage beigefügt.

Die Klage und der Eilantrag werden wie folgt **begründet**: ■■■ ◀

▶ Hinweis:

Der Antrag auf Anerkennung als Asylberechtigter muss nicht gestellt werden, wenn die Einreise auf dem Landweg erfolgt ist, s. Erklärung zum vorherigen Klagemuster.

Die Gründe für den Antrag auf Anordnung der aufschiebenden Wirkung müssen sofort, möglichst mit Einreichung des Antrages oder unmittelbar im Anschluss daran, glaubhaft gemacht werden. Die Gerichte sind in diesen Fällen gehalten, möglichst zeitnah zu entscheiden und benötigen daher möglichst alle Angaben zum frühestmöglichen Zeitpunkt. Ohne eine ausreichende Begründung hat der Antrag auf die Anordnung der aufschiebenden Wirkung keine Erfolgsaussichten. Zur weiteren Klagebegründung vgl. das zur Klage gegen die Ablehnung Gesagte.

Zum einstweiligen Rechtsschutz auch → Kap. 7 Rn. 27 ff. ◀

▶ Klage und Eilrechtsschutz gegen einen Dublin-Bescheid

und

Klage gegen Bescheid über die Einstellung des Asylverfahrens wegen mangelnder Mitwirkung und Antrag auf Eilrechtsschutz

(z. B. angeblicher Versäumung des Anhörungstermins)

[vorab per Fax und/oder

Adresse des zuständigen Verwaltungsgerichts]

[Ort und Datum]

Klage und Antrag gem. § 80 Abs. 5 VwGO

[Vorname NAME, Geburtsdatum

Staatsangehörigkeit

Adresse der schutzsuchenden Person]

– Kläger*in und Antragsteller*in –

gegen die

Bundesrepublik Deutschland, vertreten durch den Bundesminister des Innern, dieser vertreten durch den Leiter des Bundesamtes für Migration und Flüchtlinge, *hier Außenstelle [dem Bescheid zu entnehmen]*

– Beklagte und Antragsgegnerin –

wegen Asylrecht

Ich erhebe **Klage** und **beantrage**:

Der Bescheid der Beklagten vom *[Datum des Bescheides]*, zugestellt am *[Zustellungsdatum]*, wird aufgehoben.

Außerdem **beantrage** ich: Die aufschiebende Wirkung der Klage gegen die Abschiebungsanordnung vom *[Datum des Bescheides]* wird angeordnet.

Der angefochtene Bescheid ist in der Anlage beigefügt.

Die Klage und der Eilantrag werden wie folgt **begründet**: ■■■ ◀

▶ Hinweis:

Der Antrag auf Anordnung der aufschiebenden Wirkung der Klage gem. § 80 Abs. 5 VwGO im Dublin-Verfahren sollte nur bei weit überwiegenden Erfolgsaussichten gestellt werden, weil sich bei einer Ablehnung des Antrages die Dublin-Überstellungsfrist verlängert, → Kap. 3 Rn. 60 f.

Zur Einstellung wegen Nichtbetreiben des Asylverfahrens → Kap. 4 Rn. 113 ff. ◀

▶ **(Aufstockungs-)Klage bei Teilerfolg**

(z. B. Zuerkennung subsidiären Schutzes, wenn Flüchtlingsschutz begehrt wird)

[vorab per Fax und / oder

Adresse des zuständigen Verwaltungsgerichts]

[Ort und Datum]

Klage

[Vorname NAME, Geburtsdatum

Staatsangehörigkeit

Adresse der schutzsuchenden Person]

– Kläger*in –

gegen die

Bundesrepublik Deutschland, vertreten durch den Bundesminister des Innern, dieser vertreten durch den Leiter des Bundesamtes für Migration und Flüchtlinge, *hier Außenstelle [dem Bescheid zu entnehmen]*

– Beklagte –

wegen Asylrecht

Ich erhebe **Klage** und **beantrage**:

Die Beklagte wird unter entsprechender Aufhebung des Bescheides des Bundesamtes für Migration und Flüchtlinge vom *[dem Bescheid zu entnehmen]*, **zugestellt am** *[Zustellungsdatum]*, verpflichtet, mir die Flüchtlingseigenschaft zuzuerkennen.

Der angefochtene Bescheid ist in der Anlage beigefügt.

Die Klage wird wie folgt **begründet:** ■■■ ◀

▶ Hinweis:

Zur Aufstockungsklage → Kap. 6 Rn. 28. ◀

Kapitel 12 Muster

▶ **Untätigkeitsklage**

[vorab per Fax und / oder

Adresse des zuständigen Verwaltungsgerichts]

[Ort und Datum]

Klage

[Vorname NAME, Geburtsdatum

Staatsangehörigkeit

Adresse der schutzsuchenden Person]

– Kläger*in –

gegen die

Bundesrepublik Deutschland, vertreten durch den Bundesminister des Innern, dieser vertreten durch den Leiter des Bundesamtes für Migration und Flüchtlinge, *hier Außenstelle [dem Bescheid zu entnehmen]*

– Beklagte –

wegen Asylrecht

Ich erhebe **Klage** und **beantrage**:

Die Beklagte wird verpflichtet, mein Asylverfahren fortzuführen und über den Asylantrag vom *[Datum der Stellung des formellen Asylantrags]* **zu entscheiden.**

Die Klage wird wie folgt **begründet**: ■■■ ◀

▶ Hinweis:

Gewählt wurde hier der Antrag für eine Bescheidungsklage, → Kap. 4 Rn. 127 ff. ◀

▶ Prozesskostenhilfeantrag im Annex zu einer Klage

Weiterhin **beantrage** ich, mir für das Verfahren **Prozesskostenhilfe** zu bewilligen und mir *[Name der Rechtsanwältin oder des Rechtsanwalts]* beizuordnen.

Die Erklärung über meine persönlichen und wirtschaftlichen Verhältnisse mit Belegen ist beigefügt. ◀

▶ **Hinweis:**

Ein Muster der Erklärung über die persönlichen und wirtschaftlichen Verhältnisse ist bei den Justizbehörden erhältlich.

Zu den Problemen eines Prozesskostenhilfeantrags → Kap. 11 Rn. 11 ff. ◀

Stichwortverzeichnis

Fette Zahlen bezeichnen die Paragraphen, magere die Randnummern.

Ablehnung
- offensichtlich unbegründete **7** 21 ff.
- unbegründete **7** 4 ff.
- unzulässige **7** 35 ff.

Ablehnung, offensichtlich unbegründete
- einstweiliger Rechtsschutz **7** 29, 34
- Entscheidungsformel **7** 23
- Klageantrag **7** 31 ff.
- Rechtsmittel **7** 27 ff.
- sichere Herkunftsländer **7** 22

Ablehnung, unbegründete
- aufschiebende Wirkung der Klage **7** 14
- Entscheidungsformel **7** 4
- Klageantrag **7** 17 f.
- Klagebegründung **7** 12 f.
- Rechtsmittel **7** 9 ff.

Ablehnung, unzulässige
- Entscheidungsformel **7** 35 ff.
- Klageantrag **7** 42 f.
- Rechtsmittel **7** 38 f.

Abschiebung **8** 3 ff., **9** 9
- Androhung **9** 12
- Ankündigung **9** 16
- Anordnung **9** 12
- Grund **9** 11
- Haft **9** 18 f.
- Hindernisse **9** 13
- unbegleiteter Minderjährige **10** 47
- Verbote **9** 13

Abschiebungsandrohung **7** 7

Abschiebungshaft **9** 18
- Dauer **9** 20

Abschiebungshindernis **8** 17 ff.
- Eheschließung **8** 28
- faktische Inländer **8** 29
- laufende Gerichtsverfahren **8** 30
- rechtliches **8** 24
- Reiseunfähigkeit **8** 20

- Schutz der Familie **8** 25
- Schwangerschaft **8** 22
- tatsächliches **8** 19 f.

Abschiebungsstopp **8** 39

Abschiebungsverbot **6** 35 ff.
- Aufenthaltstitel **6** 62
- Duldung **8** 37
- EMRK **6** 37
- wegen Lebensgefahr **6** 41 ff.
- wegen unmenschlicher Behandlung **6** 37 ff.

Abwesenheit aus der Unterkunft **5** 12 ff.

Adoption **8** 54

Akteneinsicht
- zur Klagebegründung **7** 13

Altersfeststellung **10** 9 ff.
- ärztliche Untersuchung **10** 11
- fehlende Mitwirkung **10** 12

Amtsvormund **10** 25

Analogleistungen **5** 3, 113

Anhörung **4** 76 ff.
- Ablauf **4** 100 ff.
- Begleitung **4** 93 ff.
- Nachbearbeitung **4** 109 ff.
- unbegleiteter Minderjährige **10** 44
- Vorbereitung **4** 78 ff.

Ankunftsnachweis **4** 18

Ankunftszentren **4** 25

Antrag auf Zulassung der Berufung **7** 49

Anwalt
- Kosten **11** 1 ff., 14
- Vertretung **11** 4 ff.

Arbeiten **5** 30
- Arbeitserlaubnis **5** 33 ff.
- Beschäftigungserlaubnis **5** 40 ff.
- Selbstständigkeit **5** 37 ff.
- während des Asylverfahrens **6** 83 ff.

Arbeitsgelegenheiten 5 70 f.
Arbeitsplatzbedingungen 5 45
Asyl 6 13 ff.
– Aufenthaltstitel 6 58
Asylantrag 4 27
– zweiter 8 40
Asylantragstellung
– Familien 4 27
– persönliche Antragstellung 4 27 f.
– schriftliche 4 35 f.
– unbegleitete Minderjährige 10 41 ff.
Asylbescheid
– Sprache 7 3
Asylbewerberleistungsgesetz 5 99 ff.
Asylfolgeantrag 8 40 ff.
Asylfolgeverfahren 4 134 ff.
– Gründe zur Wiederaufnahme 4 134 ff.
– Verfahren 4 140 ff.
Asylgerichtsverfahren 7 44 ff.
– anwaltliche Vertretung 7 46 f.
– Besonderheiten 7 54 ff.
– Kosten 7 53, 11 20 f.
– örtliche Zuständigkeit 7 45
Asylgesuch 4 15 ff.
– Nachsuchen an der Grenze 2 4
Asylrecht 6 13 ff.
– Statusverlust 4 149 ff.
Asylverfahren 6 1 ff.
– beschleunigtes Verfahren 4 45 ff.
– Beschleunigung 4 127 ff.
– Entscheidung 6 1
– Folgeverfahren 4 134 ff.
– Kinder 4 34, 5 78
– Nichtbetreiben 4 113 ff.
– Zweitantrag 4 145 ff.
Attest 6 45 f., 8 21
– Kosten 6 46
– Musterbrief an Behandlungsperson 8 21
Aufenthalt
– nach Ablehnung 8 7 ff.

Aufenthaltsbeendigung 9 1
Aufenthaltserlaubnis 6 56
– Adoption 8 54
– aus familiären Gründen 8 49 ff.
– aus humanitären Gründen 8 55
– deutsches Kind 8 51 ff.
– Eheschließung 8 50
– Fachkraft 8 58
– für Familien Heranwachsender und Jugendlicher 8 63
– für Integration 8 66 ff.
– für Jugendliche und Heranwachsende 8 60 ff.
– für Qualifizierte 8 56 ff.
– Härtefälle 8 70 ff.
– Hochschulstudium 8 57
Aufenthaltsgestattung 4 37 ff.
– Erlöschen 9 4
Aufenthaltstitel
– allgemeine Erteilungsvoraussetzungen 6 11, 63 ff.
– elektronischer 6 12, 57
Aufnahmeeinrichtung 5 3 f.
– Auszug 5 4
Aufstockungsklage 6 28
Ausbildung
– Aufenthalt nach Abschluss 8 56 ff.
– Aufenthaltssicherung 8 35
– Ausbildungshilfen 5 59
– Duldung 8 31
– schulische 5 58
– Sicherung des Aufenthalts 5 61
– Vorrangprüfung 5 56
Ausbildungsduldung 5 62, 8 31
– Aufenthalt im Anschluss 8 32
– Ausschluss 8 33
Ausländerbehörde
– Zuständigkeit 6 9 ff.
Ausreise 9 1 ff.
– freiwillige 9 15
Ausreisepflicht
– vollziehbare 9 10

Stichwortverzeichnis

BAföG 5 75
BAMF
- aktuelle Situation 4 1 ff.
- Bearbeitungszeiten 4 5
- Erreichbarkeit 4 6 f.
- Pflichten 4 50 ff.
- Verlust von Dokumenten 4 10 f.

Beratungshilfe, -schein 11 8 ff.
Berufung 7 48 ff.
Berufungsfrist 7 51
Beschäftigungserlaubnis 5 66 ff.
Bleibeperspektive 5 60
Bundesarbeitsagentur
- Zustimmung zur Beschäftigung 5 44 ff.

Bürgerkrieg 6 31

Clearingverfahren 10 31
Cluster 4 26

DNA-Gutachten 6 94
Dolmetscher 4 62 ff.
Drittstaat 5 5
Drittstaaten
- sichere 5 5

Dublin III-VO
- Anhörung 3 35 ff.
- Aufnahme 3 44 ff.
- Eurodac Abfrage 3 41 f.
- Familienangehörige 3 6 ff.
- Geschichte 1 11
- Haft 3 62 ff.
- persönliches Gespräch 3 35 ff.
- Rechtsmittel 3 58 ff.
- Selbsteintritt 3 28
- Überstellung 3 52 ff.
- Überstellungsfrist 3 54 ff.
- UMF 3 5
- Verfahren 3 1 ff.
- Wiederaufnahme 3 48 ff.

Dublin IV 3 75 ff.
Dublin-Verfahren 3 1 ff.
- unbegleitete Minderjährige 10 45 f.

Duldung 8 8 ff.
- Abschiebungshindernis 8 17 ff.
- Aufenthalt 8 12
- Ausbildungsduldung 8 31
- Ermessensduldung 8 36 ff.
- nach Ablehnung 8 23 ff.
- Verfahrensduldung 8 30

EASY System 5 1
Eheschließung 8 28
- Aufenthaltserlaubnis 8 50

Eidesstattliche Versicherung
- zur Identitätsklärung 6 66

Einreise
- auf dem Landweg 2 1 ff.
- auf dem Luftweg 2 20 ff.

Einreise-/Aufenthaltsverbot 7 8
- bei Ablehnung als offensichtlich unbegründet 7 26

EMRK 1 8
Ergänzungspfleger 10 29
Erkennungsdienstliche Behandlung 4 19

Erkrankung
- Abschiebungsverbot 6 41 ff.

Erlöschen
- des Schutzstatus 4 149 ff.
- kraft Gesetzes 6 71
- Regelüberprüfung 6 71

Erwerbstätigkeit 6 83
Europäische Menschenrechtskonvention 1 8

Familienasyl 6 49 ff.
- Familiennachzug 6 52

Familiennachzug 6 88 ff.
- Abschiebungsverbot 6 92
- allgemeine Voraussetzungen 6 93
- Antrag 6 89
- Aussetzung 6 90
- Bearbeitungszeit 6 96
- bei subsidiärem Schutz 6 90
- Familienasyl 6 52
- Härtefall 6 97

187

- von Kindern 6 93
- voraussetzungsloser 6 88
- zu unbegleiteten Minderjährigen 6 91, 10 48 ff.

Familiennachzuge
- Ehegattennachzug 6 93

Familienzusammenführung
- im Dublin-Verfahren 3 12 ff.

Fiktionsbescheinigung 6 12, 70

Flüchtlingseigenschaft
- Aufenthaltstitel 6 59

Flüchtlingsschutz 6 21 ff.
- für Syrer 6 28
- staatliche Verfolgung 6 24
- Verfolgungsgründe 6 23
- Verfolgungshandlung 6 22

Flughafenverfahren 2 20 ff.

Freiwillige Ausreise 7 6, 9 15
- bei Ablehnung als offensichtlich unbegründet 7 25

Fristbeginn
- Rechtsmittel 7 3

Geburt 4 34

Geburt eines Kindes im laufenden Verfahren 4 34

Gegenstandswert 10 15 f.

Gelber Umschlag 7 2

Genfer Flüchtlingskonvention 6 21
- Historie 1 7

Gerichtskosten 7 53

Geschichte 1 1 ff.

Gesetze 1 13 ff.

Gesundheitskarte 5 113

Gesundheitsuntersuchung 4 20

GFK 6 21
- Historie 1 7

Grenzübertrittsbescheinigung (GÜB) 8 6

Gute Bleibeperspektive 5 60

Haft
- vor Abschiebung 9 18 f.

Härtefallkommission 8 70 ff.

Heimreisedokument 9 5

Heranwachsende
- Aufenthaltserlaubnis 8 60 ff.

Herkunftsstaaten
- sichere 5 5

Hochschulstudium
- Aufenthaltserlaubnis 8 57

Hochschulzugangsberechtigung 5 73

Identitätsklärung 6 65 ff.
- eidesstattliche Versicherung 6 66

Innerstaatliche Fluchtalternative 6 25

Inobhutnahme 10 21 ff.
- vorläufige 10 15 ff.

Integration im Asylverfahren 5 94 ff.

Integrationskurs 5 85 ff.
- nach Anerkennung 6 87

Internationaler Schutz 6 7

Interner Schutz
- Flüchtlingsanerkennung 6 25
- subsidiärer Schutz 6 34

Jugendamt
- Inobhutnahme 10 21
- vorläufige Inobhutnahme 10 15

Jugendliche
- Aufenthaltserlaubnis 8 60 ff.

Kernfamilie 6 88

Kettenduldung 8 55, 66

Kindergarten 5 78

Kirchenasyl 3 66 ff.
- Sozialleistungen 3 72

Klagerücknahme
- automatische 7 58

Königsteiner Schlüssel 5 1

Kosten
- anwaltliche Gebühren 11 14 ff.
- Asylgerichtsverfahren 11 20 f.
- Asylverfahren 11 17 ff.

- Beratungshilfe **11** 8 ff.
- Gegenstandswert **11** 15 f.
- Prozesskostenhilfe **11** 11 ff.
- Rechtshilfefonds **11** 22 ff.

Krankenversorgung **5** 108, 113

Krankheit
- Abschiebungsverbot **6** 41 ff.
- Attest **6** 45
- Musteranschreiben an Behandlungsperson **8** 21

Medikamente
- im Herkunftsland **6** 47

Menschenrechtskonvention **1** 4 f.

Mitwirkungspflicht **4** 39 ff.

Nichtbetreiben **4** 113 ff.
- Einstellung **4** 120 ff.
- Wiederaufnahme **4** 124 ff.

Niederschrift der Anhörung **4** 108

Pass
- Antrag **9** 5
- Flüchtlingspass **6** 68
- Passpflicht **6** 68
- Reiseausweis für Flüchtlinge **6** 69

Passbeschaffung **9** 3 ff.

Passpflicht **6** 68 ff.

Praktika **5** 54

Probearbeit **5** 54

Protokoll der Anhörung **4** 108

Prozesskostenhilfe (PKH) **11** 11 ff.

Psychische Krankheiten **5** 109

PTBS **5** 109
- Abschiebungsverbot **6** 44

Qualifikationsrichtlinie **1** 9

Räumliche Beschränkung **5** 8 ff.
- Ende **5** 12
- Fortwirkung **5** 11

Rechtshilfefonds **11** 22 ff.

Rechtsstellung während des Verfahrens **5** 1 ff.

Regelüberprüfung **6** 71

Reiseunfähigkeit
- Abschiebungshindernis **8** 20

Residenzpflicht **5** 8 ff.

Richter **7** 59

Richtlinien **1** 10

Rückkehrhilfe **9** 15

Rücknahmeübereinkommen **8** 5

Sammelanhörung **9** 6

Sanktionen
- bei fehlender Mitwirkung **9** 8

Schule **5** 79 ff.

Selbsteintritt **3** 28

Selbstständigkeit
- Ausschluss **5** 37 ff.
- mit Abschiebungsverbot **6** 84

Sicherer Drittstaat **5** 5

Sicheres Herkunftsland **5** 5
- Ablehnung als offensichtlich unbegründet **7** 22

Sorgerecht **8** 27

Sozialleistungen **5** 99 ff.
- Bedarf **5** 106
- Einschränkungen, Kürzungen **5** 114 ff.
- nach Anerkennung **6** 85 f.
- und Arbeit **5** 117
- und eigenes Vermögen **5** 118

Sprachkurs **5** 82 ff.

Sprachmittler **4** 62 ff.
- weibliche **4** 70 ff.

Strafbarkeit
- illegale Einreise **2** 13 ff.
- wegen Passlosigkeit **9** 8

Studium **5** 72

Subsidiärer Schutz **6** 29 ff.
- Aufenthaltstitel **6** 61
- für Syrer **6** 28

Systemische Mängel **3** 23

UM
- Abschiebung 10 47
- Alter 10 2
- Altersfeststellung 10 9 ff.
- Anhörung 10 119
- Asylantragstellung 10 41 ff.
- Asylverfahren 10 36 ff.
- Clearingverfahren 10 31
- Dublin-Verfahren 10 45 f.
- Familiennachzug 10 48 ff.
- Flucht 10 5 f.
- Normen 10 8
- rechtliche Vertretung 10 16
- sichere Herkunftsstaaten 10 39
- Traumatisierung 10 7
- Verteilung 10 17 ff.

Umgangsrecht 8 27

Umverteilung
- landesinterne 5 21
- landesübergreifende 5 22

Umverteilungsverfahren 5 2

Umzug
- Adressänderung 7 2
- trotz Wohnsitzauflage 6 72 ff.
- Umverteilung im laufenden Asylverfahren 5 12

UN 1 4

Unbegleitete Minderjährige
- Verteilung 5 7

Unbegleitete Minderjährige (UM) 9 1 ff.

UNHCR 1 6

Universität
- Besuch im laufenden Asylverfahren 5 72

Universitätsabschluss
- Aufenthaltserlaubnis 8 57

Untätigkeitsklage 4 127 ff.

Unterbringungsgebühren 5 119

Vaterschaftsanerkennung 8 27

Vereinte Nationen 1 4

Verlassenserlaubnis 5 9

Verlust des Status 4 149 ff.
- Erlöschen 4 149 ff.
- Rücknahme 4 156 f.
- Widerruf 4 153 ff.

Völkerbund 1 2

Vorabzustimmung 6 89

Vormundschaft 10 22 ff.
- Bestellung 10 22
- Einzel-/Vereins-/Amtsvormund 10 23 ff.
- Klage 10 26
- Mit-Vormund 10 29
- Qualifikation 10 27 ff.

Vorrangprüfung 5 46
- Ausnahmen 5 47 ff.

Weiterwanderung anerkannter Schutzberechtigte 3 83 ff.

Wiederaufgreifen 8 40

Wiederaufnahmeantrag 4 124 ff.

Wiedereinreiseverbot 7 8

Willkürliche Gewalt 6 31

Wohnen 5 1 ff.
- Zuweisung 5 15 f.

Wohnsitzauflage 5 17 ff., 6 72 ff.
- Ausnahmen von 6 78 ff.
- Rechtmäßigkeit 6 82
- Streichung 5 23 ff.

Zurückschiebung 2 11 f.

Zurückweisung 2 6 ff.

Zustellung
- Asylbescheid 7 2

Zustimmungserfordernis 5 44
- Ausnahmen 5 53 ff.

Zustimmungsfiktion
- Beschäftigungserlaubnis 5 67
- Dublin-Verfahren 3 46

Zwangsvorführung bei Botschaften 9 6